La littérature française

Cécile de Ligny

Manuela Rousselot

NATHAN

SOMMAIRE

Divisé en six parties, l'ouvrage s'organise par doubl...
Chaque double page fait le point sur un thème...
et fonctionne de la façon suivante.

À gauche
Une page synthèse apporte toutes les informations pour comprendre le sujet de la double page.

À droite
Une page explication dévelop... point particulier qui illustre et complète la page de gauche.

Le menu aide à repérer les six parties du livre.

Quelques lignes d'introduction présentent les principaux éléments du sujet.

Le titre de la page de droite met en lumière un point particulier.

Le titre annonce le thème de la double page.

MOYEN ÂGE
XVI° SIÈCLE
XVII° SIÈCLE
XVIII° SIÈCLE
XIX° SIÈCLE
XX° SIÈCLE

Contes et conteurs

Le conte et la nouvelle sont de courts récits en prose dont les sujets s'inspirent de la vie quotidienne : ils ont pour vocation de faire rire par la moquerie. Au fur et à mesure de leur évolution s'affirment des tendances moralisatrices et psychologiques. Le récit court est un vrai genre littéraire qui s'impose grâce à son réalisme.

Qui sont les conteurs ?
☐ Les conteurs sont des humanistes lettrés qui cherchent à s'amuser et à amuser leur entourage. On a souvent hésité à attribuer la paternité des contes à des auteurs connus pour leur sérieux, comme Bonaventure Des Périers (1510-1544) et Marguerite de Navarre ; et ce d'autant plus qu'ils se cachent souvent derrière un pseudonyme.
☐ Leur formation humaniste les pousse à donner au conte un enjeu philosophique. Noël du Fail (1520-1591), par la peinture détaillée des mœurs champêtres, prône un retour à la simplicité de la vie à la campagne qui permet de « ne pas oublier d'être homme ». *Les Nouvelles Récréations et Joyeux Devis* de Des Périers (paru en 1558, quatorze ans après sa mort) illustrent le regard que les humanistes portent sur leur propre érudition. Marguerite de Navarre, sous couvert d'histoires scabreuses, propose une analyse détaillée de la complexité du cœur humain.

L'esprit gaulois
☐ Les contes le plus souvent grivois et anticléricaux ; les femmes et les moines y sont ridiculisés. Fidèles à la tradition orale, ils s'inspirent des récits de veillée à la campagne et prennent toujours place dans un climat joyeux : fêtes, propos de table…
☐ L'inspiration gauloise se retrouve dans le goût pour les situations troubles, la sensualité outrancière et la satire farceuse. Bien des personnages appartiennent à cette vieille tradition grivoise : le maître trompé, le mari cocufié, la femme rusée, le curé berné…

Le plaisir de raconter
☐ Les registres sont variés ; les situations d'amour contrarié peuvent être tragiques pour les personnages qui en souffrent, ou comiques par l'accent mis sur les ruses déployées.
☐ Par leur construction, ces récits allient le plaisir du conte et une morale pertinente.
☐ La forme générale est apparemment simple : présentation des personnages, anecdote et conclusion rapide. Tout l'art du récit provient du travail sur la langue qui cherche à produire le langage quotidien ou la langue savante pour s'en amuser : Bonaventure Des Périers et Marguerite de Navarre pastichent de grands auteurs latins.

Prémices du roman moderne
D'autres formes narratives voient le jour simultanément : le roman parodique (*Jean de Paris*) et le roman sentimental (avec Hélisenne de Grenne). Ils veulent redonner une conception idéale de l'amour, qui trouve sa plénitude au siècle suivant.

24

MARGUERITE DE NAVARRE : UNE FEMME CONTEUR

Marguerite d'Angoulême, reine de Navarre
Née en 1492 à Angoulême
Morte en 1549 à Odos de Bigorre
Éducation : latin, espagnol, italien (formation humaniste).
Rôle politique : conseillère de son frère François I°', protectrice des poètes.
Amitiés : Marot, Calvin, Rabelais.
Signe particulier : femme d'Henri d'Albret, roi de Navarre.

■ *L'Heptaméron* : composition
Par ce titre, Marguerite de Navarre indique sa référence au *Décaméron* de l'Italien Boccace. Boccace raconte dix journées (en grec *deca* = dix et *hemera* = jour) de la vie de jeunes Florentins qui passent leur temps à se raconter des histoires. Chez Marguerite de Navarre, seuls les récits de sept journées (d'où *Heptaméron*, 1559) ont été achevés. Cinq hommes et cinq femmes, empêchés de poursuivre leur voyage, se réfugient dans une abbaye : ils se racontent des histoires vraies puis en débattent. La légèreté apparente de l'œuvre a fait douter longtemps que l'auteur fût bien la reine de Navarre.

■ Variété des points de vue
Tous les jugements s'expriment : selon Hircan et Saffredent, l'homme doit délaisser l'amour courtois pour montrer sa force ; Ennasuite et Parlamente sont favorables à l'amour complice vécu dans le mariage… Toute la force de Marguerite de Navarre réside dans le réalisme psychologique des devisants (les conteurs). Ces héros sont souvent des gens de la cour ou de son entourage masqués par la transposition littéraire.

Chaque nouvelle naît de la précédente en lui donnant une suite ou en apportant un point de vue contraire. La discussion qui s'ensuit n'aboutit à aucune conclusion, comme pour rendre compte des contradictions et des ambiguïtés de l'amour humain. Marguerite de Navarre vise moins le comique que la précision et la clarté d'expression propres à traduire la complexité du cœur humain.

Marguerite d'Angoulême : « La coche ou le débat d'amour ». La reine rencontre trois dames malheureuses.

Le succès des contes
Le genre a un succès énorme. Au XVI° siècle, on recense vingt-six recueils de contes sans oublier les rééditions de deux du Moyen Âge et la traduction des contes de l'Antiquité. *Les Nouvelles Récréations et Joyeux Devis* de Bonaventure Des Périers est imprimé treize fois entre 1558 et 1615. On compte six éditions des *Propos rustiques* de Noël du Fail (entre 1548 et 1580), et d'innombrables rééditions de *L'Heptaméron* de Marguerite de Navarre. Leurs lecteurs appartiennent à toutes les classes sociales.

25

Les sous-titres permettent de saisir l'essentiel en un coup d'œil.

L'encadré et les illustrations apportent des précisions au texte.

ÂGE

SIÈCLE

ᵉ SIÈCLE

/IIIᵉ SIÈCLE

XIXᵉ SIÈCLE

XXᵉ SIÈCLE

La littérature d'inspiration religieuse

La culture médiévale est essentiellement religieuse. Elle trouve son expression dans les vies de saints, les sermons en vers et les représentations liturgiques à l'origine du théâtre.

La littérature hagiographique

☐ Les premiers textes en langue vulgaire sont des récits hagiographiques (récits de la vie des saints). Le plus ancien est *La Cantilène de sainte Eulalie*, écrit vers 880. *La Vie de saint Alexis*, au milieu du XIᵉ siècle, constitue un tournant littéraire : on y discerne un sens certain de la composition, de la narration, et certaines caractéristiques de l'épopée. Le succès des vies de saints ne cesse de croître tout au long du Moyen Âge ; il correspond à un souci d'édification morale.

☐ Avec *La Vie de saint Thomas Becket* (1174), l'hagiographie se rapproche de la biographie historique ; l'auteur se montre soucieux d'exactitude et s'intéresse au contexte historique dans lequel a vécu son personnage.

Le drame religieux

☐ L'origine du théâtre est liturgique : les premières représentations sont de brèves illustrations des textes liturgiques et ont lieu lors des offices de Noël, de l'Épiphanie et de Pâques. Données en latin et jouées par des clercs jusqu'au milieu du XIIᵉ siècle, elles empruntent leurs sujets à l'Ancien et au Nouveau Testament.

☐ Aux XIIIᵉ et XIVᵉ siècles, avec le succès grandissant des vies de saints, se développe le « miracle » qui décrit, en langue vulgaire, l'intervention d'un saint dans la vie d'un de ses fidèles. Le miracle a pour but de montrer que le saint (souvent la Vierge Marie) est fidèle à ceux qui lui sont dévoués et les conduit au repentir et au salut.

☐ Petit à petit, la forme de la représentation change : le décor juxtapose plusieurs lieux ; ses dimensions obligent à sortir de l'église et à jouer sur le parvis.

Les mystères : un genre à grand spectacle

☐ Parmi les spectacles religieux, le mystère connaît un grand succès au XVᵉ siècle. Son sujet central est la Passion du Christ ; les auteurs remontent souvent à la naissance du Christ et au péché originel pour expliquer le sens de la Passion. La Terre apparaît comme le lieu de la lutte incessante entre le Bien et le Mal, rendue évidente par l'apparition sur scène de Dieu et du Diable.

☐ Les écrivains interprètent librement les textes sacrés et cherchent à représenter le monde dans tous ses aspects, conjurant ainsi la peur de la fin du monde qui hante l'époque. Ils cultivent les scènes quotidiennes et comiques. Ces dernières scènes détachées de l'ensemble donnent naissance au théâtre comique.

☐ Le spectacle mobilise toute la population d'une ville : il dure plusieurs jours (entre 3 et 15), compte des centaines d'acteurs et attire des milliers de spectateurs (16 000 à Reims en 1490). La pièce elle-même tient compte de cette dimension sociale : elle célèbre les valeurs communautaires (solidarité, loyauté), raconte la fondation de la ville ou honore son saint patron.

Rutebeuf

(surnom pour « rude bœuf »)

Né en 1230 (?)

Mort en 1285 (?)

Métiers : jongleur, c'est-à-dire homme de spectacle, mais aussi auteur de textes variés ; il travaille sur commande.

Œuvre : nombreux « dits » (petites pièces sur un sujet familier ou d'actualité), fabliaux, théâtre, épisode du *Roman de Renart*, poèmes religieux ou personnels (« La Complainte Rutebeuf », mise en musique par Léo Ferré en 1956).

Arnoul Gréban

Né vers 1420 au Mans

Mort en 1471

Métiers : organiste à Notre-Dame de Paris et maître de la chorale ; professeur de théologie à l'université de Paris.

Œuvre : *Le Mystère de la Passion*, joué à Abbeville du 23 au 26 mai 1455 et publié en 1458 ; remanié par Jean Michel (1430-1501) pour une représentation à Angers en 1486, il est joué jusqu'en 1507. *Le Mystère des actes des apôtres* (1465), écrit avec son frère Simon.

■ *Le Miracle de saint Théophile* (1261)

Chef-d'œuvre de Rutebeuf, *Le Miracle de saint Théophile* raconte la révolte de Théophile qui, tombé dans le malheur, vend son âme à Satan pour obtenir la prospérité. Bientôt saisi de remords, il se tourne vers la Vierge qui le délivre de l'emprise de Satan. L'œuvre reprend un récit très populaire au Moyen Âge. Le sujet de l'« âme vendue au diable » est repris à la fin du XVIe siècle avec la célèbre légende de Faust, exploitée notamment par Goethe (fin du XVIIIe s.).

Rutebeuf a su lui donner une intensité dramatique particulière qui vient du déchirement de Théophile, pris entre sa foi sincère et le sentiment d'une injustice criante. La représentation se clôt par un *Te Deum* repris par l'Assemblée.

L'œuvre est une allégorie du destin de Rutebeuf qui connaît des vicissitudes financières et un grand discrédit de son vivant. Comme Théophile, Rutebeuf est pauvre et malmené par son évêque. Il est déchiré par le remords de ne pas avoir accepté les épreuves avec la patience d'un bon chrétien.

Extrait de *La Complainte de Rutebeuf*,
manuscrit du XVe siècle.

■ *Le Mystère de la Passion* (1450)

Ce mystère compte 35 000 vers divisés en un prologue et quatre journées ; il met en scène 224 personnages. Il part de l'évocation du péché originel qui condamne l'humanité ; puis des personnages allégoriques évoquent la promesse d'un Messie ; sont ensuite rappelés tous les épisodes de la vie du Christ ; les personnages allégoriques reviennent enfin et tirent la moralité de la pièce.

Arnoul Gréban donne une dimension cosmique et tragique au drame de la Rédemption. Chaque grand moment est ponctué d'un intermède de diableries qui détendent le public ou accroissent sa crainte.

MOYEN ÂGE

XVIᵉ SIÈCLE

XVIIᵉ SIÈCLE

XVIIIᵉ SIÈCLE

XIXᵉ SIÈCLE

XXᵉ SIÈCLE

La chanson de geste

La chanson de geste, apparue en France à la fin du XVᵉ siècle, est une œuvre destinée à être déclamée, qui rapporte des exploits guerriers (*gesta* en latin). Son sujet, inspiré par l'histoire des VIIIᵉ et IXᵉ siècles, est centré sur un héros qui acquiert sa grandeur au combat.

Une épopée historique en vers

☐ La chanson de geste raconte l'épopée chrétienne d'un chevalier qui lutte contre les Sarrasins. Les récits de combats surhumains fortement exagérés et les descriptions fabuleuses des combattants occupent la plus grande part du texte : un coup d'épée permet de fendre cavalier et cheval.

☐ Elle est écrite en vers (le plus souvent des décasyllabes) regroupés en strophes plus ou moins longues appelées « laisses », qui constituent chacune une unité narrative. Leur progression n'est pas toujours linéaire. Aux moments les plus importants le récit s'arrête ; plusieurs laisses proposent des variations à partir d'un même vers et forment comme un chant au milieu du récit.

Le héros épique

☐ Le héros épique pratique deux vertus : le courage, qui s'exerce sur le champ de bataille, et la fidélité au suzerain. Son défaut est l'orgueil : ainsi Roland refuse de sonner du cor quand il est encore temps. L'orgueil peut susciter des fautes plus graves : dans le cycle de Doon de Mayence, les héros, pour se venger d'une humiliation, passent à l'ennemi et provoquent des guerres contre leurs suzerains. Vaincus, ils se repentent souvent.

☐ Il a un très grand sens de l'honneur : honneur féodal et honneur familial (il est solidaire de son lignage), honneur national (il défend sa patrie en terre étrangère). Cette qualité se double d'une grande piété qui lui donne son exceptionnelle bravoure.

La diffusion orale

☐ L'origine de l'écriture des chansons de geste est inconnue mais on sait qu'elles étaient diffusées par des jongleurs sur les routes des pèlerinages et à la cour des grands seigneurs. Un jongleur disait le récit tandis qu'un ou plusieurs autres le mimaient.

☐ La chanson de geste a donc nombre de caractères d'un récit oral : les répétitions de vers entiers ou d'épithètes facilitent l'effort de mémoire des jongleurs. En outre, la reprise de formules d'enchaînement et l'utilisation de motifs stéréotypés permettent au récitant d'improviser.

Des œuvres de propagande

Les déformations des faits historiques ne semblent pas seulement dues aux hasards de la transmission orale. Les épopées sont écrites au moment des Croisades et font œuvre de propagande : elles galvanisent les soldats en célébrant les batailles contre les Infidèles ; elles vantent la fidélité du vassal au suzerain et magnifient la personne royale, en une période où l'autorité du roi est souvent contestée.

LA CHANSON DE ROLAND

■ Origine de *La Chanson de Roland*

La Chanson de Roland remonte au début du XIIe siècle ; c'est la plus ancienne des chansons de geste connues. Nous n'en avons cependant connaissance que depuis 1837, date à laquelle a été publié le texte, retrouvé à la bibliothèque d'Oxford. Cette version, écrite en dialecte anglo-normand, compte 4 002 décasyllabes.

Il existe deux théories sur l'origine de *La Chanson de Roland* : la première considère qu'elle est le fruit de la tradition orale des cantilènes, courts poèmes épiques repris et écrits par des jongleurs ; la seconde suggère qu'elle aurait été écrite pendant les étapes du pèlerinage de Saint-Jacques-de-Compostelle par des moines et des clercs.

■ La transformation épique

L'événement historique qui sous-tend *La Chanson de Roland* est mineur : le jeune roi Charles (futur Charlemagne), qui assiège Saragosse occupée par les Sarrasins, est rappelé en hâte par une attaque des Saxons. Il repasse donc les Pyrénées en août 778, mais son arrière-garde est massacrée par des montagnards basques. Parmi les victimes se trouve Roland.

La Chanson de Roland, écrite trois siècles après cet événement, offre un certain nombre de transformations épiques : Roland est le neveu de Charlemagne, l'empereur de deux cents ans « à la barbe fleurie » ; il a pour compagnon Olivier ; l'expédition devient une croisade de sept ans et l'attaque des montagnards, un assaut de 400 000 cavaliers sarrasins.

■ Les quatre figures principales de *La Chanson de Roland*

La Chanson de Roland est devenue un mythe par le relief de ses personnages.

Charlemagne représente l'autorité, l'humanité et la sensibilité (il pleure Roland mort) ; il a un grand sens de la justice (il venge Roland trahi par Ganelon).

Roland est brave et orgueilleux. Animé d'une grande foi en Dieu, il refuse de se rendre et préfère se lancer dans le combat avec ses compagnons. Sa mort solennelle tient une grande place dans le récit.

Olivier incarne la raison et la conscience du danger : même s'il critique vigoureusement le choix du combat par Roland, il sait pardonner à son compagnon au moment de sa mort.

Ganelon trahit Roland dont il est jaloux à l'extrême. Il est égaré par son désir de vengeance et ne mesure pas la conséquence de son acte.

Roland à Roncevaux,
Musée de Périgueux

Les trois cycles principaux des chansons de geste

Les chansons de geste se regroupent en trois ensembles appelés « cycles » :
— Le cycle du roi, centré sur Charlemagne, compte environ dix chansons dont *La Chanson de Roland*.
— Le cycle de Garin de Monglane, centré sur Guillaume d'Orange, cousin de Charlemagne, contient aussi une dizaine de chansons.
— Le cycle de Doon de Mayence regroupe une soixantaine de chansons.

MOYEN ÂGE

XVIᵉ SIÈCLE

XVIIᵉ SIÈCLE

XVIIIᵉ SIÈCLE

XIXᵉ SIÈCLE

XXᵉ SIÈCLE

Le roman courtois

Le terme de roman, qui désigne à l'origine une œuvre traduite du latin en langue romane, s'est progressivement appliqué à toute œuvre narrative. Sans abandonner l'idéal chevaleresque de l'exploit guerrier, le roman courtois, au XIIᵉ siècle, est centré sur la quête amoureuse dans le cadre de la cour.

Le roman antique

Au XIIᵉ siècle, sans craindre les anachronismes, des clercs adaptent des légendes antiques, transformant les héros d'autrefois en chevaliers galants. Ainsi sont écrites de longues épopées en vers : *Le Roman d'Alexandre* (fin XIIᵉ s.), composé en dodécasyllabes, appelés depuis alexandrins, *Le Roman de Thèbes* (vers 1150) et le *Roman de Troie* (vers 1165). Ces œuvres, qui accordent une grande place au merveilleux, à l'amour et à l'analyse des sentiments, sont à l'origine de la littérature courtoise.

La matière de Bretagne

☐ La matière de Bretagne est le nom donné aux légendes celtiques d'où les trouvères bretons tirent leur inspiration. La figure centrale est le légendaire roi Arthur, entouré de son conseil, les chevaliers de la Table ronde.

☐ Dans la légende de *Tristan et Iseult*, qui se déroule en Bretagne, l'amour apparaît comme une fatalité : un philtre, bu par erreur, unit les deux amants d'un amour éternel mais impossible, qui les contraint à une vie d'errance et aboutit à leur mort. La légende connaît un si grand succès que tous les écrivains de l'époque l'ont abordée d'une façon ou d'une autre. Marie de France, notre première poétesse, compose entre 1160 et 1190 le *Lai du chèvrefeuille*, poème de 118 vers qui propose le chèvrefeuille comme symbole de l'union des amants.

Code de l'amour courtois

☐ La *fin'amor* (amour courtois) s'oppose à l'esprit des chansons de geste par une sorte de jeu qui renverse la misogynie de l'époque ; les exploits des chevaliers ne sont plus dictés par l'obéissance à Dieu ou au suzerain mais par la soumission à la « dame », qui devient l'objet d'une adoration quasi mystique.

☐ Les amants se choisissent en fonction de leurs qualités physiques et morales ; mais la dame, généralement mariée, reste inaccessible. Le chevalier recherche la perfection (courage, élégance) et se soumet aux épreuves imposées par la dame. Les amants sont condamnés à une tension perpétuelle entre le désir et l'interdit.

Le Roman de la Rose

☐ *Le Roman de la Rose* est un code de l'amour courtois sous forme allégorique ; il narre à la fois la conquête de la Rose, le songe de l'auteur et l'histoire de tout amant qui se reconnaît dans le personnage principal. Avec Guillaume de Lorris (début XIIIᵉ s.-v. 1238) qui commence l'œuvre en 1235, c'est le couronnement de la littérature courtoise.

☐ Jean de Meung (1250-v. 1305), qui termine l'œuvre vers 1270, dénonce les mœurs de l'aristocratie et remet en cause l'idéal chevaleresque. *Le Roman de la Rose* connut un immense succès et fut réécrit en français moderne par Clément Marot.

Chrétien de Troyes

Né vers 1130 à Troyes (?)
Mort vers 1190
Activités : clerc, il a écrit dès son jeune âge des adaptations des *Métamorphoses* et de *L'Art d'aimer* d'Ovide.
Lieux de vie : à la cour de Marie de Champagne, puis à celle de Philippe de Flandres.
Signe particulier : premier homme de lettres clairement identifié.

■ Le cycle arthurien : morale chrétienne et idéal courtois

Chrétien de Troyes s'appuie sur la légende du roi Arthur et des chevaliers de la Table ronde pour écrire quatre romans en vers où l'amour n'est plus toujours impossible et où la perfection chrétienne devient un idéal.

Dans *Érec et Énide* (vers 1165), la quête de l'amour courtois se fait au sein de l'amour conjugal. Il s'agit pour le chevalier de montrer que la grandeur héroïque n'est pas incompatible avec le mariage.

De même dans *Cligès ou la Fausse Morte* (vers 1176), l'opposition entre l'amour et l'interdit est dépassée : Fénice, se faisant passer pour morte, préserve son honneur et s'adonne à un amour unique et idéal.

L'amour demeure impossible dans *Lancelot ou le Chevalier à la charrette* (vers 1179) : le héros est au service de la reine Guenièvre, épouse du roi Arthur.

L'évolution de l'amour courtois se fait pourtant sentir dans ce roman et dans *Yvain ou le Chevalier au lion* (vers 1180). Outre le culte de la dame, les chevaliers s'adonnent aux valeurs chrétiennes de la piété et de la générosité en se mettant au service des faibles et des opprimés.

■ *Perceval* ou le *Conte du Graal* (après 1181)

Dans ce dernier roman, Chrétien de Troyes s'engage dans une voie mystique. Le jeune Perceval suit un parcours initiatique : exploration du monde, révélation de l'amour par Blanchefleur et quête mystique du Graal. L'identité du Graal est obscure : objet celtique ? objet liturgique ? Le roman, inachevé, ne le révèle pas.

Perceval le Gallois d'Éric Rohmer.

La postérité du Graal

L'énigmatique Graal a nourri un mythe littéraire. Plusieurs auteurs, de 1190 à 1230, ont achevé l'œuvre en donnant une valeur chrétienne au Graal, devenu la coupe dans laquelle Joseph d'Arimathie avait recueilli le sang du Christ. Entre 1215 et 1230, un cycle complet de cinq romans, le *Lancelot-Graal*, reprend l'ensemble de la légende. Ce mythe nourrit l'imagination encore aujourd'hui : l'opéra *Parsifal* de Wagner, *The Waste Land* de T.S. Eliot et *Le Roi pêcheur* de Julien Gracq, sans oublier le film *Perceval le Gallois* d'Éric Rohmer.

| MOYEN ÂGE |
| XVIᵉ SIÈCLE |
| XVIIᵉ SIÈCLE |
| XVIIIᵉ SIÈCLE |
| XIXᵉ SIÈCLE |
| XXᵉ SIÈCLE |

La littérature satirique et comique

Chansons de geste et romans courtois expriment l'idéal aristocratique. À partir du XIIᵉ siècle, en opposition à cet idéal, se développe une littérature satirique et malicieuse.

Parodie de la littérature courtoise

☐ Les différents clercs, qui ont composé en vers la suite des récits (ou « branches ») du *Roman de Renart* (1170-1250), s'attachent à parodier la hiérarchie de la cour par la transposition animale : Renart est le vassal du roi Noble, le lion, qui rend la justice entouré d'un conseil d'animaux, les barons.

☐ Tableau réaliste et vivant de la société médiévale, cette œuvre en est aussi un reflet malicieusement déformé : la grandeur chevaleresque devient fourberie et égoïsme. Renart prend la fuite et préfère la ruse à la force. Il utilise la religion quand il en a besoin, puis l'abandonne et renie ses serments. Il bafoue également le code de l'amour courtois en abusant des femmes d'Isengrin et de Noble.

Les fabliaux : une inspiration populaire

☐ Courts récits en octosyllabes dont on ignore les auteurs, à l'exception de Rutebeuf et de Jean Bodel d'Arras, les fabliaux sont récités par des jongleurs et leur nombre va croissant de la fin du XIIᵉ siècle au milieu du XIVᵉ. Ils ont pour fonction première de faire rire et sont étrangers à toute forme de principe moral ou religieux. Les personnages sont des vilains (bourgeois et paysans) qui s'expriment dans un langage grossier, voire obscène. Les mêmes schémas se retrouvent toujours : le paysan triomphant du chevalier, le naïf se faisant posséder par tous…

☐ Comme dans le roman courtois, la femme occupe généralement la place centrale : elle surpasse son mari par sa beauté, sa naissance bourgeoise et son intelligence, et ne pense qu'à le ridiculiser ou à le tromper. L'amour n'apparaît que dans sa réalité charnelle.

Naissance du théâtre comique

☐ La richesse économique d'Arras, dès la deuxième moitié du XIIᵉ siècle, attire les meilleurs trouvères au moment des foires. C'est dans ce contexte qu'Adam de la Halle (vers 1240-vers 1285) écrit les premières pièces profanes et comiques : *Le Jeu de la feuillée* (vers 1276) où il passe en revue ses concitoyens d'Arras pour les critiquer et *Le Jeu de Robin et Marion* (vers 1284), sorte de pastourelle qui finit dans les jeux, les chants et les danses. Leur fantaisie et leur goût de l'absurde les rapprochent du théâtre moderne.

☐ À partir des fabliaux, que les jongleurs mettent en scène sommairement, et des mystères, qui laissent une place grandissante aux épisodes comiques, se développe, au milieu du XVᵉ siècle, la farce. C'est une pièce comique aux dimensions modestes : de 200 à 500 vers et de trois à cinq personnages. Son comique repose essentiellement sur les jeux de mots et les pitreries. Les plus célèbres, *La Farce de maître Pathelin* (vers 1465) et *La Farce de Cuvier* (vers 1450), reprennent le schéma du trompeur trompé. Au XVIIᵉ siècle, Molière écrit encore des farces.

LE ROMAN DE RENART

■ L'élaboration

Auteurs : une vingtaine, parmi lesquels plusieurs clercs. Seuls quelques-uns sont connus, comme Pierre de Saint-Cloud et le prêtre de la Croix-en-Brie.

Sources d'inspiration :
— un roman en latin du début du XIIe siècle, *Ysengrimus*, du Flamand Nivard, qui met aux prises Reinardus et le loup Ysengrimus ;
— des fables du poète grec Esope déjà adaptées en vers français par Marie de France dans ses *Isopets*.

Composition : 26 « branches » (poèmes indépendants les uns des autres) représentant chacune une série d'aventures qui ont en commun leur sujet : la lutte du goupil Renart contre le loup Isengrin. L'ensemble compte environ 100 000 vers.

Évolution de l'état d'esprit :
— dans les premières branches, écrites à la fin du XIIe siècle, se retrouvent les scènes les plus célèbres et les plus gaies ;
— les branches écrites dans la première moitié du XIIIe siècle, plus moralisatrices, multiplient les attaques contre la justice, la religion et le pouvoir royal.

Accueil et postérité : l'œuvre, d'abord destinée à une élite, connaît un tel succès que le nom renart remplace goupil, au milieu du XIIIe siècle.

On retrouve plus tard le personnage de Renart dans des œuvres aux formes variées : fables de La Fontaine (1621-1695), roman de Goethe (1749-1832), album de Benjamin Rabier (1864-1939).

■ Les personnages

— Le bas peuple victime : le coq Chantecler, par exemple.
— Le milieu ecclésiastique : Tibert le chat, qui rivalise de ruse avec Renart.
— L'entourage du roi, qui représente la force mais est victime de la ruse : l'ours Brun, messager du roi, et le loup Isengrin, son connétable.

■ Procédés comiques originaux

— Le souci du détail pittoresque qui parle à l'imagination (évocation de la posture des animaux).
— La parodie des discours officiels : juridique, religieux, amoureux (description du paradis des loups et des renards).
— Les brusques passages de l'humain à l'animal sans souci de cohérence (l'ours Brun, messager royal, oublie sa mission pour du miel).

Le Roman de Renart, manuscrit du XVe siècle.

La sotie

Né dans la seconde moitié du XVe siècle, le genre de la sotie tire son nom des Sots, groupes joyeux d'étudiants contestataires qui se prétendent atteints de folie. Par une exubérance verbale délirante, ils dénoncent les injustices qui les révoltent en poussant le langage jusqu'à l'absurde.

MOYEN ÂGE

XVIᵉ SIÈCLE

XVIIᵉ SIÈCLE

XVIIIᵉ SIÈCLE

XIXᵉ SIÈCLE

XXᵉ SIÈCLE

La poésie lyrique

À l'origine est lyrique le poème d'amour accompagné à la lyre. Son contenu correspond à un code ; d'où l'importance des recherches formelles (troubadours au XIIᵉ siècle, rhétoriqueurs au XIVᵉ, grands rhétoriqueurs à la fin du XVᵉ). Pourtant certains poètes s'éloignent des codes et expriment leurs sentiments personnels.

Le lyrisme courtois

☐ Les troubadours du Languedoc créent au XIᵉ siècle une poésie lyrique courtoise qui chante le service de la dame. Le poète y déplore l'union impossible. Le désir inassouvi est sublimé par le langage mystique.

☐ Au XIIᵉ siècle, le lyrisme gagne le nord de la France et s'épanouit notamment dans le genre de la pastourelle, à la fois populaire et aristocratique : dans une chanson d'amour, où alternent couplets et refrains, un chevalier courtise une bergère qui tantôt se laisse séduire, tantôt reste fidèle à son berger.

☐ Cette poésie ne cherche pas l'émotion devant l'effusion sincère des sentiments. Le plaisir qu'elle procure vient d'une variation inattendue (expression, rythme) sur un thème convenu ; de là sa richesse formelle.

Une inspiration tirée de la vie

☐ L'œuvre du poète Rutebeuf rompt avec l'esprit courtois ; elle s'attache à la description réaliste des soucis de la vie quotidienne. Elle chante les difficultés de la présence quotidienne de l'épouse. La vie du poète est abondamment décrite : sans argent, il souffre du froid et voit ses amis l'abandonner. Mais les aveux ne sont pas toujours sincères : la volonté de se distinguer de l'esprit courtois et la recherche d'un protecteur accentuent les effets.

☐ Cette poésie, par le chaos qu'elle décrit et par la variété de sa forme (confession, satire, exhortation religieuse), reflète l'instabilité du XIIIᵉ siècle.

Les recherches formelles

☐ Au XIVᵉ siècle, à la suite de Guillaume de Machaut (v. 1300-1377), qui était à la fois poète et musicien, les rhétoriqueurs, sans changer les thèmes de la poésie courtoise, élaborent des règles pour leur mise en forme ; ils définissent notamment la ballade (trois ou cinq strophes sur les mêmes rimes, suivies d'un envoi) et le rondeau (plus bref, il ne reprend le refrain qu'une fois).

☐ À la fin du XVᵉ siècle, la réflexion des grands rhétoriqueurs sur la forme est si poussée qu'elle néglige complètement le contenu. Leurs prouesses verbales sont décriées au XVIᵉ siècle. On salue aujourd'hui leur esprit novateur.

Vers un lyrisme personnel

Au XVᵉ siècle, Christine de Pisan (1364-1431) et Charles d'Orléans (1394-1465) utilisent des formes fixes tout en donnant au lyrisme des accents personnels : solitude et féminisme de la première, exil et captivité du second. François Villon (1431-après 1463) s'oppose au lyrisme conventionnel par ses thèmes et par sa langue. Il chante exclusivement ses compagnons miséreux et délinquants.

François de Montcorbier ou **des Loges** prend le nom de son père adoptif, Guillaume de Villon.
Né en 1431
Mort après 1463

Études : bachelier, licencié puis maître-ès-arts de Paris.

Démêlés avec la justice : en 1455, il est accusé du meurtre d'un prêtre, en 1456 du vol de 500 écus d'or. Poursuivi par l'évêque d'Orléans en 1461, condamné à mort en 1462, il est finalement banni de Paris en 1463. On perd alors sa trace.

mener son accusateur, l'évêque Thibaut d'Aucigny qui l'a fait incarcérer, puis il loue Louis XI, son bienfaiteur. Le procédé est le même que dans sa première œuvre, mais le ton a changé : Villon fait un retour en arrière sur sa jeunesse perdue qu'il pleure. Le spectre de la mort lui inspire une angoisse persistante.

■ Derniers vers (1463)

Ils contiennent en particulier la *Ballade des pendus*, que Villon écrivit lorsque, condamné à être pendu, il n'avait pas encore obtenu l'annulation du décret. C'est une méditation offerte au public (par l'apostrophe « Frères humains »...) sur la misère des pendus.

■ Le lyrisme personnel de Villon

Villon utilise une langue poétique para-doxale : termes d'argot, jeux de mots, déformation de noms propres... Il trans-forme ainsi le monde pour en faire appa-raître le ridicule : c'est la dimension satirique de son œuvre. Mais il sait aussi faire naître l'émotion par la simplicité et le réalisme des sentiments exprimés.

■ *Les Lais* ou *Le Petit Testament*

(40 huitains d'octosyllabes.) Villon fait son testament et distribue ses biens (lais = legs) à son entourage : les « rognures » de ses cheveux au coiffeur, ses « souliers vieux » au cordonnier, etc. Le ton est généralement burlesque et les touches satiriques et parodiques ne sont pas rares.

■ *Le Grand Testament* (1461)

(173 huitains d'octosyllabes, souvent séparés par des ballades et d'autres pièces lyriques.) Villon écrit ce texte à sa sortie de prison. Il commence par mal-

Le Gibet, aquarelle du XIXe siècle de Pierre-Luc Charles Paris, Bibliothèque de l'Opéra.

Les principaux poèmes lyriques

Rutebeuf : *La Complainte Rutebeuf* (1261-1262?).
Guillaume de Machaut : *Pièces lyriques*.
Christine de Pisan : *Cent Ballades d'amant et de dame* (1394-1410).
Charles d'Orléans : *Œuvres poétiques*.
François Villon : *Le Grand Testament* (1461).

MOYEN ÂGE

XVIᵉ SIÈCLE

XVIIᵉ SIÈCLE

XVIIIᵉ SIÈCLE

XIXᵉ SIÈCLE

XXᵉ SIÈCLE

La littérature historique

La chronique historique est restée longtemps réservée aux érudits qui écrivaient en latin. Sous l'influence des chansons de geste, elle prit la forme d'épopées en vers. Avec les Croisades, le souci de rapporter des témoignages exacts dans une langue accessible conduit les historiens à un style nouveau en prose.

Des témoins

☐ Deux historiographes, Geoffroi de Villehardouin (1150?-1212) et Robert de Clari (1170?-1216?), qui avaient participé à la IVᵉ Croisade, rapportent les faits mais cherchent aussi à se justifier. Ils expliquent comment les croisés ont changé d'objectif (non plus la délivrance de Jérusalem occupée par les musulmans, mais le sac de Constantinople) sans pour autant trahir leur idéal.

☐ Leur présentation manque peut-être d'objectivité, dans la mesure où elle vise d'abord la justification, mais elle a les caractéristiques d'une œuvre historique : récit véridique et recherche d'explication des faits dans une prose claire et précise.

Première biographie historique

☐ La première biographie historique est *La Vie de saint Louis* (1309), racontée par Joinville (1224?-1317) : comme dans les hagiographies, les détails admirables s'accumulent, car l'auteur poursuit un double but : la canonisation du roi et l'édification de son arrière-petit-fils, Louis le Hutin, le futur Louis X.

☐ Joinville rapporte des faits et des anecdotes dont il a été le témoin, puisqu'il accompagna le roi lors de la VIIᵉ Croisade ; son style est vivant et sincère. Dans ses descriptions géographiques, il a le sens du pittoresque (il décrit par exemple les mœurs des Sarrasins et des Bédouins).

L'esprit chevaleresque

L'esprit chevaleresque fait sentir son influence jusqu'au XIVᵉ siècle. Jean Froissart en est le dernier représentant en littérature, d'autant plus brillant qu'il cherche à redonner de l'éclat à des valeurs en déclin. Ses récits de la guerre de Cent Ans, dans ses *Chroniques*, ont souvent la forme de grands tableaux de batailles où luttent des chevaliers idéalisés. Cette exagération n'empêche pas une grande richesse d'information (témoignages directs, y compris en Angleterre) et de rares qualités d'écriture (vie, précision, finesse).

Première réflexion critique sur l'histoire

☐ Les *Mémoires* de Philippe de Commynes sont écrits pour servir de documentation à l'archevêque de Vienne qui doit rédiger une histoire de Louis XI. Pas d'effets de style donc, mais une grande recherche de précision dans les détails : l'auteur, au service du comte de Charolais (futur Charles le Téméraire), puis conseiller intime de Louis XI, trace des portraits très nuancés des deux princes.

☐ Loin de l'esprit chevaleresque, il démystifie la guerre et accompagne ses descriptions d'une réflexion sur les jeux du pouvoir et le rôle des princes. Son bilan est amer : politique et moralité sont incompatibles. Sa vision du monde se rapproche de celle de son contemporain Machiavel (1469-1527).

Froissart offrant son livre
à la duchesse de Bourgogne.

Philippe de Commynes
présente ses Mémoires.

Jean Froissart

Né en 1337 à Valenciennes

Mort entre 1404 et 1414

Vie officielle : secrétaire de la reine d'Angleterre, Philippa de Hainaut, épouse d'Édouard III ; puis fréquente la cour de Wenceslas de Brabant jusqu'à la mort de celui-ci en 1383 ; il passe alors sous la protection de Guy de Chatillon, hostile aux Anglais.

Vie religieuse : clerc, il reçoit la prêtrise, et devient chapelain en 1386.

Voyages : en Écosse, France, Angleterre, Italie (où il rencontre Pétrarque), Pays-Bas.

■ Les *Chroniques*

Les *Chroniques* sont consacrées aux origines et à la première moitié de la guerre de Cent Ans. Froissart est animé d'une vive curiosité, ce qui vaut à son œuvre d'être un reflet précis du monde aristo-cratique. Il excelle dans la description de batailles écrites dans une langue vivante, savamment travaillée.

Toutefois ses notations sont souvent contradictoires, à l'image de son retourne-ment politique : d'abord favorable à la cause de l'Angleterre sous l'influence de Philippa de Hainaut, il en devient un farouche accusateur avec Guy de Chatillon.

Philippe de Commynes

Né en 1447 en Flandre

Mort en 1511

Éducation : de chevalier et non de clerc ; il ne connaît pas le latin.

Vie politique : écuyer, puis conseiller et chambellan de Charles le Téméraire, duc de Bourgogne (de 1464 à 1472) ; rôle diplomatique entre le duc de Bourgogne et Louis XI (1468) ; rejoint Louis XI dont il devient le confident, le conseiller et le ministre (1472) ; à l'avènement de Louis XII, il est écarté des affaires publiques.

■ Les *Mémoires*

Philippe de Commynes observe les affron-tements entre Louis XI, roi de France, et Charles le Téméraire. Témoin oculaire, il décrit les batailles avec une précision incomparable. Persuadé de ne pas « bien » écrire, à la différence de Froissart, il choi-sit de raconter les événements sans souci stylistique ni exagération.

Les *Mémoires* comprennent deux parties : la première consacrée au règne de Louis XI, la seconde aux ambassades en Italie de Charles VIII. Cette œuvre est marquée par la lucidité ; Commynes reconnaît les qua-lités et les torts de Louis XI autant que de Charles le Téméraire. À cette indépendance d'esprit s'ajoute la pertinence du jugement.

MOYEN ÂGE

XVIe SIÈCLE

XVIIe SIÈCLE

XVIIIe SIÈCLE

XIXe SIÈCLE

XXe SIÈCLE

L'esprit de l'humanisme

Les travaux d'érudits italiens pénètrent en France avec l'esprit de la Renaissance : confiance dans le progrès et réhabilitation de l'art de vivre de l'Antiquité. Les humanistes ont le souci de revenir à la source, la littérature gréco-latine, pour s'y former et proposer une morale universelle.

▬▬▬ Un idéal à la mesure de l'homme

☐ Les *litterae humaniores* sont littéralement « l'étude des lettres qui rend plus digne du nom d'homme ». Par ailleurs, en Italie, le mot *umanista* désigne le professeur de grammaire et de rhétorique. Cette double origine montre le lien entre l'acquisition du savoir et la pensée morale qui la régit.

☐ Il s'agit de tendre, grâce à la raison et à la connaissance, vers un idéal de perfection dans tous les domaines. En méditant sur la sagesse des textes antiques, l'homme exerce sa libre critique, donne sa place à la beauté et acquiert une élégance morale, signe d'une culture accomplie.

▬▬▬ Le développement des librairies

☐ Les librairies sont des lieux où l'on imprime, édite et vend des livres. Vers 1500, quarante villes françaises possèdent une librairie. Le livre, au format réduit, se répand dans les écoles, favorisant le goût pour l'érudition et la diffusion des idées humanistes.

☐ On reconnaît la propriété de l'auteur sur son œuvre. Naît alors l'idée que toute œuvre doit être protégée : Guillaume Budé (1467-1540) institue le dépôt obligatoire de tout imprimé et à cet effet crée la bibliothèque de Fontainebleau (future Bibliothèque nationale).

▬▬▬ Érudition et réflexion

☐ Nombre de dictionnaires bilingues, d'ouvrages littéraires, juridiques et scientifiques sont publiés. À cette érudition nouvelle s'ajoute une réflexion pédagogique, soucieuse de maintenir un équilibre entre les disciplines intellectuelles, physiques et morales.

☐ Les humanistes transmettent un esprit cosmopolite ; ils tirent des leçons des différents types de gouvernement qu'ils observent et tentent de décrire une société idéale fondée sur le pacifisme et l'équilibre.

▬▬▬ Figures d'humanistes

☐ Les humanistes sont ceux qui participent à ce nouvel esprit. D'abord linguistes, Guillaume Fichet (1433-1480), Jacques Lefèvre d'Étaples (1450-1537), Guillaume Budé et Henri Estienne (1531-1598), ils sont ensuite suivis par une génération d'érudits et de philosophes : Érasme (1469-1536), Rabelais, Montaigne (1533-1592).

☐ La plupart des humanistes choisissent de revenir à une interprétation personnelle et immédiate de l'Évangile sans considérer les dogmes : c'est le courant de l'évangélisme. Toutefois, ils restent liés à la papauté, ce que les protestants leur reprocheront plus tard.

RABELAIS :
LE RIRE FRANC DE L'HUMANISTE

François Rabelais
Né vers 1494
à La Devinière
(près de Chinon)
Mort en 1553 à Paris
Vie religieuse : moine franciscain, puis bénédictin, puis prêtre séculier.
Métiers : écrivain, traducteur, médecin.
Voyages : Rome (médecin du cardinal Jean Du Bellay), Montpellier et Lyon (pour exercer la médecine).
Signe particulier : père de deux enfants naturels que le pape reconnaîtra comme légitimes.

■ **Un cycle en cinq Livres**

Pantagruel (1532), remanié pour faire suite à *Gargantua* (1534) ; *Le Tiers Livre* (1546) ; *Le Quart Livre* (1552) ; *Le Cinquième Livre* (1564), posthume.

■ **Le triomphe du rire et du langage**

La parodie tient aux bouffonneries démesurées que suscite le gigantisme, qui donne au corps les dimensions du cosmos. L'invention verbale est exubérante : énumérations interminables, recours aux langues étrangères, néologismes… Pour Rabelais, le rire a une fonction précise : condamner tout ce qui empêche l'homme de s'épanouir. Rabelais passe d'un sujet grave à une description futile ou leste avec la même fascination. Pour suivre son récit, force est de se représenter scènes et gestes. Le talent de Rabelais est d'amener son lecteur à se créer un théâtre intérieur.

■ **Deux géants devenus humanistes**

Gargantua et son fils Pantagruel sont deux géants. Gargantua, aux proportions colossales, représente les rêves titanesques de l'humanisme. Cet être grossier devient un pédagogue raisonnable :

il transmet à son fils une véritable boulimie de savoir, un esprit critique et le goût de l'expérience personnelle. Il lui montre que la bonne santé du corps est nécessaire à la santé de l'esprit et que le travail manuel est le complément indispensable de la formation intellectuelle.

Pantagruel se métamorphose davantage : il se consacre à la philosophie et acquiert sérieux, raison et discrétion. Respectueux de la nature, soucieux de rechercher en tout le juste milieu, il représente l'homme complet.

Gargantua, illustration de Samivel.

L'institution du mécénat

Surnommé le Père des Lettres, François Ier, grâce à l'influence de sa sœur Marguerite de Navarre, donne une condition sociale nouvelle à l'homme de lettres : l'écrivain protégé est assuré d'un revenu, que ce soit sous forme de bénéfices religieux (Rabelais, Ronsard), d'une pension (Marot) ou d'une charge dans la maison royale (Budé). Ce mécénat garantit sa subsistance mais, en contrepartie, lui impose des devoirs, en particulier l'obligation de produire des œuvres de circonstance à la gloire de ses illustres protecteurs.

MOYEN ÂGE

XVIᵉ SIÈCLE

XVIIᵉ SIÈCLE

XVIIIᵉ SIÈCLE

XIXᵉ SIÈCLE

XXᵉ SIÈCLE

La Pléiade

Dans la mythologie, les Pléiades sont une constellation. Au IIIᵉ siècle, sept poètes d'Alexandrie choisissent ce terme pour se désigner. Ronsard et six de ses amis reprennent ce nom. Leur ambition : conquérir l'immortalité en imitant les genres antiques. Leur outil : la langue française consacrée comme langue littéraire et poétique.

▆▆▆ La vie bouillonnante de Coqueret

En 1547, Ronsard et Du Bellay se joignent au petit groupe d'élèves qui suivent passionnément les cours de l'humaniste Jean Dorat au collège de Coqueret sur la montagne Sainte-Geneviève à Paris. Ils lisent et commentent les auteurs grecs, latins, italiens et français. Cet enseignement se double d'une vie en communauté qui soude les jeunes disciples et les incite à affirmer leur identité. Ils se donnent le nom de Brigade, « la troupe ». L'origine variée des élèves et l'intensité de leurs échanges intellectuels expliquent la richesse de la future Pléiade.

▆▆▆ Défense de la langue française

☐ L'ordonnance de Villers-Cotterêts en 1539 a imposé la langue française dans les actes officiels. Reste à démontrer sa nécessité dans les textes littéraires.

☐ En 1549, un manifeste écrit par Du Bellay, *Défense et Illustration de la langue française*, résume la doctrine du groupe : le poète doit servir la beauté en donnant à la langue française le souffle d'une grande littérature à l'imitation des Anciens. L'ouvrage est une réplique à *L'Art poétique* (1548) de Thomas Sébillet (1512-1589) qui entendait laisser à la poésie son rôle ornemental.

☐ S'appuyant sur les travaux philologiques des humanistes, les poètes de la Brigade proposent d'enrichir la langue à partir de l'étude de ses mécanismes et de l'étymologie (emprunts au grec, au latin et aux dialectes, dérivations, ajouts de suffixes et de préfixes).

▆▆▆ De la Brigade à la Pléiade

La lutte de la Brigade pour imposer ses vues dure plusieurs années. Outre Ronsard et Du Bellay, elle regroupe Pontus de Tyard (1521-1605), Peletier du Mans (1517-1582), Baïf (1532-1589), Belleau (1528-1577) et Jodelle (1532-1573), qui s'uniront pour former la Pléiade et élaboreront des principes que tous les autres poètes finiront par reconnaître.

▆▆▆ Créer en imitant

☐ Le principe premier de la Pléiade est de concilier la tradition antique et le souci d'innover. Le poète doit pratiquer les genres anciens (épigrammes, élégies, odes, satires), mais il doit choisir ses sources d'inspiration dans sa propre sensibilité. Du Bellay parle d'une « innutrition » nécessaire des auteurs anciens qui, seule, peut faire jaillir l'inspiration personnelle. L'érudition et le travail sont donc des éléments poétiques essentiels, mais ne sont que les instruments de l'inspiration qui, elle, est d'origine divine.

☐ Le poète a un rôle politique : il défend le génie de son pays. Bien loin d'être au second plan, il a une mission patriotique tout comme les guerriers.

Pierre de Ronsard
Né en 1524 au château de La Possonnière en Vendômois
Mort en 1585 à Saint-Cosme (près de Tours)

Vie publique : page à la cour de François Ier, secrétaire du diplomate Lazare de Baïf, poète officiel sous Henri II.

Moyens d'existence : il est clerc et perçoit les revenus d'une abbaye.

Amours : Cassandre Salviati, Marie Dupin, Hélène de Surgères.

Signe particulier : surdité partielle.

■ Les œuvres engagées

Les *Odes* (1550-1552) : dans ces poèmes lyriques, Ronsard célèbre le roi Henri II et la reine Catherine de Médicis qu'il élève au rang de dieux. Il recourt au mythe mais le restitue dans un décor familier qui parle davantage à son cœur.

Les *Hymnes* (1555-1564) : dans ces chants, le poète montre la valeur universelle des héros et des dieux de l'Antiquité et exalte les passions collectives. C'est l'occasion pour lui de traiter de la condition de l'homme.

Les *Discours* (1532-1563) : au début des guerres de religion, le poète prend parti pour le roi et la foi catholique. Il adresse de solides invectives aux huguenots qui, selon lui, offensent la paix civile.

La Franciade (1572) : avec cette épopée, Ronsard a formé le projet d'écrire, sur le modèle de l'*Enéide*, la légende de la fondation de Paris et des origines de la monarchie française ; mais ses thèses hasardeuses conduiront l'œuvre à l'échec.

Deux records de longueur

Les *Hymnes* : 10 000 vers
Les *Discours* : 8 500 vers

■ Cassandre, Marie, Hélène

À partir de trois figures de femmes idéalisées, Ronsard décline le thème de l'amour, sans référence immédiate à sa vie.

Les *Amours de Cassandre* (1552) : dans des sonnets imités de Pétrarque et dédiés à la riche et belle Cassandre Salviati, Ronsard dévoile, derrière des artifices rhétoriques, la délicatesse d'une émotion sincère.

Les *Amours de Marie* (1555) : libérés de toute convention esthétique et inspirés par une jeune paysanne de Bourgueil, ces poèmes touchent par leur naturel et leur simplicité.

Les *Sonnets pour Hélène* (1578) : dédiés à Hélène de Surgères, ces poèmes de la maturité sont des variations autour de la vieillesse, de l'amour et de l'écriture et révèlent l'angoisse du poète devant la mort.

École de Fontainebleau :
Allégorie de l'eau ou de l'amour.

MOYEN ÂGE

XVIᵉ SIÈCLE

XVIIᵉ SIÈCLE

XVIIIᵉ SIÈCLE

XIXᵉ SIÈCLE

XXᵉ SIÈCLE

Les nouvelles formes poétiques

Peu à peu, au cours du siècle, les poètes tendent à écarter l'éloquence au profit de la sincérité et de la justesse, par un renouvellement des formes poétiques, prôné avant tout par Marot.

■■■■ Les formes héritées

☐ Les grands rhétoriqueurs marquent le début du siècle sous l'égide de leur théoricien, Jean Molinet. Plus soucieux de forme que d'inspiration, ils développent les possibilités des genres fixes du Moyen Âge : ballades (trois strophes suivies d'un envoi), rondeaux (strophes sur deux rimes faites de répétitions) et chansons.

☐ Clément Marot (1496-1544) pratique cette poésie et retient de ses maîtres le goût pour l'accord parfait entre les contraintes formelles, le sens du poème et les jeux du langage.

■■■■ Les innovations marotiques

☐ Cependant, Marot innove en s'inspirant de trois genres lyriques hérités des poètes latins : l'églogue, qui chante la vie des bergers, l'épigramme amoureuse, qui traduit en quelques vers une émotion simple, et l'élégie, qui est une plainte amoureuse.

☐ Il va mettre au goût du jour le blason, qui consiste à décrire aussi parfaitement que possible un objet ou une personne (généralement une partie du corps féminin) sous tous ses angles, dans une langue poétique imagée parfois très crue.

☐ Il donne un nouvel essor à l'épître, qui est une lettre fictive à l'imitation d'Horace : la distance propre à la forme épistolaire lui permet une grande liberté d'expression.

■■■■ Dualité de l'œuvre de Marot

Clément Marot n'est pas seulement le prototype du poète courtisan. Nous lui devons les premières poésies engagées qui dénoncent avec humour ou violence les institutions et les croyances du temps. Pour rester fidèle à la pensée évangéliste, il a renoncé à être le poète favori de la cour et a supporté les persécutions et l'exil.

■■■■ Évolution du sonnet

☐ Le sonnet, imité de Pétrarque, a été introduit en France au milieu du XVIᵉ siècle grâce à Marot et Mellin de Saint-Gelais (1491-1558), poète de cour sous François Iᵉʳ. Si la structure des rimes varie encore beaucoup dans le sonnet pétrarquiste, elle tend progressivement à se fixer dans la forme suivante : deux quatrains en alexandrins ou en décasyllabes sur deux mêmes rimes embrassées, suivis de deux tercets à rimes plates ou croisées.

☐ Le sonnet s'impose comme le genre bref le plus noble. Son ton se diversifie : d'abord lié à la thématique amoureuse (sur le modèle de Pétrarque), il devient tour à tour mignard, humoristique, satirique ou nostalgique. Du Bellay est le maître du genre : il utilise toutes les ressources du rythme et de l'harmonie et séduit par le mouvement et l'intensité qu'il donne à ses vers.

DU BELLAY :
L'ÉCRITURE DE L'AMERTUME

Joachim Du Bellay
Né vers 1522 à Liré en Anjou
Mort en 1560 à Paris

Passions : culture latine, l'italien.
Carrière : poète de la Pléiade, traducteur, secrétaire d'ambassade à Rome, poète de cour.
Amitiés : Peletier du Mans, Ronsard.
Signes particuliers : orphelin, sourd.

■ Deux visages de Rome

En 1553, le cardinal Jean Du Bellay choisit son neveu Joachim comme secrétaire d'ambassade à Rome, au moment où la cour pontificale est le centre de la politique européenne. Le poète pense y rencontrer les humanistes les plus célèbres et plonger dans la culture antique. Mais sa déception est grande et va engendrer ses deux principaux recueils de sonnets.

– *Les Antiquités de Rome* évoquent la Rome antique ; le poète chante la gloire de cette cité aux dimensions universelles et décrit l'horreur des guerres civiles qui ont conduit à sa chute.

– *Les Regrets* relatent les déceptions de la vie quotidienne du poète et les mœurs dépravées de la cour pontificale. La plume devient très satirique alors que le poète évoque en des accents sincères la nostalgie de son Anjou natal et son exil littéraire. Dans l'œuvre de Du Bellay, Rome est un lieu privilégié d'observation, d'apprentissage et de découverte de soi.

■ La mission du poète

Du Bellay traduit dans un langage poignant la vocation du poète à s'abstraire des contingences. Les images puissantes de Rome, en particulier celle de la gigantomachie (combat des dieux et des géants) dans *Les Antiquités de Rome*, rappellent au poète sa mission univer-

selle. Cette mission est compromise pourtant par les hypocrisies et les soumissions de la cour que le poète dénonce à la fin de sa vie dans *Le Poète courtisan*.

■ Le poète dans son œuvre

Dans *L'Olive*, Du Bellay chante un amour platonique et met en évidence son idéal. À Rome, il élabore un « lyrisme négatif » ; c'est une conception très moderne de la poésie qui consiste à dire et à déplorer la perte de l'inspiration. Dans *Divers Jeux rustiques*, il revêt plusieurs figures sans trouver de véritable identité, alors qu'il reste le sujet principal de ses poèmes.

Mars et Vénus d'Andrea Mantegna, XVe siècle.

Les œuvres de Du Bellay

1549 : *Défense et Illustration de la langue française* ;
L'Olive.
1552 : *Sonnets de l'honnête amour.*
1558 : *Les Antiquités de Rome* ;
Regrets ;
Divers Jeux rustiques.
1559 : *Le Poète courtisan.*
1568 : Première édition complète des œuvres de Du Bellay.

MOYEN ÂGE
XVIᵉ SIÈCLE
XVIIᵉ SIÈCLE
XVIIIᵉ SIÈCLE
XIXᵉ SIÈCLE
XXᵉ SIÈCLE

La littérature des guerres de Religion

La violence des guerres de Religion entre 1560 (la conjuration d'Amboise) et 1598 (l'édit de Nantes) fait naître une littérature militante et théologique.

Des conceptions théologiques inverses

☐ En radicalisant l'esprit de retour aux sources bibliques, l'Allemand Luther (1483-1546) et le Français Calvin (1509-1564) critiquent les abus de la religion catholique et créent la religion réformée. La littérature protestante naît de la nécessité de condamner trois principes fondateurs de la religion catholique au XVIᵉ siècle :
– l'optimisme humaniste qui voit en l'homme une force intérieure capable de s'élever librement vers le bien ;
– le culte des saints ;
– l'autorité de l'Église.

☐ Les penseurs protestants y opposent leur pessimisme fondamental (l'homme marqué par le péché ne peut se sauver sans la grâce de Dieu), l'austérité religieuse et le libre arbitre. Calvin développe ses thèses dans *L'Institution de la religion chrétienne* (1536) en une argumentation précise et rigoureuse ; le calvinisme, né de cet ouvrage, se répand rapidement. La diversité des tons, serein, colérique ou moqueur, explique la vulgarisation de ce livre « sérieux ».

Une littérature de lutte

☐ Du côté protestant éclôt toute une littérature engagée avec Théodore de Bèze (1519-1605), Henri Estienne et surtout Agrippa d'Aubigné (1552-1630). Orateurs, pamphlétaires, polémistes, tous partent en guerre contre les excès de la foi catholique. En 1563, Théodore de Bèze écrit une comédie, *La Comédie du pape malade*, un des pamphlets les plus durs et les plus lus de son temps.

☐ À eux s'opposent Ronsard (par ses *Discours*), Monluc (v. 1500-1577), ardent et cruel défenseur de l'autorité royale, et Jean de Sponde (1557-1595), poète mystique de la condition humaine.

☐ Après la Saint-Barthélemy, des esprits modérés tentent cependant de ramener la paix par la conciliation en rappelant les intérêts de la France : ce sont les « Politiques » (Jean Bodin (1529-1596), François de La Noue (1531-1591), Guillaume du Vair (1556-1621)).

La revanche du bon sens

☐ En 1594, paraît *La Satire ménippée* où les sept auteurs (des bourgeois de Paris) prétendent imiter la verve et l'éloquence du philosophe grec cynique Ménippe (v. IVᵉ - v. IIIᵉ siècle av. J.-C.). L'ouvrage est une relation fausse et bouffonne des états généraux de la Sainte Ligue (union générale des catholiques), tenus à Paris en 1593 et qui n'avaient rien su décider ; tous les membres y sont ridiculisés par un langage hypocrite, naïf ou stupide.

☐ Derrière l'ironie, l'œuvre présente aussi la nécessité de la paix que propose Henri IV. Elle sert d'outil de propagande politique et conclut la fin d'un siècle agité.

D'AUBIGNÉ :
TÉMOIN VISIONNAIRE

Théodore Agrippa d'Aubigné
Né en 1552
en Saintonge
Mort en 1630 à Genève

Études : latin, grec, hébreu (formation humaniste).
Vie publique : soldat, diplomate.
Amour : Diane Salviati (nièce de Cassandre).
Amitié : Henri IV de Navarre (auprès de qui il combat longtemps).
Religion : protestant.
Signes particuliers : grièvement blessé en 1577 au combat de Casteljaloux ; exilé à Genève à partir de 1620.

■ L'écriture baroque

Le long poème en sept chants des *Tragiques* (écrit de 1577 à 1616) est une épopée morale et mystique où les luttes religieuses prennent valeur de mythes éternels. D'Aubigné présente un tableau apocalyptique de la France en proie aux persécutions, dans une langue précise, excessive, luxuriante. Il dénonce les turpitudes des dirigeants catholiques dans leur combat contre les protestants en leur prêtant des figures de monstres bibliques. Pour que l'histoire racontée frappe le lecteur, les objets, les idées, les éléments, et la France elle-même, parlent et souffrent avec les martyrs. La violence des sentiments exprimés, les évocations crues et sanglantes, le désordre apparent de la composition et le mélange des métaphores entraînent le lecteur dans un univers chaotique, signe d'une écriture baroque à son comble.

■ Sensualité et cruauté de l'amour

Le Printemps (vers 1570) est dédié à Diane Salviati. Dans un climat sensuel, le poète peint la jouissance de l'amour à la manière pétrarquiste. Il décrit aussi les spectacles violents de ses tourments et évoque avec angoisse les vicissitudes de l'âge.

■ Chroniques et pamphlets

Dans deux œuvres, d'Aubigné dénonce les catholiques par l'ironie et non plus par la violence : *La Confession catholique du sieur de Sancy* (1610, non publiée) ironise sur les controverses théologiques, *Les Aventures du baron de Faeneste* (1617) ridiculisent un courtisan gascon catholique.

Baldung Grien, *Marche à la mort*, xvıᵉ siècle.

Pseudonyme… et postérité…

Pour publier les *Tragiques*, le poète se cache derrière le pseudonyme énigmatique de L.B.D.D., « le bouc du désert ». Le désert est le lieu secret où se déroule le culte protestant.
Victor Hugo s'inspire du titre du premier chant des *Tragiques*, « Misères », pour écrire *Les Misérables*. En outre, sa poésie doit beaucoup à la puissance verbale rencontrée chez d'Aubigné.

MOYEN ÂGE

XVIᵉ SIÈCLE

XVIIᵉ SIÈCLE

XVIIIᵉ SIÈCLE

XIXᵉ SIÈCLE

XXᵉ SIÈCLE

Contes et conteurs

Le conte et la nouvelle sont de courts récits en prose dont les sujets s'inspirent de la vie quotidienne : ils ont pour vocation de faire rire par la moquerie. Au fur et à mesure de leur évolution s'affirment des tendances moralisatrices et psychologiques. Le récit court est un vrai genre littéraire qui s'impose grâce à son réalisme.

■■■■ Qui sont les conteurs ?

☐ Les conteurs sont des humanistes lettrés qui cherchent à s'amuser et à amuser leur entourage. On a souvent hésité à attribuer la paternité des contes à des auteurs connus pour leur sérieux, comme Bonaventure Des Périers (1510-1544) et Marguerite de Navarre ; ce d'autant plus qu'ils se cachent souvent derrière un pseudonyme.

☐ Leur formation humaniste les pousse à donner au conte un enjeu philosophique. Noël du Fail (1520-1591), par la peinture détaillée des mœurs champêtres, prône un retour à la simplicité de la vie à la campagne qui permet de « ne pas oublier d'être homme ». *Les Nouvelles Récréations et Joyeux Devis* de Des Périers (paru en 1558, quatorze ans après sa mort) illustrent le regard amusé que les humanistes portent sur leur propre érudition. Marguerite de Navarre, sous l'apparence d'histoires scabreuses, propose une analyse détaillée de la complexité du cœur humain.

■■■■ L'esprit gaulois

☐ Les contes sont le plus souvent grivois et anticléricaux ; les femmes et les moines y sont ridiculisés. Fidèles à la tradition orale, ils s'inspirent des récits de veillée à la campagne et prennent toujours place dans un climat joyeux : fêtes, propos de table...

☐ L'inspiration gauloise se retrouve dans le goût pour les situations troubles, la sensualité outrancière et la satire farcesque. Bien des personnages appartiennent à cette vieille tradition grivoise : le maître trompé, le mari cocufié, la femme rusée, le curé berné...

■■■■ Le plaisir de raconter

☐ Les registres sont variés ; les situations d'amour contrarié peuvent être tragiques pour les personnages qui en souffrent, ou comiques par l'accent mis sur les ruses déployées.

☐ Par leur construction, ces récits allient le plaisir du conte et une morale pertinente.

☐ La forme générale est apparemment simple : présentation des personnages, anecdote et conclusion rapide. Tout l'art du récit provient du travail sur la langue qui cherche à reproduire le langage quotidien ou la langue savante pour s'en moquer : Bonaventure Des Périers et Marguerite de Navarre pastichent de grands auteurs latins.

■■■■ Prémices du roman moderne

D'autres formes narratives voient le jour simultanément : le roman parodique (*Jean de Paris*) et le roman sentimental (avec Hélisenne de Grenne). Ils veulent redonner une conception idéale de l'amour, qui trouve sa plénitude au siècle suivant.

Marguerite d'Angoulême, reine de Navarre

Née en 1492 à Angoulême
Morte en 1549 à Odos de Bigorre

Éducation : latin, espagnol, italien (formation humaniste).
Rôle politique : conseillère de son frère François Ier, protectrice des poètes.
Amitiés : Marot, Calvin, Rabelais.
Signe particulier : femme d'Henri d'Albret, roi de Navarre.

Chaque nouvelle naît de la précédente en lui donnant une suite ou en apportant un point de vue contraire. La discussion qui s'ensuit n'aboutit à aucune conclusion, comme pour rendre compte des contradictions et des ambiguïtés de l'amour humain. Marguerite de Navarre vise moins le comique que la précision et la clarté d'expression propres à exprimer les nuances sentimentales.

■ *L'Heptaméron* : composition

Par ce titre, Marguerite de Navarre indique sa référence au *Décaméron* de l'Italien Boccace. Boccace raconte dix journées (en grec *deca* = dix et *hemera* = jour) de la vie de jeunes Florentins qui passent leur temps à se raconter des histoires. Chez Marguerite de Navarre, seuls les récits de sept journées (d'où *Heptaméron*, 1559) ont été achevés. Cinq hommes et cinq femmes, empêchés de poursuivre leur voyage, se réfugient dans une abbaye : ils se racontent des histoires vraies puis en débattent. La légèreté apparente de l'œuvre a fait douter longtemps que l'auteur fût bien la reine de Navarre.

Marguerite d'Angoulême : « La coche ou le débat d'amour ». La reine rencontre trois dames malheureuses.

■ Variété des points de vue

Tous les jugements s'expriment : selon Hircan et Saffredent, l'homme doit délaisser l'amour courtois pour montrer sa force ; Ennasuite et Parlamente sont favorables à l'amour complice vécu dans le mariage… Toute la force de Marguerite de Navarre réside dans le réalisme psychologique des devisants (les conteurs). Ces héros sont souvent des gens de la cour ou de son entourage masqués par la transposition littéraire.

Le succès des contes

Le genre a un succès énorme. Au XVIe siècle, on recense vingt-six recueils de contes sans oublier les rééditions de ceux du Moyen Âge et la traduction des contes de l'Antiquité. *Les Nouvelles Récréations et Joyeux Devis* de Bonaventure Des Périers est imprimé treize fois entre 1558 et 1615. On compte six éditions des *Propos rustiques* de Noël du Fail (entre 1548 et 1580), et d'innombrables rééditions de *L'Heptaméron* de Marguerite de Narvarre. Leurs lecteurs appartiennent à toutes les classes sociales.

| MOYEN ÂGE |
| **XVIe SIÈCLE** |
| XVIIe SIÈCLE |
| XVIIIe SIÈCLE |
| XIXe SIÈCLE |
| XXe SIÈCLE |

La vie littéraire à Lyon

Au XVIe siècle, Lyon est aussi renommée que Paris. Il s'y tient quatre foires internationales annuelles. Ville de banquiers et de riches marchands, Lyon est au carrefour des routes vers l'Italie, l'Allemagne et la Suisse. Elle connaît donc un grand essor économique comme une intense vie intellectuelle.

Des cercles littéraires ouverts aux femmes

☐ Les imprimeries se multiplient à Lyon en raison de privilèges royaux obtenus par les éditeurs. La plupart des écrivains y publient donc leurs œuvres.

☐ Les femmes tiennent une place importante, sans doute en raison de la présence de grandes familles italiennes qui donnent à leurs filles une formation solide et une éducation plus libre ; mais aussi parce que la vie littéraire se passe dans des salons, cénacles à l'image des « cours d'Amour » du Moyen Âge. Les femmes peuvent s'y introduire sans choquer alors qu'elles sont encore absentes de toute vie publique.

Des poètes de l'amour contrarié

☐ Influencé par l'amour courtois du *Roman de la Rose* et par les idées mystiques du platonisme, Maurice Scève écrit son œuvre maîtresse *Délie, objet de plus haute vertu* en 1544. On a vu dans le prénom Délie, l'anagramme de « l'idée » ; ce qui serait une référence au platonisme dont se nourrit Scève. Il conduit son lecteur de l'amour sensuel au monde des Idées. Délie est une femme inaccessible, sans doute Pernette du Guillet (v. 1520-1545) pour qui Scève éprouvait une passion sans bornes. Sur le mode du *canzoniere* pétrarquiste, le poète dit son amour malheureux.

☐ De fait, Pernette du Guillet est mariée à un homme qu'elle n'aime pas ; dans ses *Rimes* publiées en 1545, elle exprime, sur le mode de l'élégie, son désir amoureux en réponse à Maurice Scève qu'elle nomme explicitement. Son ton est juvénile et allègre, alors qu'elle cherche à affirmer son droit d'être respectée et non traitée comme seul objet de désir.

☐ Louise Labé inverse les rôles des amants, en trois élégies et vingt-quatre sonnets où elle conjugue sensualité et spiritualité : l'homme devient objet érotique et la femme souffre et énonce son désir.

Une écriture moderne

☐ Les poètes lyonnais ne forment pas une école et se reconnaissent une grande ouverture d'esprit. Ils puisent leur inspiration dans la culture italienne et dans la culture mystique du Moyen Âge. Ils prennent l'habitude de fréquenter les milieux intellectuels féconds européens.

☐ Par sa sincérité, son ardeur et son audace, Louise Labé fait scandale. En disant l'allégresse de son amour et la douleur de l'absence masculine, elle a donné à la femme un vrai langage amoureux.

☐ La poésie de Scève, quant à elle, est mystérieuse et riche en images abstraites, fugaces, hermétiques, qui l'ont souvent fait comparer aux symbolistes du XIXe siècle. Tout comme Mallarmé et Valéry plus tard, Scève rend un culte à la poésie qu'il considère comme une activité essentielle de l'homme qui veut accéder à l'immortalité.

LOUISE LABÉ ET MAURICE SCÈVE : DEUX ÉCRITURES AMOUREUSES

Maurice Scève
Né vers 1500 à Lyon
Mort vers 1562

Études : sans doute docteur en droit.
Vie publique : attaché au vicaire de l'archevêque d'Avignon.
Signes particuliers : en 1533, il croit découvrir en Avignon le tombeau de Laure, la dame chantée par Pétrarque ; cette trouvaille lui vaut la célébrité et l'estime de François Ier ; il lance ainsi la mode pétrarquiste en France. Lauréat du concours de blasons organisé par Marot, avec *Le Blason du sourcil*.

Louise Labé
Née en 1524 à Lyon
Morte en 1566

Surnom : la « Belle Cordière » (elle avait épousé un riche cordier).
Amours : un homme de guerre resté inconnu et Olivier de Magny, poète ami de Ronsard et Du Bellay.
Signes particuliers : écuyère, elle participe à des tournois ; féministe, elle conseille aux femmes de se cultiver et de « regarder un peu au-dessus de leurs quenouilles et de leurs fuseaux ».

■ Rigueur et liberté de scène

Délie, objet de plus haute vertu est un recueil de 449 dizains décasyllabiques regroupés par séries de 9, chaque série étant inaugurée par un emblème (gravure avec une devise et un commentaire en vers). Ce cadre moralisateur, qui semble enfermer le discours amoureux, contraste avec l'écriture libre, variée et sensuelle de Scève.
Délie est un des surnoms de Diane, vierge chasseresse, et d'Hécate, la déesse de la nuit qui évoque froideur et cruauté. Scève montre la souffrance de l'amour et le délice que procure le dépassement de cette souffrance.

■ Une femme déchirée par l'amour

À 16 ans, Louise Labé a passionnément aimé un homme qui la quitte et de cette souffrance naît son œuvre. Elle utilise les décasyllabes tout en prenant volontairement quelques libertés à l'égard du sonnet pétrarquiste.
Dans *Le Débat de folie et d'amour* (1555), la poétesse oppose Apollon, la raison, à Mercure, la folie. Dans ses 24 *Sonnets* (composés entre 1545 et 1555), elle adopte le ton de la confidence en affirmant son droit à exprimer librement son amour. Sans hypocrisie, elle célèbre voluptueusement sa passion ; là est sans doute l'origine du scandale qu'elle a suscité.

Deux grands libraires lyonnais

Les plus beaux livres de l'époque sortent tous des presses de Lyon. Les deux grands libraires (c'est-à-dire aussi éditeurs) lyonnais sont Étienne Dolet et Jean de Tournes. Ils sont à l'origine de deux innovations promises à un grand avenir : l'écriture italique (qui remplace le gothique difficile à lire) et l'*in-octavo* (le format obtenu en pliant une feuille de papier en huit) qui permet d'imprimer de petits volumes très maniables, ancêtres de notre livre de poche.

MOYEN ÂGE
XVIᵉ SIÈCLE
XVIIᵉ SIÈCLE
XVIIIᵉ SIÈCLE
XIXᵉ SIÈCLE
XXᵉ SIÈCLE

La langue française au XVIᵉ siècle

Durant tout le siècle, les changements sont brusques et considérables. C'est à la fin du siècle seulement que le français sera consacré comme langue littéraire et administrative.

Orthographe et prononciation

☐ Au début du XVIᵉ siècle, on parle encore le moyen français ; l'orthographe n'est pas fixée. Le même mot peut être orthographié de façons différentes, y compris dans un même ouvrage.

☐ En outre, certains mots subissent des transformations dues à une fausse étymologie : *savoir* vient du latin *sapere,* mais on l'écrit *sçavoir* par analogie avec *scire* qui a le même sens en latin.

☐ La prononciation n'est pas la même qu'aujourd'hui : la diphtongue « oi » est prononcée « oué » ; la terminaison des verbes du premier groupe se prononce « ère » : ainsi le verbe *aimer* rime avec *la mer.*

Des genres différents d'aujourd'hui

☐ *Amour, art, pleurs, évangile, ouvrage* et *navire* sont féminins. *Affaire, alarme, ardeur, colère, image, Loire* et *rencontre* sont masculins.

☐ Par ailleurs, le féminin des adjectifs est souvent le même que le masculin : on écrit par exemple *la grand amie.*

Survivance de mots de l'ancien français

☐ Les formes médiévales des démonstratifs *cil* et *cestui* sont couramment employées. Les formes du pronom et du déterminant démonstratif ne sont pas fixées et se confondent : on écrit, par exemple, « à celle fin », « cette-ci »…

☐ De même, de petits mots issus de l'ancien français sont d'un usage courant : *emmi* pour *au milieu de, onc* pour *jamais, ains* pour *mais, si* pour *pourtant, ès* pour l'article contracté *des.*

☐ En outre, certains mots d'origine médiévale ou latine s'emploient souvent dans la langue écrite : *ramentevoir* pour *rappeler, coupeau* pour *sommet, toufeau* pour *touffe*… Le sens de certains mots est plus fort qu'aujourd'hui : *ennui* signifie alors *tourment, étonner* signifie *ébahir*…

☐ On emploie couramment l'infinitif substantivé : *le voyager, le manger*…

La langue des écrivains

☐ L'œuvre de Rabelais, qui correspond au passage du moyen français au français moderne, foisonne de néologismes et d'archaïsmes. Les poètes de la Pléiade, quant à eux, proclament l'urgence de définir des règles d'enrichissement pour éviter un développement anarchique et illogique.

☐ Il faudra pourtant du temps à la langue française pour s'imposer ; Montaigne garde ses gasconismes, d'Aubigné sa syntaxe fantaisiste.

☐ Malherbe et Vaugelas, au début du XVIIᵉ siècle, s'attachent à fixer les traits essentiels de la langue française.

LE LANGAGE AMOUREUX

■ De nouveaux comportements amoureux

En explorant toutes les nuances psychologiques de l'état amoureux, la Renaissance tend vers un idéal amoureux de perfection. Cette aspiration à un amour idéal prend en compte les réalités sociologiques du temps et en particulier le libre choix de la bien-aimée, le droit au plaisir des femmes qui peuvent exprimer désormais leur amour. Les humanistes du XVIe prônent des modes de comportement nouveaux : la nécessité d'un accord psychologique entre les deux amants, d'un dialogue amoureux qui seul permet la fidélité et la croissance de l'amour, d'une discipline personnelle pour faire vivre cet idéal.

■ Trois conceptions de l'amour

Toutefois, le langage amoureux au XVIe siècle est complexe : il oppose ou unit trois conceptions différentes de l'amour.

L'amour courtois : la *fin'amor* désigne la relation amoureuse courtoise, héritée du Moyen Âge, elle se caractérise par la place élevée de la dame qui accepte ou non d'être courtisée. L'homme, pour la mériter, doit franchir des obstacles : battre son rival, prouver son honneur, offrir un cadeau exceptionnel…
À cette forme d'amour se rattache un vocabulaire guerrier plein d'idéal et un langage amoureux et sensuel. C'est un des aspects des premiers poèmes de Ronsard et du *Printemps* d'Agrippa d'Aubigné. C'est aussi la conception amoureuse de bien des protagonistes de *L'Heptaméron.*

Le pétrarquisme : Pétrarque, Italien du XIVe siècle, a adopté le ton de la confession intime, dans ses sonnets dédiés à Laure ; il décrit les phases de ses tourments amoureux dus à la fuite ou à l'absence de sa bien-aimée. L'amour pétrarquiste au XVIe se caractérise par l'emploi d'hyperboles, d'antithèses et d'une langue excessive. Tous les poètes de la Renaissance et en particulier les poètes lyonnais Maurice Scève et Louise Labé s'inspirent de cette forme de plainte amoureuse.

Le néoplatonisme : grâce aux traductions de Marsile Ficin, la lecture de Platon est remise au goût du jour. Pour Platon, la relation amoureuse est conçue comme un élan de l'âme vers Dieu. L'âme progresse ainsi de l'amour humain à l'amour divin, mue par son désir de s'élever dans le monde du Beau, du Bien et du Bon. Le néoplatonisme se traduit par l'utilisation du vocabulaire mystique pour dire l'amour humain, et par l'idée d'amour platonique qui refuse les plaisirs physiques et aspire à la béatitude. Montaigne et Marguerite de Navarre s'inspirent de cette conception.

Décor de Jean de Montchenu pour le *Recueil de chansons italiennes et françaises à trois voix,* XVe siècle.

29

MOYEN ÂGE

XVIe SIÈCLE

XVIIe SIÈCLE

XVIIIe SIÈCLE

XIXe SIÈCLE

XXe SIÈCLE

Renouvellement du théâtre

Le renouvellement du théâtre est tardif en raison de la pesanteur de la tradition médiévale. Inquiet de l'esprit de contestation qui envahit les mystères, les farces et les soties, le Parlement en interdit la représentation en 1548. Les genres de l'Antiquité reviennent alors à l'honneur.

Tragédie antique et comédie italienne

☐ L'enseignement humaniste permet de découvrir et de traduire les œuvres des Grecs Euripide, Sophocle, Aristophane et des Latins Sénèque et Térence. L'humanisme par ailleurs s'ouvre au théâtre italien et particulièrement à la *commedia erudita*, comédie d'intrigue autant que de mœurs.

☐ Ces deux influences vont provoquer l'avènement de la tragédie et de la comédie dans la seconde moitié du siècle. Jodelle en 1553 avec *Cléopâtre captive*, pièce lyrique, inaugure le règne de la tragédie française. Il adopte une composition en cinq actes soumise aux trois unités (de temps, de lieu et d'action). La Pléiade voit dans cette forme un tournant théâtral.

L'élaboration des règles théâtrales

☐ Aristote avait déterminé les lois du genre tragique ; dans sa *Poétique* (1561), Scaliger (1484-1558) s'en inspire et conçoit les règles de la tragédie : unité de temps (cinq à six heures) et unité d'action (une action unique qui fait alterner les scènes dramatiques et les chœurs lyriques). Il définit la tragédie comme « la représentation d'une fortune illustre avec un dénouement fatal dans un style sérieux et tout en vers ».

☐ Ce cadre sera précisé par Jean de La Taille (v. 1540-apr. 1607), qui y ajoute l'unité de lieu, et Vauquelin de La Fresnaye (v. 1536-v. 1606) qui propose une inspiration chrétienne. Tous s'accordent pour éviter sur scène ce qui est brutal, sanglant ou invraisemblable. Ces principes ouvrent la voie à la définition du théâtre classique du XVIIe siècle.

Tragédie pathétique et comédie d'intrigue

☐ La tragédie met en scène des personnages de condition élevée, confrontés à un malheur exemplaire auquel ils n'étaient pas préparés. Ils vivent un moment de crise qui se dénoue toujours par une catastrophe. Théodore de Bèze écrit la première tragédie en langue française, *Abraham sacrifiant* (1550).

☐ Robert Garnier (1544-1590) écrit de nombreuses tragédies à sujets grecs (*Hippolyte, Antigone*) et latins (*Cornélie, Les Juives*). Certes, les monologues lyriques y sont longs et prennent le pas sur l'action. Mais déjà émergent une maîtrise des débats moraux et une organisation subtile des scènes qui créent le pathétique. Les tragédies de Garnier sont remarquables pour leurs invocations ou leurs cris et l'effet de certaines formules.

☐ Avant la Pléiade, le genre comique n'est représenté que par la farce qui s'oriente néanmoins vers des préoccupations psychologiques. Une forme nouvelle de comédie apparaît à l'imitation du théâtre italien : la comédie d'intrigue, écrite en prose, faite de rebondissements, aux personnages réalistes. Pierre de Larivey (1540-1611), avec *Les Esprits* et huit autres pièces, renouvelle le goût pour l'imbroglio, repris par Molière dans ses plus célèbres comédies.

LES FORMES NOUVELLES DE LA REPRÉSENTATION

■ La représentation de la tragédie

La tragédie commence à être jouée dans les collèges. Se développe alors le goût pour les tragédies antiques ; les professeurs croient à la pédagogie d'un enseignement fondé sur la récitation et la représentation des textes de l'Antiquité. Elle est aussi le divertissement de riches bourgeois qui s'amusent à jouer entre eux, car les représentations dans les théâtres sont exceptionnelles et les troupes ambulantes de tragédiens professionnels n'apparaissent qu'à la fin du siècle.

Les rôles sont toujours tenus par des hommes. La tragédie n'utilise ni décor ni costumes ; de simples tapisseries servent à délimiter l'espace de la scène.

Contrairement à la comédie, la représentation de la tragédie ne se soucie pas de réalisme : les personnages sont glorieux et la diction des acteurs est grandiloquente (on prononce les e muets).

La douleur du héros est due à la fatalité, qui est invoquée par le chœur. Ces interventions du chœur marquent des pauses dans le déroulement de l'action et orientent la tragédie vers la division en scènes coupées d'intermèdes.

■ Sujets et mise en scène à l'italienne

La comédie italienne se répand en France grâce aux voyages des humanistes et aux représentations données un peu partout par les troupes italiennes. Elle se caractérise par :

— une répartition en cinq actes séparés par des intermèdes musicaux ;

— une intrigue très serrée qui part d'une situation initiale et évolue par rebondissements, souvent liés à des aventures galantes ;

— la présence de personnages typés et réalistes : vieillard amoureux, servante rusée, entremetteuse hypocrite…

La mise en scène change : le public est disposé autour d'une scène en demi-cercle qui contient un décor en perspective. On crée les coulisses permanentes qui suggèrent d'autres lieux que celui représenté sur scène ; le spectateur sait ce qui se passe ailleurs et devient alors complice de certains personnages ; il en sait même souvent plus long et a donc l'impression de nouer lui-même l'intrigue.

Troupe de comédiens italiens (XVIᵉ siècle).

MOYEN ÂGE

XVIe SIÈCLE

XVIIe SIÈCLE

XVIIIe SIÈCLE

XIXe SIÈCLE

XXe SIÈCLE

Écritures sur l'homme

Le XVIe siècle connaît trois remises en cause qui font vaciller ses convictions sur la place de l'homme dans l'univers et vis-à-vis de Dieu : la découverte du Nouveau Monde, la révolution copernicienne et le protestantisme. Marqués par l'incertitude, certains humanistes vont rechercher de nouvelles attitudes devant la vie.

▇▇▇ L'expression de l'incertitude

☐ Montaigne et Jean de Sponde traduisent dans leurs écritures ces changements et les sentiments qu'ils leur inspirent. La contradiction, l'ambiguïté et l'impossibilité de porter des jugements définitifs caractérisent leurs œuvres.

☐ Sponde (1557-1595), dans les *Essais de quelques poèmes chrétiens* (1588), est hanté par l'inconstance et la fragilité des constructions intellectuelles. Dans les *Essais*, Montaigne ne cesse de dire sa difficulté à exprimer sa pensée et la relativité de ses affirmations.

▇▇▇ Une autobiographie pour atteindre la sagesse

Montaigne n'adopte pourtant ni le ton de la confidence ni celui de la confession ; son projet n'est pas là. Ses considérations sont celles d'un moraliste qui désire se connaître et conquérir la sagesse ; il cherche, hésite… et s'il se choisit comme matière de son livre, c'est qu'il se connaît mieux qu'aucun autre. Par ailleurs, il pense que son cas individuel a valeur d'exemple car « chaque homme porte la forme entière de l'humaine condition » (*Essais*, III, 2). Il élabore un projet d'éducation destiné à former, non pas des érudits, mais des hommes ouverts, justes, exercés à l'esprit critique.

▇▇▇ Essayer une pensée

Chaque chapitre est un essai. « Essayer » une pensée, c'est l'observer et l'analyser selon divers points de vue pour ébaucher ensuite une opinion. « S'essayer, » c'est jauger sa vie, son expérience et celle des autres, par l'analyse de ses propres réactions et sentiments. Les *Essais* récapitulent ces deux sens et sont donc un dialogue de Montaigne avec lui-même.

▇▇▇ Nouvelles attitudes morales

☐ La philosophie de Montaigne est étonnamment moderne : il s'agit de bien se connaître afin de vivre en harmonie avec soi-même, pour accepter la condition d'homme. La pensée se nourrit de l'expérience de la vie, elle ne stagne jamais dans une théorie définitive.

☐ Le stoïcisme de Montaigne consiste en l'idée de la grandeur de l'homme, du mépris de sa propre souffrance et dans le désir d'une mort exemplaire. Il est néanmoins nuancé par la reconnaissance des difficultés et des misères de la condition humaine qui le rendent sceptique. La mort fait partie de la nature et Montaigne exprime aussi le désir de jouir de la vie en harmonie avec la nature.

☐ Sponde, quant à lui, a l'obsession de la mort qui le délivrerait du monde inconstant des hommes. Cette méditation le pousse vers Dieu, qu'il appelle à son secours ; Dieu lui répond ; le poète aspire alors à l'au-delà en toute sérénité.

MONTAIGNE :
UNE PENSÉE EN ÉVOLUTION PERMANENTE

Michel Eyquem de Montaigne
Né en 1533 au château de Montaigne en Périgord
Mort en 1592 à Montaigne

Éducation : assurée par son père (latin, grec).
Vie publique : charge de magistrat à Périgueux, puis au parlement de Bordeaux, puis maire de Bordeaux (en 1581) après une retraite de treize ans à Montaigne.
Amitiés : Étienne de La Boétie (dont la mort courageuse frappe beaucoup Montaigne), Marie de Gournay (qui l'entourera à la fin de sa vie et rassemblera ses dernières notes).
Voyage : 1580-1581 : grand voyage à travers l'Allemagne et l'Italie.
Signe particulier : atteint de gravelle (maladie rénale).

■ La méthode de Montaigne

Dans un premier temps, Montaigne propose une anecdote pour illustrer une idée, puis il raconte une anecdote contraire qui remet en question cette idée pour tenter une conclusion. Parfois, plusieurs années après, il ajoute un exemple, un commentaire. Jamais il ne livre une pensée achevée. Il propose au lecteur les étapes de l'élaboration de son jugement toujours ouvert sur une réflexion postérieure. Pour reconstituer son itinéraire intérieur, il faut se référer aux signes qu'il a choisis pour noter ses ajouts pour l'édition de 1580, celle de 1588 et celle de 1595 (édition posthume faite des notes rassemblées par Marie de Gournay).

■ Composition des *Essais*

Les *Essais* se présentent sous la forme de trois livres rédigés entre 1570 et 1580 pour les deux premiers, en 1588 pour le troisième. Mais tous trois sont repris, augmentés, annotés tout au long de la vie de Montaigne jusqu'à la dernière édition. En tout, dans l'édition finale, on compte 107 chapitres de longueur très variable.
— Le livre I est plutôt consacré aux observations d'ordre politique et militaire et aux grands thèmes de la condition humaine (la mort, l'amitié, la solitude, l'éducation).
— Le livre II présente les idées personnelles et les goûts littéraires de Montaigne.
— Quant au livre III, il développe des considérations politiques et méthodologiques (sur la peinture du moi) ainsi que des remarques sur le Nouveau Monde.

Château de Montaigne, dans le Périgord.

Sponde : une vie baroque

Après avoir été un défenseur acharné du protestantisme, religion de sa famille, Sponde se convertit au catholicisme à la suite d'Henri IV. Cette conversion se retourne contre lui car le roi, soucieux de garder un parti protestant fort, le rejette. Paradoxalement, Sponde est alors considéré comme un traître par les protestants. La fin de sa vie est le reflet de l'inconstance du monde qu'il n'avait cessée de clamer dans son œuvre.

MOYEN ÂGE

XVIe SIÈCLE

XVIIe SIÈCLE

XVIIIe SIÈCLE

XIXe SIÈCLE

XXe SIÈCLE

L'esprit baroque

Le mot « baroque » désigne au XVIe s. une perle de forme irrégulière et en littérature des œuvres non régulières. Le mouvement baroque touche la littérature française de 1580 à 1640 et traduit la complexité politique, religieuse et culturelle de l'époque. Le terme sera utilisé de manière péjorative au XIXe, puis positive au XXe s.

▬▬▬ L'écriture baroque, spectaculaire et libre

☐ Cherchant à impressionner, l'écriture baroque se montre souvent excessive : elle ne connaît pas de mesure pour décrire la beauté ou la laideur. Elle cherche les images et les comparaisons fortes, utilise l'hyperbole et l'accumulation.

☐ En outre, les écrivains baroques aiment faire apparaître les contradictions du monde et multiplient les antithèses : tantôt elles prennent la forme d'un jeu (paradoxe et pointe finale) ; tantôt le ton se fait grave ; derrière les beaux décors, elles rappellent la présence de la maladie et de la mort.

☐ Par ailleurs, le style manifeste une certaine liberté par un assouplissement de la construction des phrases : absence de liens logiques, goût pour les accumulations. Le poème prend des libertés avec les règles de versification. Le théâtre ne respecte pas les unités de temps, de lieu et d'action, pourtant prônées dès 1561.

▬▬▬ Nouveau rapport à l'œuvre d'art

☐ Face à l'incertitude dans laquelle les hommes sont plongés, le rapport à l'œuvre d'art se trouve changé. Ce n'est pas un objet extérieur qui s'adresse à la raison critique d'un lecteur et qui professe des certitudes, comme dans le classicisme. C'est une œuvre subjective qui cherche à gommer la distance entre l'auteur et le public et préfère donc les formes orales : poésie déclamée ou chantée, théâtre et prédication.

☐ L'œuvre s'adresse à la sensibilité et à l'imagination sur lesquelles elle provoque un choc par son mouvement et ses images ; les esprits ainsi ouverts donnent leur adhésion dans un même élan : on tend à une fusion entre l'auteur, l'acteur et les spectateurs ; et le spectateur ému devient acteur.

☐ Enfin, elle fait prendre conscience d'un vide et invite à autre chose ; l'élan peut mener à Dieu car le baroque est souvent religieux ; mais la forme divine reste vague. Jamais on ne trouve de réponse ni de solution arrêtées.

▬▬▬ Les tendances de la poésie lyrique

☐ La première tendance est imprégnée d'un fort militantisme religieux, soit dans le cadre des guerres de Religion avec les attaques virulentes d'Agrippa d'Aubigné contre les catholiques, soit de manière plus large par un appel à un réel qui n'est pas de ce monde mais qui donne son sens à la vie terrestre : poèmes de Chassignet (1578-1635) et de La Ceppède (1578-1635). Pour eux, religion, art et esthétique ne font qu'un.

☐ La deuxième tendance, sceptique, joue avec le langage et avec les ambiguïtés du monde sans autre finalité que la création poétique et le plaisir de l'imagination ; elle se retrouve en particulier chez des libertins comme Saint-Amant (1594-1661) ou Théophile de Viau (1590-1626) et se rapproche de la préciosité.

LES PRINCIPAUX THÈMES BAROQUES

■ L'inconstance

Elle peut être agréable et même grisante, en amour en particulier ; elle se trouve dans divers personnages : Hylas (*L'Astrée* d'Honoré d'Urfé) ; et plus encore Don Juan, d'abord espagnol puis italien, qui incarne l'inconstance aux prises avec la permanence, idée typiquement baroque. L'inconstance peut aussi être doulou-reuse. Le monde est alors considéré du point de vue divin ; l'accent est mis sur sa confusion et sa vanité. S'élève alors le gémissement de poètes comme Sponde, d'Aubigné, Chassignet.

Pour parler à l'imagination, les poètes ont recours à des images aériennes ou aqua-tiques qui figurent la légèreté (bulle, papillon), la métamorphose (nuages), divers types de mouvement (vols d'oiseaux, flammes, vagues). L'image emblématique de l'homme est celle de Protée, héros mythologique qui peut changer de forme à volonté.

■ L'illusion

Au lieu de se succéder, deux formes peu-vent coexister par une dissociation de l'être et du paraître. De là naît l'illusion, doute permanent sur la réalité des appa-rences. Ainsi retrouve-t-on souvent des images symboliques (arc-en-ciel, reflets) et le thème du déguisement avec ses cortèges de personnages masqués : courtisans, femmes fardées ; à moins que le poème ne présente un homme para-doxal : beau quoique malade ou men-diant...

Le lieu de prédilection de cette illusion est le théâtre où se crée un monde artificiel non sans rapport avec le monde réel. Pour mettre en valeur le jeu des appa-rences, de nombreuses pièces introdui-sent le théâtre dans le théâtre (*L'Illusion comique* de Corneille).

■ Le spectacle de la mort

La mort est l'ultime réalité que l'on retrouve toujours à travers l'inconstance et l'illusion. Elle fascine donc l'homme baroque qui la représente avec tout son cortège de crânes et d'ossements, l'homme n'étant jamais qu'un squelette habillé de chair.

Ces pensées conduisent à une poésie chrétienne avec de nombreuses médita-tions sur la Passion et la Croix (La Cep-pède).

■ La lumière dans la nuit

Le point de vue est celui des hommes qui aperçoivent Dieu comme une lueur dans leur nuit ; cette lumière est voilée (nuage, fumée) car comment connaître l'Incon-naissable ? À moins que son éblouisse-ment n'obscurcisse tout ce qui l'entoure. Cette immobilité divine atteint les fron-tières du baroque.

Principales œuvres baroques

Théâtre
Clitandre (1630) et *L'Illusion comique* (1636) de Pierre Corneille (1606-1684). *Le Véritable saint Genest* (1645) de Jean Rotrou (1609-1650).

Poésie
Poèmes (1588) de Jean de Sponde (1557-1595).
Le Mépris de la vie (1594) de Chassignet (1578-1635).
Les Tragiques (1616) d'Agrippa d'Aubigné (1522-1630).
Théorèmes spirituels (1622) de Jean de la Ceppède (1548-1623).
Œuvres (1629) d'Antoine Girard de Saint-Amant (1594-1661).
Œuvres (1621) de Théophile de Viau (1590-1626).

Roman
Agathonphile (1623) de Jean-Pierre Camus (1582-1652).

MOYEN ÂGE

XVIᵉ SIÈCLE

XVIIᵉ SIÈCLE

XVIIIᵉ SIÈCLE

XIXᵉ SIÈCLE

XXᵉ SIÈCLE

Préciosité et burlesque

Préciosité et burlesque sont des formes d'expression issues du baroque. Toutes deux sont excessives : la préciosité recherche le raffinement de l'esprit et du style en gommant toute forme de grossièreté ; le burlesque traite en termes comiques, voire grossiers, de choses sérieuses.

Des salons « féministes »

☐ Le mouvement précieux naît en réaction au style plutôt rustre de la cour de Henri IV. Dès 1608, et pendant plus de quarante ans, la marquise de Rambouillet (1588-1665) ouvre le premier salon mondain où elle réunit les intelligences les plus brillantes et permet aux plus jeunes de se faire connaître. Elle ne tient compte ni du titre de noblesse, ni du sexe, ni de l'âge. Beaucoup l'imitent à partir de 1640.

☐ Ces réunions ont la forme de brillantes réceptions où les esprits se confrontent au travers de jeux littéraires et où l'on débat de questions littéraires : la défense du Cid, le juste emploi de certains mots.

☐ Le mouvement, dans lequel la femme tient la place centrale, se distingue par ses idées sociales nouvelles : la naissance compte moins que la qualité personnelle ; la femme doit être libre dans le choix de son mari et accéder à la culture. Le célibat est reconnu et défendu.

L'écriture précieuse

☐ Le style précieux refuse la vulgarité et forge donc une langue poétique nouvelle : il invente de nouvelles métaphores en mélangeant deux registres (*lèvres bien ourlées*) ou en alliant le concret et l'abstrait (*avoir l'âme sombre, l'intelligence épaisse*) ; il utilise l'adjectif substantivé (*l'inhumaine, l'effroyable*) et préfère systématiquement la périphrase à l'expression simple et directe.

☐ Utilisés avec mesure, ces procédés contribuent à donner à la poésie classique son raffinement et sa précision ; mais la préciosité cultive l'excès qui rend le langage affecté ou le transforme en jargon.

Le burlesque, envers de la préciosité

☐ Là où la préciosité cherche à idéaliser, le burlesque vise la dérision. Il recourt à divers procédés.

☐ La parodie consiste à imiter une œuvre en la déformant : dans *Virgile travesti* (1648-1652), Scarron (1610-1660) tourne en dérision les aventures d'Énée racontées par Virgile. Il multiplie les détails concrets et les termes grossiers, utilise des formes poétiques pour traiter de sujets vulgaires, recherche les calembours, les équivoques gaillardes, les comparaisons triviales. Ce type d'écriture exige du lecteur une grande érudition pour apprécier les transpositions.

☐ La satire aspire à faire changer la société : elle peint avec réalisme et humour tantôt les mesquineries et les injustices sociales, tantôt un voyage dans un pays imaginaire où l'organisation sociale idéale s'oppose à ce qui existe (Savinien de Cyrano de Bergerac : *Histoire comique des États et Empires de la Lune*, 1657 et *États et Empires du Soleil,* 1662).

LES ŒUVRES DE LA PRÉCIOSITÉ

■ Les poèmes précieux

Vincent Voiture (1598-1648) qui anime les discussions à l'hôtel de Rambouillet a laissé un recueil de poèmes ; mais, personne ne se distingue ; tous pratiquent les jeux littéraires suivants :

— *les blasons* : poèmes galants qui célèbrent un aspect de la bien-aimée (notamment une partie du corps) ;

— *les bouts rimés* : brèves énigmes ou bien variations sur un modèle ;

— *le portrait*, qui recherche le trait juste et la formule pénétrante.

Le thème dominant est l'amour, un amour éthéré et spirituel duquel la réalité corporelle est exclue.

■ L'Astrée

Ce roman d'Honoré d'Urfé (1567-1625) est le best-seller de la première moitié du XVIIᵉ siècle. Il compte 5 000 pages publiées en cinq fois de 1607 à 1627.

Il s'inspire des poèmes pastoraux du lyrisme courtois au Moyen Âge : au VIᵉ siècle, à l'époque des druides, l'amour de la bergère Astrée et du berger Céladon rencontre de nombreux obstacles (haine des familles, jalousie du jeune Sémir…).

Sur cette trame, se greffent plus de 45 intrigues secondaires avec environ 200 personnages.

L'influence du roman est considérable sur les précieux qui imitent ses codes de langage et son art d'aimer ; elle se fait aussi sentir sur Corneille, Racine et La Fontaine.

■ Une « production fleuve »

À la suite de *L'Astrée*, sont publiés plusieurs romans héroïques où s'accumulent exploits guerriers ou amoureux, voyages, rebondissements ; ils donnent de la société une image idéale. Gomber-

ville (1600-1674) publie *Polexandre* qui connaît plusieurs remaniements de 1619 à 1638 et compte 4 409 pages.

La production de La Calprenède (1610-1663) est énorme et lui permet de vivre de ses rémunérations (une nouveauté) : *Cassandre* (1642), 5 483 pages ; *Cléopâtre*, 4 153 pages.

Madeleine de Scudéry (1607-1701) qui tient un salon illustre, représente les valeurs de la préciosité dans ses romans : *Le Grand Cyrus* (1649-1653), 13 095 pages ; *Clélie* (1654-1660), dix volumes.

■ La carte du Tendre

La préciosité aime distinguer les multiples nuances des impressions ressenties. Dans le salon de Madeleine de Scudéry est élaborée une géographie amoureuse qui permet de disposer sur une carte la multiplicité des sentiments : deux chemins, celui de l'Estime et celui de la Reconnaissance, après de nombreuses étapes où l'on se perd parfois, mènent à la Tendresse. Cette carte célèbre se trouve dans *Clélie*.

Petit lexique précieux

Tous les mots crus, vulgaires ou trop simples sont remplacés par des périphrases élégantes :

balai : instrument de la propreté ;
fauteuil : commodité de la conversation ;
laquais : nécessaire ou inutile ;
sein : réservoir de la maternité.

Il faut dire : *Ma commune, allez quérir mon zéphyr dans mon précieux*, au lieu de « Ma suivante, allez chercher un éventail dans mon cabinet ».

Expressions précieuses passées, dans le langage courant : *perdre son sérieux, s'encanailler, châtier son style, faire des avances, s'embarquer dans une mauvaise affaire, un tour d'esprit*.

MOYEN ÂGE

XVIᵉ SIÈCLE

XVIIᵉ SIÈCLE

XVIIIᵉ SIÈCLE

XIXᵉ SIÈCLE

XXᵉ SIÈCLE

Rationalisme et libertinage

Au lendemain des guerres de Religion, nombre d'esprits cultivés éprouvent une crise de conscience qui les rend sceptiques face à la foi et aux croyances. Certains, comme Descartes, donnent à la raison tout son pouvoir, d'autres, les libertins, bravent et raillent la religion officielle dont ils remettent en cause tous les fondements.

La méthode de Descartes

□ Pour Descartes, dans le *Discours de la méthode* (1637), le scepticisme doit être la base de toute compréhension des phénomènes. Le seul fait de tout remettre en cause suppose de penser (*cogito ergo sum,* « je pense donc je suis ») ; Descartes affirme alors que la raison, cette faculté qui nous permet de penser, est créée par Dieu, comme n'importe quel objet. Dieu, seul être parfait, donne à l'homme la conscience de son imperfection. La preuve de l'existence de Dieu est ainsi faite.

□ Descartes part de son expérience intellectuelle personnelle : au regard de tout ce qu'on lui a enseigné et qu'il remet en question, il tire une leçon de relativisme et décide de ne compter que sur lui-même pour établir sa morale.

□ La méthode de Descartes engendre donc une nouvelle conception de la connaissance où le raisonnement logique a toute la place. Quatre principes régissent un mode de connaissance rigoureux : remettre tout en cause, traiter les difficultés cas par cas, conduire les pensées par ordre du plus simple au plus compliqué, ne rien omettre.

La cabale libertine

□ Au début du siècle, sous l'influence d'Italiens venus à la cour lors de la régence de Marie de Médicis, des penseurs libertins s'organisent en une société secrète, la cabale, composée de philosophes, scientifiques, médecins, magistrats. Ils dénoncent doctrines et pratiques religieuses, critiquent la Bible et la condamnent. Tous ont en commun une volonté d'indépendance d'esprit et s'intéressent aux philosophies païennes, déjà étudiées par les humanistes du siècle précédent. Ils font souvent fi de la morale commune et mènent généralement une vie dissolue.

Un libertinage érudit

□ Pendant le ministère de Richelieu, les libertins sont pourchassés. Ils ne reparaissent qu'en 1628 avec la Mothe le Vayer (1588-1672), Gassendi et Naudé (1600-1653) sous la forme d'un libertinage érudit, allant du catholicisme raisonné à un athéisme matérialiste. Les libertins remettent en cause l'organisation politique et sociale (particulièrement la royauté) ; ils prônent une société fondée sur le mérite et le droit au minimum vital.

□ Le libertinage est donc la voix de la contestation. À l'idée de Dieu se substitue l'idée de Nature. La finalité de l'homme étant terrestre, il doit s'épanouir dans le plaisir que lui dictent la nature et la raison.

□ Saint-Évremond (vers 1615-1703), mondain voluptueux et sceptique, applique et défend des théories libertines dans différents domaines : histoire, morale et littérature (*Réflexions sur les divers génies du peuple romain,* 1663 ; *Sur les poèmes anciens,* 1685).

DESCARTES ET GASSENDI : DEUX VOIX DE LA RAISON

René Descartes
Né en 1596 à Haye,
en Touraine
Mort en 1650 à
Stockholm

Pierre Gassend
dit **Gassendi**
Né en 1592
près de Digne
Mort en 1655 à Paris

Études : chez les jésuites à La Flèche
Amitié : la reine Christine de Suède qui l'invite à sa cour.
Signes particuliers : voyages et séjours divers en Europe de 1619 à 1628 avant de s'installer définitivement en Hollande. Une fille, Francine, issue d'une liaison avec une servante. Découvertes capitales en optique géométrique et en analyse mathématique.

Fonctions : prêtre et professeur de philosophie au Collège royal
Disciples : Cyrano de Bergerac, Saint-Évremond, Mme de la Sablière.

■ Le cartésianisme

Bien que d'abord philosophe et scientifique, Descartes tient une grande place dans la littérature. Il a mis en forme la prose classique en français (le latin étant jusque-là la langue de la philosophie et des sciences).

Le cartésianisme est devenu aussi synonyme d'un esprit français classique qui a le goût de la raison et de la vérité. L'idéal moral défini par Descartes dans le *Traité des passions* (1649) qui met en avant la liberté et l'importance de la volonté, a été rapproché de l'idéal du héros cornélien. Les écrivains classiques, Boileau en particulier, ont appliqué la méthode de Descartes à la littérature. Enfin, au siècle des lumières, la référence à Descartes sert à dénoncer la monarchie absolue arbitraire.

■ Le gassendisme

Le gassendisme est né de la forte influence de son auteur sur son temps. Pour Gassendi, l'homme peut bâtir une construction intellectuelle vraie, s'il met sa raison à l'épreuve des faits et de l'expérience, sachant que l'homme, l'histoire et la société évoluent. Il s'agit d'un rationalisme empirique.

Sur le plan philosophique, Gassendi tire ses thèses d'Épicure dans *Syntagma philosophiae Epicuri* (1659). Comme le philosophe grec, Gassendi ne fait qu'un de l'âme et du corps, comme de la raison et des sensations. Il réfute toutes les thèses de Descartes dans *Recherches métaphysiques ou doutes et instances contre la métaphysique de René Descartes et ses réponses* (1642).

Les Comédiens italiens,
anonyme, art flamand
du XVIIe siècle.

MOYEN ÂGE

XVIᵉ SIÈCLE

XVIIᵉ SIÈCLE

XVIIIᵉ SIÈCLE

XIXᵉ SIÈCLE

XXᵉ SIÈCLE

La pensée janséniste

Le jansénisme est une doctrine austère prêchée par l'évêque flamand Cornelius Jansen, dit Jansénius (1585-1638) : l'homme ne peut participer à son salut et seuls seront sauvés quelques élus de Dieu. Pascal est le principal défenseur français de cette doctrine philosophique et religieuse.

▰▰▰▰ Le problème théologique de la grâce

☐ Depuis le péché originel, l'homme est séparé de Dieu ; il ne peut espérer être sauvé que par la grâce obtenue par les mérites de Jésus-Christ, Rédempteur de l'humanité. Selon Jansénius, Dieu accorde ou refuse cette grâce dès la naissance. L'abbé de Saint-Cyran (1581-1643) diffuse cette idée à l'abbaye de Port-Royal. Elle va à l'encontre de la conception jésuite de Luis Molina (1536-1600) pour qui Dieu donne sa grâce à tous les hommes ; ceux-ci gardent la liberté de la mériter ou non.
☐ Pour les jansénistes, le salut n'est pas dû au mérite (ce qui limiterait la puissance divine) mais au choix de Dieu. Celui-ci n'accorde sa grâce qu'à certains hommes (pas à tous) dont il sait par avance qu'ils seront justes. Cette grâce leur permet de devenir des saints. Elle leur procure une telle joie qu'ils ne peuvent y résister. Les jésuites attaquent violemment cette thèse et la font condamner par le pape.
☐ Pascal entreprend alors d'écrire *Les Provinciales* (1656-1657) où, avec une ironie subtile, il reproche aux jésuites leur indulgence excessive. Il pose en outre les grands problèmes de la grâce, de la destinée et de la vie morale.

▰▰▰▰ Les conséquences morales

☐ Pour les jésuites, il n'y a péché que lorsqu'il y a conscience du péché. La casuistique (partie de la théologie qui étudie l'application des principes généraux dans les cas particuliers) détermine la responsabilité humaine en face du péché, et excuse parfois les pires actions accomplies avec de bonnes intentions.
☐ Les jansénistes dénoncent le laxisme de cette attitude et considèrent que l'homme, incapable de se sauver, doit abandonner l'action, se tourner vers la contemplation et l'espérance de la grâce.

▰▰▰▰ Le pari pascalien : le salut est dans la foi

☐ Pascal cherche à réveiller la conscience des hommes (libertins, chrétiens mondains) qui s'adonnent au divertissement (travail et plaisir) pour échapper à leur misérable condition humaine. Il les invite à faire le grand choix qui détermine toute vie humaine : « parier » pour ou contre Dieu. Sans prétendre prouver l'existence de Dieu, Pascal montre les avantages que l'homme tire de l'existence de Dieu. La foi naît de la pratique *a priori* de la religion chrétienne.
☐ La foi change le regard ; elle révèle la présence cachée de Dieu dans la Nature, dans l'Écriture et dans l'Histoire. Guidé par cette présence, l'homme comprend que son vrai but n'est pas la connaissance mais la sainteté.
☐ L'homme doit choisir une vie d'humilité, de pénitence et de piété qui le fait s'approcher de Dieu ; car la pratique de la vertu conduit à la foi ; et c'est à travers la foi qu'agit la grâce salvatrice de Dieu sur l'homme qu'Il a choisi.

PASCAL :
L'APOLOGIE DE LA RELIGION CHRÉTIENNE

Blaise Pascal
Né en 1623 à
Clermont-Ferrand
Mort en 1662 à Paris

Famille : sa mère meurt quand il a trois ans ; son père, très cultivé, contribue beaucoup à l'instruction de ses enfants. La plus jeune de ses deux sœurs entre comme religieuse à Port-Royal.
Religion : catholique ; en 1646, conversion de la famille au jansénisme ; en 1654, seconde conversion de Pascal (il devient mystique et ascète).
Signe particulier : génie précoce qui se fait remarquer dès 11 ans ; il s'intéresse aux mathématiques : invention de la première machine à calculer, calcul de probabilités... et à la physique : pression atmosphérique, acoustique...

■ L'art de persuader

Plus soucieux de raisonnement que de style, Pascal refuse la grandiloquence et le didactisme. Il choisit de mettre le terme propre à sa place propre. La disposition des propositions subordonnées est rigoureuse pour rendre compte de la hiérarchie des idées et convaincre ainsi le lecteur. Pourtant le style ne manque pas de poésie : pour chanter les grands thèmes de la mort, de la fuite du temps, de la faiblesse humaine, le ton se fait lyrique, rempli d'une émotion contenue et discrète. Le verset rythme le discours. Dans ses principes littéraires, Pascal inaugure l'expression classique.

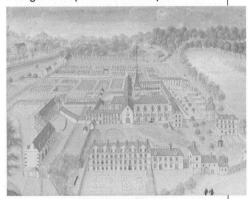

Abbaye de Port-Royal-des-Champs.

■ Les *Pensées* (1670) : beauté d'une œuvre inachevée

Les *Pensées* sont les notes, organisées en vingt-sept liasses, d'un grand ouvrage pour la défense du christianisme qui devait s'appeler *Apologie de la religion chrétienne*. Dans la première partie consacrée à l'homme, Pascal fait le tableau de la grandeur et de la misère de l'homme et de la société. Dans la deuxième partie consacrée à Dieu, il montre la nécessité de connaître Dieu et donne des preuves de son existence. Cependant la construction n'est pas linéaire ; les thèmes évoqués dans une liasse se retrouvent avec plus d'ampleur dans une autre.
Les *Pensées* se présentent comme une œuvre inachevée. Cette forme morcelée et irrégulière séduit pourtant les lecteurs qui apprécient la concision des propositions et la sobriété des images tirées du quotidien ou de la nature (le roseau).

Petit historique du mouvement janséniste

1663 : l'abbé de Saint-Cyran devient aumônier de l'abbaye de Port-Royal où il répand les idées de Jansénius. Les jansénistes condamnent l'absolutisme du roi Louis XIV, lequel réplique vivement en s'appuyant sur les condamnations du jansénisme par le pape.
1664 : les religieuses de Port-Royal sont excommuniées.
1679 : interdiction de recevoir des novices au couvent.
1710 : destruction de Port-Royal.

MOYEN ÂGE

XVIᵉ SIÈCLE

XVIIᵉ SIÈCLE

XVIIIᵉ SIÈCLE

XIXᵉ SIÈCLE

XXᵉ SIÈCLE

Le théâtre entre baroque et classicisme

L'inspiration baroque qui se manifeste jusque vers 1640 s'oppose à toute règle. Pierre Corneille, héritier de cette tradition, va donner au théâtre une orientation plus rigoureuse.

▬▬▬ Pastorale dramatique et tragi-comédie

☐ La pastorale se déroule dans un cadre champêtre idéalisé où les amours entre bergers et bergères se font et se défont. Les interventions divines et les épisodes burlesques ne sont pas rares, mais l'action présente souvent une certaine concentration dans l'espace et dans le temps. Ce genre est souvent agrémenté de ballets ou de chants. Son plus grand succès est *Pyrame et Thisbé* (1621) de Théophile de Viau.

☐ La tragi-comédie est une tragédie dont le dénouement est heureux. Elle est surtout caractérisée par la complexité et la démesure : longueur de l'action, multiplicité des lieux et des personnages. On y retrouve l'atmosphère des romans héroïques. Les pièces d'Alexandre Hardy (1572-1632) connaissent un grand succès : leur sens de l'action dramatique annonce la tragédie cornélienne.

▬▬▬ L'établissement de la tragédie classique

☐ Au nom de la raison, une réaction se dessine vers 1630 en faveur du retour à l'ordre et à la logique. Jean Mairet (1604-1686) avec *Sophonisbe* (1634) et Jean Rotrou avec *Hercule mourant* (1634) deviennent les chefs de file d'une génération de dramaturges soucieux du respect des conventions : nécessité de purger les passions et d'introduire des règles de bienséance, de vraisemblance et d'unité.

☐ L'unité d'action consiste à éliminer toute anecdote et à concentrer l'action sur une seule intrigue. L'unité de temps (vingt-quatre heures) permet au temps de la représentation de coïncider (à peu près) avec le temps de la fiction. De même, l'unité de lieu (un seul lieu) correspond à la scène, par nature unique.

▬▬▬ La querelle du *Cid*

☐ *Le Cid* (1637) de Pierre Corneille témoigne du conflit entre baroque et classicisme. L'auteur s'est rapproché de la règle des trois unités (temps, lieu, action), mais la pièce est justement accusée d'invraisemblance par les tenants de la régularité : l'action est surabondante pour une durée de vingt-quatre heures ; le lieu est un quartier et non un endroit précis ; l'intrigue secondaire, l'amour de l'Infante pour Rodrigue, éclipse parfois l'action principale, l'amour de Chimène et Rodrigue. Sans se soucier de la critique, le public accueille la pièce avec enthousiasme.

☐ Les opposants ne sortent pourtant pas vaincus puisqu'ils parviennent à imposer la règle des trois unités. Lorsque Corneille revient à la scène, après trois ans de silence, prudent, il donne des tragédies rigoureusement conformes aux règles, moins tendres et plus austères : *Horace* (1640), *Cinna* (1641), *Polyeucte* (1642).

☐ Pourtant le baroque n'est pas mort. Corneille, pour se renouveler, en reprend par la suite plusieurs procédés : le mélange des genres, l'importance accordée à l'imagination, la recherche du spectaculaire.

CORNEILLE :
LE CRÉATEUR D'UN UNIVERS HÉROÏQUE

Pierre Corneille
Né en 1606 à Rouen
Mort en 1686 à Paris

Études : collège de jésuites de Rouen, puis licence en droit ; il devient avocat mais renonce à plaider par manque d'éloquence.

Amours : en 1640, il épouse Marie de Lampérière (ils ont six enfants) ; en 1658, il s'éprend de Mademoiselle Du Parc, actrice.

Amitié : Thomas Corneille, son frère, auteur dramatique.

Rivalité : Racine, qui connaît un grand succès, à partir de 1667.

Signe particulier : a interrompu sa carrière littéraire à deux reprises : trois ans, après la querelle du *Cid* (1637-1640), sept ans, après l'échec de *Pertharite* (1652-1659).

■ L'héroïsme, signe de liberté

L'héroïsme, chez Corneille, consiste à choisir la grandeur morale (fidélité, générosité, honneur) ou le bien de la nation (patriotisme) plutôt que l'intérêt personnel. Au service de son idéal, le héros accepte le risque de mourir. La récompense en est la gloire, et parfois la satisfaction de retrouver accru ce à quoi il avait d'abord renoncé : le pouvoir pour Auguste (*Cinna*), le mariage avec Chimène pour Rodrigue...

Le héros est animé par deux mobiles. L'un, noble, relève de la raison et de l'esprit : c'est le sens de l'honneur. L'autre, irrationnel et instinctif, est lié au cœur : c'est la passion amoureuse.

Le dilemme cornélien est le cas de conscience qui se pose lorsque honneur et passion s'opposent. Le choix est néanmoins toujours le même, car pour vivre un amour noble, seul digne d'un héros, il faut d'abord garder son honneur intact : Rodrigue doit perdre Chimène qu'il aime pour venger son père.

Le héros cornélien assume complètement la décision qu'il prend ; il accepte de maîtriser ses impulsions selon son libre consentement. Ainsi acquiert-il une liberté totale : il ne dépend de personne et refuse toute fatalité.

■ L'œuvre de Pierre Corneille

Le théâtre de Pierre Corneille est varié : il comprend 33 pièces.

Des comédies, dont *Mélite* (1629), *La Galerie du palais* (1632), *L'Illusion comique* (1636), *Le Menteur* (1643), *Pulchérie* (1674).

Des tragédies « régulières », dont *Médée* (1635), *Le Cid* (1637), *Horace* (1640), *Cinna* (1641), *Polyeucte* (1642).

Des drames, dont *Rodogune* (1645), *Nicomède* (1651), *Sertorius* (1662), *Tite et Bérénice* (1670), *Suréna* (1674).

Quelques vers célèbres de Corneille

— « Va, cours, vole, et nous venge » (don Diègue dans *Le Cid*).

— « Et le combat cessa faute de combattants » (don Rodrigue dans *Le Cid*).

— « Qui veut mourir ou vaincre est vaincu rarement » (Horace dans *Horace*).

— « Rome, l'unique objet de mon ressentiment... » (Camille dans *Horace*).

— « Elle a trop de vertus pour n'être pas chrétienne » (Polyeucte dans *Polyeucte*).

— « Il faut bonne mémoire après qu'on a menti » (Cliton dans *Le Menteur*).

— « Rome n'est plus dans Rome, elle est toute où je suis » (Sertorius dans *Sertorius*).

MOYEN ÂGE

XVIᵉ SIÈCLE

XVIIᵉ SIÈCLE

XVIIIᵉ SIÈCLE

XIXᵉ SIÈCLE

XXᵉ SIÈCLE

Le classicisme

Le XVIIᵉ siècle est appelé siècle classique. Mais le classicisme ne s'impose qu'entre 1660 et 1680. Ses auteurs ne forment pas une école mais partagent le souci de l'universalité, le culte des Anciens, la clarté, la mesure et l'élégance du style. En 1674, Boileau résume les principes de l'art classique.

La recherche d'une vérité universelle

□ Alors que les baroques sont fascinés par le mouvement et la complexité du monde avec toutes ses contradictions, les classiques pensent que cette complexité n'est qu'apparente. Ils recherchent derrière les apparences une vérité unique et immuable. Pour l'atteindre, ils s'appuient sur la raison et essayent de dégager l'idée sous-entendue qui est commune à tous, la vérité universelle.

□ Ils mettent à l'honneur les Anciens qui étaient animés par cette même recherche de l'universel (les Grecs : Euripide, Aristote ; les Romains : Horace, Plaute, Sénèque). Leur succès à travers les siècles a prouvé leur perfection.

□ Se concentrant sur l'essentiel, la littérature étudie la nature profonde et universelle de l'homme : les mécanismes de sa vie psychologique. De là viennent les nombreuses tournures générales (maximes, pensées) et le style dépouillé.

Le pessimisme

La fin de la grandeur héroïque de la noblesse, désormais rassemblée à la Cour, et la montée du jansénisme expliquent le pessimisme des auteurs classiques. L'homme est déchiré par ses contradictions : il recherche la communication avec ses semblables mais reste prisonnier de son amour-propre (La Rochefoucauld) ou de ses passions (Racine). Le problème n'est pas seulement psychologique ; l'homme est marqué par la fatalité et ne possède pas de libre choix.

Plaire et instruire

□ Avec le développement de la Cour et des salons se définit l'idéal de l'« honnête homme », parfait mondain qui fuit tous les excès et cultive l'art de plaire. De même, la littérature doit procurer l'agrément dans sa forme (variée pour éviter la lassitude) et dans son style (sobre mais élégant et imagé).

□ Conformément aux principes d'Aristote, il faut aussi instruire ; or, pour instruire, il faut être vrai. C'est pourquoi, évitant le badinage et le pédantisme, l'écrivain se penche sur la nature humaine et fait réfléchir le lecteur sur les comportements.

Les règles et les querelles

□ Par amour de l'ordre, le XVIIᵉ siècle définit des règles : il établit la liste officielle des mots français dans le premier dictionnaire (paru en 1694). Malherbe (1555-1628) et Vaugelas (1585-1650) font apparaître l'idée d'un bon usage de la langue et mettent la grammaire à la mode. En littérature, les règles classiques, établies d'après les Anciens, définissent les grands principes de l'écriture (Boileau).

□ La critique littéraire officielle juge donc la valeur d'une œuvre d'après son respect des règles. Tout écart donne naissance à de véritables querelles : la querelle du *Cid* (1636) et la querelle des Anciens et des Modernes (1676-1714).

LA QUERELLE DES ANCIENS ET DES MODERNES

■ Son origine

De 1653 à 1674, une querelle porte sur l'emploi du merveilleux en littérature. Le parti dit des « Modernes » soutient l'idée que le merveilleux doit devenir chrétien et délaisser la mythologie ; il s'oppose aux « Anciens ». La querelle va s'amplifier sur d'autres sujets.

■ Les partis en présence

Les Anciens (Boileau, La Fontaine, La Bruyère) défendent la grande idée qui sous-tend toute la théorie classique : le passé renferme l'âge d'or ; il faut revenir aux sources. La vérité et la perfection se trouvent dans le passé biblique et dans l'Antiquité.

Les Modernes (Thomas Corneille, Perrault) pensent que l'humanité est en progrès perpétuel : l'époque moderne a profité des leçons des âges qui l'ont précédée et les a enrichies de ses propres découvertes.

Les Conciliateurs (Saint-Évremond, Fénelon, Fontenelle) adoptent une position intermédiaire : la littérature antique doit être considérée comme une grande étape dans le devenir humain mais non comme une valeur absolue.

■ Les principaux épisodes

1676-1677 : débat sur le choix de la langue française pour les inscriptions sur les monuments officiels.
1687 : Perrault écrit un poème à la gloire de Louis XIV ; son règne est supérieur à la lointaine et primitive Antiquité. Boileau et ses amis s'enflamment ; la bataille se déchaîne.
1697 : réconciliation, mais l'avantage est aux Modernes.
1713-1714 : dernier épisode à propos d'une traduction d'Homère que certains jugent ennuyeuse. Fénelon pacifie les esprits dans sa lettre à l'Académie.

■ Ses conséquences

Le public ne considère plus l'Antiquité avec la même ferveur ; l'esprit critique l'a gagné. La doctrine classique est ébranlée.

La Bataille des livres,
gravure du XVIIIe siècle.

■ Boileau (1636-1711), défenseur du classicisme

Boileau, d'abord écrivain satirique et comique, n'est devenu théoricien du classicisme que dans ses derniers écrits. *L'Art poétique* (1674), inspiré du poète latin Horace, révèle les grandes lignes de la pensée classique :
— la poésie est le plus noble des genres littéraires (*L'Art poétique* est en vers) ;
— elle nécessite une haute élévation morale et un travail rigoureux ;
— aussi s'accompagne-t-elle d'une discipline d'ascèse ;
— la sensibilité doit être guidée par la raison pour atteindre au sommet de la vérité et de la beauté.

Les réflexions les plus célèbres de Boileau

— « Ce que l'on conçoit bien s'énonce clairement/Et les mots pour le dire arrivent aisément. »
— « Aimez qu'on vous conseille et non pas qu'on vous loue. »
— Pour définir les unités de la tragédie : « Qu'en un lieu, qu'en un jour, un seul fait accompli/Tienne jusqu'à la fin le théâtre rempli. »

MOYEN ÂGE

XVIe SIÈCLE

XVIIe SIÈCLE

XVIIIe SIÈCLE

XIXe SIÈCLE

XXe SIÈCLE

Le triomphe de la comédie

Le terme « comédie », qui désignait toute forme théâtrale, renoue au XVIIe siècle avec la définition antique qui l'oppose à « tragédie ». La comédie met en scène les mœurs de la société, avec enjouement et décence, pour illustrer une morale pratique. Molière en est le plus parfait représentant.

Une crise passagère

☐ De 1610 à 1630, sur un ensemble de 164 pièces parues, ne figurent que 11 comédies. La comédie en effet n'a pas encore de statut précis ; elle se cherche.

☐ Il existe des spectacles de cour aux mises en scène somptueuses, sans portée littéraire ni morale, ou des farces au succès populaire et aux procédés peu raffinés (coups, jeux de mots grossiers, situations scabreuses). Or, dans les années 1650, doctes précieux et gens d'Église s'accordent pour récuser la farce.

De la farce à la comédie

☐ Molière commence par écrire des farces, inspirées des Italiens et de la *commedia dell'arte* avec des personnages types (le serviteur espiègle, le vieil avare, le jeune homme étourdi) et des situations stéréotypées. Le comique de mots, plus varié, joue sur les changements de ton ; mais le ressort du comique reste avant tout la bouffonnerie des personnages qui naît du jeu exagéré de l'acteur. Molière lui-même est un comédien-clown irrésistible.

☐ Par la suite, la farce prend de l'ampleur ; d'un acte, elle passe à trois puis à cinq. Ses personnages sont tirés de la société d'alors et visent particulièrement les vieux (bigots, riches, maniaques) qui tyrannisent la jeunesse. Elle devient une comédie, souvent écrite en vers. Molière utilise les procédés farcesques : dans *Don Juan* (1665), il imagine par exemple une poursuite entre Pierrot et Dom Juan, et fait tomber Sganarelle sur scène à l'image de son raisonnement qui ne tient pas debout.

La vérité des êtres

☐ Pour Molière, la comédie doit s'attacher à la représentation exacte de la nature ; avec le temps, il accorde de plus en plus d'importance à la peinture des mœurs et des caractères. Il juge donc inutile de s'appesantir sur la recherche d'un sujet original et puise dans le répertoire de ses prédécesseurs : Plaute (254-184 av. J.-C.), Jean Rotrou (1609-1650), Mathurin Régnier (1573-1613), Paul Scarron (1610-1660).

☐ En revanche, il concentre toute son attention sur les travers et les ridicules de son temps qui manifestent les défauts permanents des hommes. Les exagérations, en marquant l'esprit des spectateurs, font entrer les plus grands personnages de ses comédies dans le langage courant : un tartuffe est un bigot hypocrite, un dom juan un séducteur libertin.

☐ Pourtant Molière a su également jouer sur les nuances (les servantes sont toutes différentes), et donner à ses héros une certaine complexité psychologique : Harpagon l'avare est aussi amoureux, Tartuffe l'hypocrite est aussi sensuel, Dom Juan le libertin peut être généreux… Les personnages sont ainsi animés d'une vie personnelle.

Jean-Baptiste Poquelin
Pseudonyme : Molière (à partir de 1644)
Né en 1622 à Paris
Mort en 1673 à Paris, après avoir joué *Le Malade imaginaire*

Métiers : auteur dramatique, acteur, metteur en scène, directeur de troupe.
Amours : Madeleine Béjart (sa maîtresse à partir de 1643) ; Armande Béjart, sœur de Madeleine (de vingt ans plus jeune que lui) qu'il épouse en 1662.
Maladie : phtisie.
Lieux de représentation : 1643-1645 : Paris ; 1645-1659 : tournées en province ; à partir de 1661 : scène du Palais-Royal (Paris).
Collaboration musicale : Jean-Baptiste Lulli, Marc-Antoine Charpentier.

■ Plus de trente comédies

Les farces : *Les Précieuses ridicules* (1659) ; *Le Médecin malgré lui* (1666) ; *George Dandin* (1668) ; *Les Fourberies de Scapin* (1671).
Les divertissements royaux sont des pièces à grand spectacle avec dialogue, chant, danse, musique. Ils annoncent l'opéra français : *Les Fâcheux* (1661) ; *Monsieur de Pourceaugnac* (1669) ; *Le Bourgeois gentilhomme* (1670) ; *Le Malade imaginaire* (1673).
Quatre grandes comédies : Molière, sans renoncer au comique, aborde les problèmes fondamentaux de la société de son temps : *L'École des femmes* (1662) ; *Dom Juan* (1665) ; *Le Misanthrope* (1666) ; *Tartuffe ou l'Imposteur* (1664). Devant la violence des réactions,

il renonce à cette inspiration qui lui avait permis d'atteindre les sommets de la grande comédie.

■ Les procédés comiques

Le comique de Molière joue sur :
— les procédés farcesques : coups de bâton, soufflets, grimaces, cérémonies burlesques (Monsieur Jourdain sacré mamamouchi…) ;
— le comique de mots : calembours, passages du coq à l'âne, répétitions systématiques, interruptions régulières… ;
— le comique de situation : déguisements, personnages cachés…

■ Révolutionnaire ou conservateur ?

Certaines pièces suscitent une vive réaction du parti dévot qui dénonce les attaques contre l'Église (*Tartuffe*) et les personnages scandaleux (*Dom Juan*). Molière ne condamne pas les principes religieux mais le fanatisme. Chacun reçoit un châtiment à la mesure de sa faute. L'œuvre de Molière prône le maintien de l'ordre établi. La raison qui l'emporte toujours, demande de respecter la condition originale : le bourgeois, même enrichi, reste un bourgeois ; jamais un valet ne sort de sa condition.

Les Précieuses Ridicules à la Comédie-Française en 1993.

MOYEN ÂGE

XVIᵉ SIÈCLE

XVIIᵉ SIÈCLE

XVIIIᵉ SIÈCLE

XIXᵉ SIÈCLE

XXᵉ SIÈCLE

La tragédie classique

Au milieu du siècle, l'esprit classique développe la tragédie, et peu à peu s'imposent les sujets de l'histoire romaine et de la mythologie grecque. Une floraison d'auteurs écrivent des tragédies centrées sur des débats politiques ou moraux. Avec Racine naît une tragédie nouvelle, méditation sur la condition humaine.

Un thème unique : la passion fatale

□ Même dans les pièces au contexte politique (*Iphigénie* et *Bérénice*), Racine ne s'intéresse pas au prince idéal. Il ne traite que du déchaînement de la passion provoquée par l'amour ou par l'ambition. Au siècle de l'ordre, la violence irrationnelle de la passion exerce une véritable fascination.

□ Chez Racine, comme chez Corneille, la passion entre en conflit avec la raison ; mais chez Racine, la raison est vaincue. Pour échapper à la souffrance d'une passion insatisfaite, le héros vise la destruction de l'objet aimé puis la sienne (Hermione, Phèdre). L'envahissement de la passion dépasse le drame sentimental : il signe la faiblesse de la nature humaine.

Tension tragique et pression psychologique

□ Les règles du théâtre tragique réduisent quasiment l'action, comme dans un salon, à une conversation. L'art de Racine consiste, en utilisant toutes les ressources du discours et de l'analyse des sentiments, à créer une tension émotionnelle renouvelée mais constante.

□ Les protagonistes entre eux sont en lutte permanente ; ils cherchent à vaincre leurs adversaires par tous les moyens : chantage, humiliation, séduction, appel à la pitié. Les héros, hésitants face à la décision, luttent aussi contre eux-mêmes.

□ La tension est également maintenue par l'auteur sur le spectateur par la progression dramatique qui conduit inéluctablement au dénouement tragique. Dès le début de la tragédie, les personnages sont habités de passions violentes. Dans l'acte I, un événement extérieur provoque une série de réactions qui s'enchaînent selon la logique des sentiments. La progression fait pressentir le dénouement tragique mais, vers l'acte IV, survient un moment d'hésitation qui permet l'espoir. Au dernier acte, les passions furieuses reprennent leur marche et provoquent le dénouement final.

Une purification poétique

□ Racine utilise une langue noble, adaptée à la situation sociale de ses personnages ; il respecte la bienséance et, conformément aux préceptes précieux, choisit des mots d'un registre de langue soutenu (la chemise de nuit devient « le simple appareil d'une beauté qu'on vient d'arracher au sommeil »), utilise le pluriel poétique, personnifie les abstraits. Il recherche aussi la sobriété, signe d'une grandeur incontestée : l'alexandrin est régulier et le vocabulaire se limite à 2 000 mots.

□ La pureté de la langue s'oppose pourtant aux passions extrêmes qu'elle exprime ; elles apparaissent à travers des périphrases, des allusions, des métaphores ; elles sont toujours contenues dans une admirable rigueur classique mais manifestent le pessimisme de Racine : même roi, l'homme est profondément misérable et victime de ses passions.

RACINE :
LE DESTIN DE LA PASSION

Jean Racine
Né en 1639
en Champagne
Mort en 1699 à Paris

Famille : orphelin à 3 ans ; sa grand-mère maternelle l'emmène à Port-Royal où il suit les leçons des jansénistes.
Métier : historiographe du roi avec Boileau à partir de 1677.
Amours : Mlle Du Parc et Mlle Champmeslé ; mariage en 1677, à 38 ans, avec Catherine de Romanet.
Enfants : sept, parmi lesquels quatre filles entrent au couvent.
Signe particulier : de 1664 à 1677, se sépare provisoirement des jansénistes en raison de leurs critiques contre le théâtre.

Bérénice. La même année, la troupe de Molière monte *Tite et Bérénice* de Corneille : ce qui fait naître une dure concurrence entre les auteurs et les troupes dont Racine sort vainqueur.

■ Autres tragédies

Une tragédie exotique : *Bajazet* (1672) se déroule à huis clos dans le cadre fermé d'un sérail.
Les tragédies tirées de l'Écriture sainte : après une longue interruption, Racine revient au théâtre sur la demande de Mme de Maintenon, pour écrire des œuvres édifiantes pour les jeunes filles de la maison religieuse de Saint-Cyr : *Esther* (1689) et *Athalie* (1691).

■ Les tragédies antiques

Racine est l'auteur de 11 tragédies.

Les tragédies grecques reprennent des mythes antiques. Racine retrouve le secret de l'émotion des Anciens : la représentation de l'homme accablé par son destin.
Andromaque (1667) : la pièce fascine le public par sa nouveauté : une mécanique inévitable de la cruauté de la passion conduit au dénouement tragique.
Iphigénie (1674) : Agamemnon est déchiré entre l'amour pour sa fille et son désir de gloire. Le drame de la jeune Iphigénie, qui doit être sacrifiée, fit pleurer toute la cour et le public parisien.
Phèdre (1677) : le personnage de Phèdre, liée à Hippolyte par une passion tyrannique, fut jugé scandaleux.
Les tragédies romaines, par leur sujet, font une concurrence directe à Corneille.
Britannicus (1669) : peinture du jeune Néron devenu un vrai monstre.
Bérénice (1670) : les coutumes romaines interdisent à Titus d'épouser la reine

Théâtre de l'Hôtel de Bourgogne au XVIIᵉ siècle.

Les vers les plus célèbres

— « Brûlé de plus de feux que je n'en allumai » (Pyrrhus dans *Andromaque*).
— « Pour qui sont ces serpents qui sifflent sur vos têtes ? » (Oreste dans *Andromaque*).
— « J'embrasse mon rival, mais c'est pour l'étouffer » (Néron dans *Britannicus*).
— « Le jour n'est pas plus pur que le fond de mon cœur » (Hippolyte dans *Phèdre*).

MOYEN ÂGE

XVIᵉ SIÈCLE

XVIIᵉ SIÈCLE

XVIIIᵉ SIÈCLE

XIXᵉ SIÈCLE

XXᵉ SIÈCLE

Les genres mondains

Mme de Sévigné (1626-1696), La Rochefoucauld (1613-1680), La Fontaine (1621-1695), le cardinal de Retz (1613-1679) pratiquent des genres nouveaux nés de la vie mondaine. Plus souples que les genres classiques, ils incarnent le bel esprit : leur but est de briller mais ils contiennent aussi toute une méditation sur l'homme.

▬▬ Des genres sans prétention

☐ À l'origine, la maxime est un jeu mondain par lequel on se divertit en inventant de belles « sentences » ou « réflexions morales ». La Rochefoucauld prend goût au jeu et écrit pendant vingt ans des maximes.

☐ Mme de Sévigné sait que certaines de ses lettres seront lues en public, mais jamais elle n'imagine qu'elles seront publiées. Quant au cardinal de Retz, il ne destine pas non plus ses *Mémoires* à la publication : il y présente une justification de sa vie destinée à une mystérieuse interlocutrice.

☐ Ces genres n'ont pas été repris ; ils sont l'expression d'une époque qui prône l'idéal de l'honnête homme parfaitement sociable (aimable, discret, ouvert, soucieux de ne pas ennuyer) ; pourtant, la liberté et la souplesse de ces genres annoncent déjà une prose plus moderne.

▬▬ Variété et classicisme

☐ Ces genres présentent des formes variées et contrastées. Chez Mme de Sévigné, le ton change d'une lettre à l'autre mais aussi à l'intérieur de certaines lettres : ton oratoire ou intime, chronique mondaine ou impressions personnelles. Le but est de plaire : comment espérer que sa fille lise les mille lettres qu'elle lui a écrites si elle ne capte son attention en variant les genres et en cherchant les anecdotes amusantes ? Certains écrivains sont eux-mêmes d'une nature inconstante. La Fontaine essaye tous les genres : « Diversité, c'est ma devise. »

☐ C'est pourtant l'esprit classique qui domine l'ensemble ; même la spontanéité garde de la discrétion et de la distinction : expression ramassée et concise, formulations générales, sentiments lyriques contenus.

▬▬ Morale et moralistes

☐ Les *Fables* de La Fontaine sont introduites ou conclues par une « morale » ; La Rochefoucauld était un « moraliste ». Ces mots n'ont pas le même sens qu'aujourd'hui : ils ne définissent pas une règle de conduite conforme au Bien mais présentent l'étude des comportements et des mœurs.

☐ La Rochefoucauld fait apparaître les vrais ressorts de la conduite des hommes : amour propre, « humeurs » (tempérament), « fortune » (hasard). Tout le reste n'est que mascarade et mystification. La forme des *Maximes* exprime cette imposture par les antithèses et les paradoxes, qui jettent le doute sur les certitudes ; mais aussi par leur fragmentation, qui fait apparaître comme suspect tout discours construit.

☐ Outre ces analyses impitoyables, apparaît toute une méditation sur la condition humaine et sur la mort, notamment chez La Fontaine et Mme de Sévigné chez qui le ton devient lyrique.

LA FONTAINE :
UN DIVERTISSEMENT INSTRUCTIF

Jean de La Fontaine
Né en 1621 à Château-Thierry en Champagne
Mort en 1695 à Paris

Mariage : en 1647 avec Marie Héricard (elle a 14 ans) ; séparation en 1659.
Charges : maître des eaux et forêts (jusqu'en 1671).
Protecteurs : Fouquet, surintendant des Finances, jusqu'en 1661 ; la duchesse douairière d'Orléans, jusqu'en 1669 ; la marquise de La Sablière, morte en 1693 ; Mme de Montespan.
Disgrâce : après l'arrestation de Fouquet et accusation d'usurpation de noblesse.

av. J.-C. Plusieurs fables tirent aussi leur sujet de contes orientaux.
Les lecteurs : à l'origine, les *Fables* s'adressent à des enfants. Le premier recueil des *Fables* est destiné au jeune Dauphin, élève de Bossuet ; le troisième au duc de Bourgogne (12 ans), élève de Fénelon ; seul le deuxième volume, plus philosophique, est dédié à Mme de Montespan.
L'organisation : La Fontaine varie les formes d'une fable à l'autre (conte, récit allégorique, méditation philosophique, petite pièce de théâtre). Il fait aussi alterner les grands thèmes de son œuvre : la vie sociale, les rapports de l'homme et du pouvoir, le bonheur, la mort.

■ L'engagement politique

L'amitié de La Fontaine pour Fouquet (arrêté par Louis XIV en 1661 puis condamné à la prison à perpétuité) et son attirance pour le libertinage expliquent l'hostilité qui oppose La Fontaine au roi et qui apparaît dans les *Fables* avec beaucoup d'habileté, notamment sous le couvert des animaux.
La Fontaine dénonce à plusieurs reprises les injustices dont les faibles sont les victimes (*Le Loup et L'Agneau, Le Chat, La Belette et Le Petit Lapin*). Le comportement des grands fait apparaître leur lâcheté et leur manque de sens communautaire (*Les Animaux malades de la peste*). L'image du roi, quoique apparemment positive, peut s'inverser dans la morale.

■ Les *Fables*

Deux cent quarante-deux fables réparties en 12 livres et publiées en 3 recueils.
Les sources d'inspiration : La Fontaine reprend un genre fort ancien ; il s'inspire d'Esope, écrivain grec du VIᵉ siècle av. J.-C., de Phèdre, fabuliste latin du Iᵉʳ siècle

Perrette et le pot au lait

Le Corbeau et le Renard

L'œuvre de La Fontaine

Le Songe de Vaux (1659), œuvre de circonstance en vers et en prose qui célèbre le château de Vaux.
Élégie aux nymphes de Vaux (1661), supplique au roi pour Fouquet.
Contes et nouvelles en vers (1664-1675) : grand succès pour le premier recueil ; le second, licencieux, est interdit à la vente.
Fables (1668-1694) : grand succès.
Les Amours de Psyché et de Cupidon (1669) : roman en prose mêlée de vers.
Daphné (1674) : opéra.
Astrée (1691) : tragédie lyrique.

MOYEN ÂGE

XVIᵉ SIÈCLE

XVIIᵉ SIÈCLE

XVIIIᵉ SIÈCLE

XIXᵉ SIÈCLE

XXᵉ SIÈCLE

Le roman classique

À partir de 1660, le goût classique est lassé du roman baroque aux actions compliquées et aux rebondissements multiples. Il privilégie, au contraire, les formes précises et dépouillées (maximes, tragédies...). Mme de Lafayette, Guilleragues et Saint-Réal écrivent des nouvelles ou des romans courts.

▬▬ Rupture et continuité

☐ Le roman classique refuse le foisonnement baroque. Comme dans le théâtre, il recherche l'unité d'action : disparition des intrigues secondaires, limitation du nombre des personnages. Guilleragues atteint un point de simplification extrême : l'action se déroule dans un lieu unique et dépouillé (couvent), il compte un personnage unique (la religieuse).

☐ *La Princesse de Clèves* de Mme de Lafayette reprend pourtant plusieurs éléments baroques ou précieux indispensables pour recréer l'atmosphère de la vie mondaine : récits secondaires en marge de l'action, importance accordée à certains objets (portraits, rubans).

▬▬ Des romans réalistes ?

☐ Les romans classiques rejettent les fantaisies de l'imagination et prennent le réel pour modèle. Beaucoup d'écrivains puisent leurs sujets dans l'histoire récente des Valois et des Bourbons. Pourtant les détails ne sont pas d'une exactitude scrupuleuse (anachronismes, idéalisation). L'Histoire n'est qu'un moyen. Le but est d'instruire, par une analyse des hommes et de la société.

☐ Les romans sont réalistes par l'analyse psychologique. Mme de Lafayette décrit abondamment la vie intérieure de ses personnages et les fait évoluer d'après les lois subtiles définies par La Rochefoucauld dans ses *Maximes*. Chez Guilleragues, les mouvements de la vie psychologique sont particulièrement bien rendus : la composition élaborée et le chant poétique intègrent des mouvements impulsifs et désordonnés qui montrent les secousses de l'âme solitaire agitée par la passion.

☐ Par ailleurs, la vie sociale est peinte sans complaisance : les hommes ne recherchent que leur intérêt, notamment les Grands, réduits au niveau des autres hommes. L'abbé de Saint-Réal (1629-1692), qui se veut objectif et savant, peint Philippe II d'Espagne comme un roi égoïste et autoritaire, entouré d'une cour intrigante. L'amour durable est impossible ; tout n'est qu'apparence et mensonge.

▬▬ La nouvelle place du narrateur

☐ Avec le développement de l'analyse psychologique, la place du narrateur varie : tantôt il entre dans la vie intérieure des personnages et fait part de leur évolution, tantôt il s'efface devant un monologue ou un dialogue. Le point de vue n'est pas statique mais passe de l'extérieur à l'intérieur, de la vérité générale au point de vue particulier. C'est par ce va-et-vient que le narrateur peint la subjectivité en soutenant l'intérêt du lecteur.

☐ Guilleragues explore une voie nouvelle : le roman par lettres. Il n'y a plus de narrateur extérieur, le point de vue est toujours subjectif : l'extérieur s'efface pour révéler le secret d'une vie.

MME DE LAFAYETTE ET GUILLERAGUES : DEUX NOVATEURS DANS L'ART DU ROMAN

Marie-Madelaine Pioche de la Vergne, comtesse de Lafayette
Née en 1634 à Paris
Morte en 1693

Mariage : épouse en 1655 (à 21 ans) le comte de Lafayette (39 ans).
Amitiés : Mme de Sévigné, La Rochefoucauld, Henriette d'Angleterre.
Vie mondaine : fréquente l'hôtel de Rambouillet ; ouvre un salon dans sa maison, rue de Vaugirard ; après la mort de La Rochefoucauld (1680) et celle de son mari (1683), elle se retire.

Gabriel de Lavergne de Guilleragues
Né en 1628 à Bordeaux
Mort en 1685 à Constantinople
Amitiés : Racine, Boileau, Mme de Sévigné et Mme de Maintenon.
Vie politique : attaché au prince de Conti, il vit en province jusqu'en 1667 ; puis devient à la Cour un homme réputé.
Vie littéraire : il dirige *La Gazette*, le premier journal français.

■ La Princesse de Clèves (1678)

Dans ce court roman se mêlent person-nages historiques et fictifs. Mlle de Chartres épouse M. de Clèves et, lors d'un bal, rencontre M. de Nemours dont elle tombe amoureuse ; elle lutte contre sa passion pour rester fidèle mais bientôt, ayant peur de succomber, elle avoue son amour pour un autre à son mari qui en meurt de chagrin. En mémoire de son mari et par peur d'être déçue, Mme de Clèves repousse définitivement M. de Nemours.
Le roman mêle différentes techniques romanesques. Dans la première partie, les histoires qu'on raconte à la cour occu-pent une place importante, selon la mode baroque des digressions. Mais ces his-toires servent aussi à l'éducation de Mme de Clèves ; elle y découvre la force de la passion, dégradante et aliénante.

■ Lettres d'une religieuse portugaise (1669)

Ces cinq lettres sont censées avoir été écrites par une religieuse portugaise, séduite puis abandonnée. Elles sont adressées à un officier français dont les réponses ne sont pas communiquées. Pas d'intrigue ni de péripéties mais les troubles d'une âme passionnée dont l'évolution peut rappeler le plan d'une tragédie racinienne : l'amertume pro-gresse dans les deux premières lettres pour atteindre le désespoir dans la troi-sième. La vie reprend dans la quatrième avant le renoncement de la cinquième. C'est l'histoire de la victoire de la luci-dité sur la passion.

Un bal à la cour des Valois.

MOYEN ÂGE

XVIᵉ SIÈCLE

XVIIᵉ SIÈCLE

XVIIIᵉ SIÈCLE

XIXᵉ SIÈCLE

XXᵉ SIÈCLE

Les voix de la contestation

Après 1680, devant les difficultés économiques, le durcissement du régime monarchique et la mainmise du parti dévot, des protestations se font entendre. Elles prolongent le mouvement des libertins dont l'influence se fait sentir depuis le début du siècle et annoncent les philosophes du XVIIIᵉ siècle.

Étude de mœurs et contestation sociale

☐ La Bruyère pratique un genre proche des *Pensées* de Pascal ou des *Maximes* de La Rochefoucauld ; il peint des *Caractères* dans des propositions de longueurs inégales. L'œuvre s'inscrit au nombre des petits genres mondains et s'adresse à un public choisi. L'analyse des comportements et des mœurs y occupe une place importante ; le ton est acerbe.

☐ Par ailleurs les difficultés économiques, les très sanglantes défaites militaires et l'installation d'une monarchie constitutionnelle en Angleterre favorisent une remise en cause de l'ordre social et politique ; les problèmes du siècle apparaissent dans la littérature, vouée jusqu'alors à l'homme éternel. Les moralistes jouent un rôle important dans cette mutation.

L'envers du décor

☐ Avec La Fontaine déjà, mais plus encore avec le cardinal de Retz (1613-1679), La Bruyère, Fénelon et Saint-Simon (1678-1755), sont dénoncées les mesquineries du règne du Roi-Soleil : la véritable grandeur est absente de la cour ; chacun recherche son intérêt personnel, la noblesse s'abaisse aux intrigues, la bourgeoisie enrichie reste grossière. Le roi lui-même encourage les flatteries hypocrites, dépense sans mesure et engage des batailles pour son plaisir. Il oublie qu'il ne doit pas se soucier d'abord de sa grandeur personnelle mais du bien de ses sujets. L'austérité religieuse est, elle aussi, critiquée. Souvent hypocrite, elle masque une profonde intolérance.

☐ Les revendications politiques, toujours prudentes, oscillent entre la condamnation de certains individus et un changement de régime. La Bruyère réclame plus de justice pour le peuple, notamment pour les paysans qui font vivre la nation et qui meurent de faim.

Une habile contestation

☐ La critique du pouvoir se fait de manière indirecte : La Bruyère et La Rochefoucauld utilisent des formules générales. Fénelon fait découvrir à Télémaque, au cours de ses voyages, la cité idéale, régie par une politique différente de celle de Louis XIV. Cependant, les écrivains restent prudents : la première édition des *Caractères* est anonyme. *Télémaque* est publié contre la volonté de Fénelon. Seuls quelques membres de l'Église (Bossuet et le prédicateur Massillon) osent s'adresser directement au roi.

☐ Les publications ne sont pas interdites par le roi, mais *Télémaque* provoque le mécontentement et renforce la disgrâce où ses idées quiétistes avaient déjà jeté Fénelon. Saint-Simon n'essaie même pas de diffuser son œuvre. Quelques extraits sont publiés en 1781, mais la première édition sérieuse date de 1829.

LA BRUYÈRE ET FÉNELON : DEUX CONTESTATAIRES PRUDENTS

Jean de La Bruyère
Né en 1645 à Paris
Mort en 1696 à Versailles

Itinéraire : droit (licence en 1665) ; trésorier des finances à Caen (1673-1686) ; précepteur du petit-fils du Grand Condé (1684-1686) ; bibliothécaire et gentilhomme ordinaire du Duc.
Querelles : il prend parti pour les Anciens dans la querelle des Anciens et des Modernes. Il soutient Bossuet dans sa lutte contre le quiétisme.

François de Salignac de La Mothe Fénelon
Né en 1651 au château de Salignac (Périgord)
Mort en 1715 à Cambrai

Carrière ecclésiastique : prêtre (1675) ; archevêque de Cambrai (1695), il convertit des protestants après la révocation de l'édit de Nantes.
Métier : précepteur du duc de Bourgogne, petit-fils de Louis XIV.
Conversion : sous l'influence de Mme Guyon qui diffuse en France la doctrine de Molinos, il adhère au quiétisme.

■ Les Caractères (1688)

L'auteur y considère divers aspects de la vie :
La vie sociale : *Les Caractères* présentent une galerie de portraits ou de « choses vues ». Ils peignent des personnages types comme Ménalque, le distrait, Gnathon, le goinfre. L'excès est leur caractéristique commune, qui les empêche de mener une vie sociale harmonieuse et qui les rend ridicules. Leur hypocrisie, qui fausse les rapports, est aussi dénoncée.
La vie politique : La Bruyère dénonce aussi les comportements scandaleux des fermiers généraux, l'inégalité entre d'immenses fortunes et la misère, l'attitude anormale d'un monarque plus soucieux de sa gloire que des besoins réels du royaume.
L'itinéraire spirituel : comme les *Pensées* de Pascal, *Les Caractères* mènent le lecteur vers Dieu : après avoir considéré l'homme naturel et en société, ils étudient l'homme face à la vérité morale et religieuse avant de lui enseigner comment trouver Dieu.

■ Télémaque (1699)

Fénelon écrit *Télémaque* à l'intention du duc de Bourgogne en vue de son instruction et de son édification. Après l'évocation d'Homère et de Virgile, il engage son élève à choisir une conduite morale irréprochable et lui donne un plan d'action politique.
Derrière cet ouvrage moral et pédagogique se cache une pensée hardie. Le roi Louis XIV peut se reconnaître dans la dénonciation des tyrans antiques. La cité idéale imaginée par Mentor est l'inverse de la monarchie absolue.

Le quiétisme

Doctrine mystique de l'Espagnol Molinos (1628-1696) qui voit la perfection chrétienne dans un état continuel de quiétude et d'union à Dieu. Cet état délivre de tout autre souci religieux (étude des dogmes, pratique des œuvres de charité, pénitences…). La doctrine, condamnée comme hérétique en 1687, fut introduite en France par Mme Guyon (1648-1717), jeune veuve exaltée.

MOYEN ÂGE

XVIᵉ SIÈCLE

XVIIᵉ SIÈCLE

XVIIIᵉ SIÈCLE

XIXᵉ SIÈCLE

XXᵉ SIÈCLE

L'essor de la philosophie

Le sursaut économique et la dégradation du paysage social poussent la réflexion dans deux voies : la confiance dans la raison et le progrès, et la recherche d'une société plus juste. Les penseurs rationalistes du XVIIIᵉ siècle se livrent à une analyse critique de la condition et de la nature humaines.

▄▄▄▄▄ Une philosophie venue de l'étranger

☐ Les philosophes français du début du XVIIIᵉ puisent l'essentiel de leur pensée politique dans les œuvres des maîtres à penser allemands (Leibniz, 1646-1716), anglais (Locke, 1632-1704) et hollandais (Spinoza, 1632-1677).
☐ Selon Spinoza dans le *Traité théologico-politique* (1670), le raisonnement philosophique doit s'abstraire de toute considération religieuse pour acquérir son indépendance. Cette liberté de pensée doit être à tout prix préservée par un système démocratique.
☐ Locke, dans l'*Essai sur l'entendement humain* (1690), démontre que seules l'observation et l'expérience fondent la connaissance. Ce faisant, il s'attaque implicitement à la foi et aux croyances. Bayle et Fontenelle reprendront ses théories pour définir l'esprit scientifique et la notion de tolérance, en dissociant morale et religion.
☐ Le siècle des Lumières est une métaphore choisie par les philosophes européens pour montrer la victoire de la raison dans les sciences et la philosophie.

▄▄▄▄▄ L'esprit d'examen et la relativité

☐ Le cartésianisme, hérité du XVIIᵉ siècle, contribue encore à développer le culte de la raison, le goût de l'observation et de l'évidence. Appliqué à tous les domaines, l'esprit d'examen, qui consiste à tout soumettre à l'observation avant de former un jugement, devient systématique.
☐ Les influences étrangères sont un facteur décisif d'élaboration d'un nouveau mode de pensée : l'Angleterre fournit un bon modèle d'esprit critique. La Hollande montre, avec le protestantisme, le rôle fondamental de la conscience individuelle. Les voyages des missionnaires et des marchands offrent une leçon de relativité aux penseurs français qui en profitent pour critiquer les mœurs françaises et remettre en cause les idées reçues sur la propriété, la justice, la liberté et la religion.
☐ L'Écriture sainte est, elle aussi, soumise à l'esprit d'examen : des protestants et certains catholiques font un travail d'exégèse pour dénoncer erreurs, préjugés et contradictions de la Bible.

▄▄▄▄▄ Le recours aux lois naturelles

☐ L'esprit rationaliste ne se contente pas de critiquer mais il propose de nouvelles valeurs fondées sur la morale et la libre pensée et non plus sur la religion.
☐ Les philosophes établissent l'idée de droit naturel : les hommes sont par nature égaux et, pour préserver cette égalité, ils doivent confier leur organisation sociale et politique à un gouvernement éclairé. Il en résulte que l'adversaire le plus redoutable est le fanatisme, c'est-à-dire la confiance aveugle dans ses propres croyances et la volonté de les imposer.

Pierre Bayle
Né en 1647 à Carlat-Bayle
Mort en 1706 à Rotterdam

**Bernard Le Bovier
de Fontenelle**
Né en 1657 à Rouen
Mort en 1757 à Paris

Religion : protestant.
Métiers : précepteur, professeur
de philosophie et d'histoire, journaliste.
Voyages : Genève (réfugié), Hollande.
Signe particulier : accusé d'impiété,
il est destitué de sa chaire de philosophie
et d'histoire.

Amitiés : Thomas Corneille (son oncle),
Philippe d'Orléans.
Métiers : Auteur d'opéras, de tragédies,
d'essais philosophiques et scientifiques ;
secrétaire de l'Académie des sciences.
Signe particulier : vécut centenaire.

■ Un sceptique assoiffé de vérité

Bayle est l'homme le plus représentatif
de l'esprit d'examen. Il remet en cause
les idées établies, les confronte et combat les paradoxes. Dans les *Pensées sur
la comète* (1682), il nie les miracles en se
fondant sur le primat de l'expérience et
de la raison. Il propose une analyse
sociologique très moderne des mécanismes de diffusion d'idées fausses.
Quant au *Dictionnaire historique* (1695-
1697) il a pour objet de réfuter les erreurs
véhiculées par l'Histoire, au nom du libre
exercice de la pensée critique ; Bayle
appuie ses thèses sur des témoignages
et en profite pour dénoncer par
l'ironie les abus de son
temps. Son œuvre
exerce une influen-
ce décisive sur
l'*Encyclopédie*.

■ Un démystificateur

En introduisant le doute sur tous les fondements religieux, Fontenelle trace la
voie à l'entreprise voltairienne ; en vul-
garisant les théories scientifiques, il prépare la méthode de l'*Encyclopédie*. En
1686, il publie *Les Entretiens sur la plu-
ralité des mondes* qui diffuse dans les
milieux mondains le système astrono-
mique de Descartes. En réfutant la place
de l'homme au centre de l'univers, Fontenelle affirme son relativisme.
Dans *L'Histoire des oracles* (1687), il dis-
cute le bien-fondé des prédictions qu'il
considère comme des impostures et
démontre que les religions ne sont que des
mystifications. Enfin, *L'Origine
des fables* (1724) dénonce
les croyances supersti-
tieuses et les mécanis-
mes sociologiques
qui les ont fait naître.

*La folie du jour,
Vénus ou la prétendue
comète.*

MOYEN ÂGE

XVIe SIÈCLE

XVIIe SIÈCLE

XVIIIe SIÈCLE

XIXe SIÈCLE

XXe SIÈCLE

La pensée politique

La perte de l'Inde et du Canada, la suprématie grandissante de l'Angleterre et de la Prusse font décroître la confiance des Français pour leur roi. Les philosophes du XVIIIe siècle condamnent l'absolutisme de « droit divin » et admettent tout autre régime s'ils peuvent en définir des principes logiques.

� La réflexion sur des sociétés réelles

□ Les *Lettres philosophiques* (1734) de Voltaire (1694-1778) offrent un tableau de la liberté qui règne en Angleterre. Voltaire y prouve que la tolérance garantit le bonheur et le progrès d'une société : la liberté religieuse évite le fanatisme ; le régime parlementaire assure la prospérité ; la liberté de pensée permet le progrès culturel.

□ Montesquieu exerce aussi sa raison sur des sociétés réelles dans *De l'esprit des lois* (1748). Il essaie de découvrir une logique de l'évolution du monde à partir de l'analyse du climat, de la civilisation, des mœurs et de l'économie. Trois principes moraux sont à l'origine de trois régimes politiques singuliers : la crainte, qui fait naître le despotisme, l'honneur, qui fait respecter la monarchie et la vertu qui conduit à la république.

▀ L'élaboration des lois

□ Selon Montesquieu, les sociétés évoluent suivant des constantes morales et socio-économiques qui déterminent des lois indispensables à toute politique. Tout ordre, même imparfait, est toujours préférable au désordre. Montesquieu réfléchit sur le rôle et les devoirs de l'État. L'État est un tout qui insuffle un esprit à une nation. Aussi les lois doivent-elles guider les mœurs et les sentiments. Leur élaboration doit se faire progressivement pour éviter une révolution brutale.

□ Convaincu que le bonheur des peuples est « la seule base de toute bonne législation », Diderot (1713-1784) pose un principe démocratique : c'est le contrat passé entre le peuple et son gouvernement qui détermine la forme de l'État et donc le légitime.

□ *Du Contrat social* (1762) de Rousseau (1712-1778) propose aussi un pacte, qui consiste à tout considérer selon le bien commun.

▀ Vers un idéal politique

□ Le meilleur gouvernement est, pour Montesquieu, une monarchie où les puissances intermédiaires (noblesse, Parlement) assurent un juste équilibre entre le peuple et le roi et garantissent les droits des individus. La politique doit suivre l'évolution sociale.

□ Ce type de régime, fondé sur la liberté politique, existe en Angleterre : Montesquieu et Voltaire en admirent la Constitution qui maintient la séparation des pouvoirs (exécutif, législatif et judiciaire).

□ Refusant l'idée que le bonheur puisse être le résultat d'une politique despotique, Diderot propose l'image idéale d'une société libérée où chacun serait maître de soi, et revendique une complète liberté de pensée et d'expression.

MONTESQUIEU :
PREMIER THÉORICIEN POLITIQUE

Charles-Louis de Secondat
baron de Montesquieu
Né en 1689 au château de
La Brède (près de Bordeaux)
Mort en 1755 à Paris

Vie publique : avocat, conseiller au
Parlement de Bordeaux.
Voyage : un seul voyage de plusieurs
années (1728-1731) : Autriche, Hongrie,
Prusse, Pays-Bas, Angleterre.
Signe particulier : aveugle à partir de
1742.

■ L'analyse historique

Dans la *Dissertation sur la politique des
Romains dans la religion* (1716), Montesquieu montre que les croyances religieuses de la Rome antique ont été
créées par les chefs politiques pour garder le peuple soumis. Il prend encore le
prétexte de l'histoire romaine dans les
*Considérations sur les causes de la gran-
deur des Romains et de leur décadence*
(1734) pour illustrer l'histoire de toutes les
sociétés. Il en déduit que la chute d'un
État est inévitable s'il n'adapte pas ses
institutions à son évolution.

■ Une somme juridique et politique

De l'esprit des lois (rédigé de 1736 à
1748, date de publication) représente le
travail de vingt années, récapitulatif d'une
existence de voyages, de lectures et
d'expériences. Montesquieu y analyse les
différentes sortes de gouvernement et
leurs conséquences. Il refuse l'absolutisme et la centralisation du pouvoir pour
préserver la liberté politique.

■ La théorie des climats

Pour Montesquieu, les sociétés humaines
sont des organismes vivants. En se fondant sur des expériences scientifiques (le
rôle de l'air froid et de l'air chaud sur le
cœur et le sang), il montre que les climats
froids engendrent plus de vigueur, et tire
des qualités morales propres à leurs
habitants : plus de courage, moins de
désir de vengeance, moins de ruse, plus
de franchise et moins de sensibilité à la
douleur. Dans les pays chauds, au
contraire, les peuples sont timides,
découragés, plus sensibles au plaisir.
Les usages politiques dépendent alors de
certaines contraintes climatiques spéci-
fiques. La psychologie humaine peut
néanmoins atténuer ou démentir ces
variables ; de même, les échanges com-
merciaux, les clivages religieux et les
invasions peuvent produire des usages
différents.

Le parlement de Londres.

Principales œuvres à caractère politique au XVIIIᵉ siècle

— Voltaire : *Les Lettres philosophiques*
(1734).
— Montesquieu : *De l'esprit des lois* (1748).
— Rousseau : *Du Contrat social* (1762).
— Sous la direction de Diderot :
*Encyclopédie ou Dictionnaire raisonné des
sciences, des arts et des métiers* (1750-
1772).

MOYEN ÂGE
XVIᵉ SIÈCLE
XVIIᵉ SIÈCLE
XVIIIᵉ SIÈCLE
XIXᵉ SIÈCLE
XXᵉ SIÈCLE

Philosophie et réflexion historique

Le domaine de la philosophie s'étend à tous les aspects de l'activité humaine. Les penseurs se livrent à une révision critique des notions fondamentales sur l'homme, s'en remettant à la seule raison.

Le philosophe au XVIIIᵉ siècle

☐ Le philosophe du XVIIIᵉ siècle est un homme pratique : il exerce des activités qui contribuent au développement de la civilisation.

☐ Soucieux avant tout de vérité, il applique son esprit critique à tous les domaines : scientifique, psychologique, politique, religieux et historique. Cet esprit critique se veut avant tout constructif et refuse de s'en tenir à la théorie et à l'abstraction.

L'influence des sciences de la nature

☐ La pensée au XVIIIᵉ siècle est liée aux découvertes biologiques et particulièrement à la reproduction animale. Les savants posent la question des rapports entre Dieu, la nature et l'origine de la vie.

☐ Buffon (1707-1788) dans son *Histoire naturelle* (1749-1789) souligne que tout dans la nature est soumis à des lois et qu'aucune décision divine n'a préexisté à l'ordre du monde.

☐ De même Condillac (1715-1780) dans l'*Essai sur l'origine des connaissances humaines* (1746) explique que les lois, les coutumes et l'idée de Dieu ne sont que le fruit des sensations et de l'expérience.

L'expérience, facteur de progrès

☐ Voltaire insiste sur le rôle essentiel de l'expérience qui rattache les idées aux sensations et permet à la civilisation de progresser. Il s'oppose radicalement aux idées métaphysiques de Descartes et conteste l'espérance mystique de Pascal.

☐ Il élabore sa pensée philosophique sur le modèle des savants anglais, Bacon (1561-1626), Locke (1632-1704) et Newton (1642-1727) ; ceux-ci pensent améliorer la condition humaine par la science qui détermine des lois naturelles.

☐ Il propose une pratique de l'action fondée sur la raison, à l'instar de Diderot qui fonde toute sa philosophie sur la raison tirée de l'expérience.

Les leçons de l'Histoire

☐ Voltaire inaugure une nouvelle méthode historique fondée sur l'érudition, l'objectivité et la synthèse. Il consulte nombre de documents – des plus connus aux plus insolites – avant d'affirmer son opinion, qu'il veut la plus impartiale possible, et cherche à donner le sentiment de la diversité des sociétés. Par des tableaux récapitulatifs, il résume les divers aspects de la vie d'une nation et permet de comprendre son évolution.

☐ Son œuvre historique étend progressivement son champ d'investigation : il passe de l'analyse d'un règne (*Histoire de Charles XII*) à celle d'une nation (*Le Siècle de Louis XIV*) puis à celle du monde (*Essai sur les mœurs et l'esprit des nations*).

VOLTAIRE :
LE TRIOMPHE DE L'ESPRIT

François-Marie Arouet
dit Voltaire
Né en 1694 à Paris
Mort en 1778 à Paris

Vie publique : historiographe du roi.
Protectrices : Mme du Châtelet et la duchesse du Maine.
Voyages : Angleterre (en exil de 1726 à 1729), Hollande.
Signes particuliers : exilé en 1716 (pour des écrits satiriques sur les amours du Régent) et en 1726 (à la suite d'un incident avec le chevalier de Rohan) ; s'installe les 18 dernières années de sa vie au château de Ferney (sur la frontière suisse) où il développe de nouvelles techniques agricoles et installe quelques fabriques.

■ La religion voltairienne

Dans le *Dictionnaire philosophique portatif*, Voltaire dénonce les comportements superstitieux liés à la religion. Il y oppose l'adoration unique de l'Être suprême, dieu géomètre « de tous les êtres », qui engage à suivre une morale fondée sur le « droit naturel » de chacun.

■ Voltaire et l'affaire Calas

En 1761, à Toulouse, le jeune Marc-Antoine Calas est trouvé pendu chez lui. Son père, le calviniste Jean Calas, est accusé de l'avoir assassiné pour l'empêcher de se convertir au catholicisme : il est condamné à mort et exécuté. Après avoir écouté les fils de Calas, Voltaire acquiert la conviction que leur père est innocent. Il obtient un premier arrêt en faveur de Calas et écrit le *Traité sur la tolérance* dans lequel il s'oppose à tout fanatisme. Calas sera réhabilité plus tard grâce à lui.

■ Voltaire et Frédéric II

En 1750, Voltaire devient chambellan de Frédéric II, roi de Prusse. Passé l'enthousiasme des fêtes et d'une vie intellectuelle bouillonnante, le philosophe est déçu par Frédéric II qu'il accuse d'agir par réalisme politique et non par idéal philosophique. Le roi est, lui, agacé des irrévérences de son protégé. De retour en France, Voltaire lance une série de pamphlets contre Frédéric II. Néanmoins, avec le temps, les rancunes s'estompent. Dans leur correspondance philosophique, Voltaire dissuade Frédéric II, vaincu, de se suicider.

Les œuvres historiques et philosophiques de Voltaire

1731 : *Histoire de Charles XII*.
1734 : *Lettres philosophiques* (ou *Lettres anglaises*).
1738 : *Discours sur l'homme*.
1751 : *Le Siècle de Louis XIV*.
1756 : *Essai sur les mœurs et l'esprit des nations*.
1763 : *Traité sur la tolérance*.
1764 : *Dictionnaire philosophique portatif*.

Repas au château de Sans Souci, tableau de A. von Menzel, 1850, Berlin, Musée national.

MOYEN ÂGE

XVIᵉ SIÈCLE

XVIIᵉ SIÈCLE

XVIIIᵉ SIÈCLE

XIXᵉ SIÈCLE

XXᵉ SIÈCLE

Les contes philosophiques

Le conte est un récit fictif ou réel dont le but est de distraire. Il permet aux auteurs de poser les questions qui les préoccupent grâce à la caricature et à l'invention. Voltaire inaugure le conte philosophique qui vise à dévoiler les aspects étranges de la réalité par la fiction et à interroger le lecteur par l'ironie.

▬▬▬ Le conte, roman d'apprentissage

Voltaire, en fidèle disciple de Locke, considère la destinée de l'homme comme le résultat de son environnement, de ses rencontres et de son expérience. Tous ses contes racontent l'expérience d'un jeune homme qui, poussé par un événement extérieur, se trouve au contact des réalités du monde, voyage à la recherche de la connaissance et acquiert un enseignement qui fonde sa philosophie. Les péripéties ont toujours une fonction pour l'apprentissage du héros qui construit progressivement sa personnalité.

▬▬▬ Des personnages au service d'une idée

□ Dans les *Lettres persanes* de Montesquieu, la couleur orientale dissimule une critique très vive de la société : les Persans Usbek et Rica observent d'un regard amusé mœurs et institutions du temps.

□ Les personnages voltairiens ne sont pas des héros romanesques. Les aventures qu'ils vivent sont purement morales, souvent invraisemblables ; elles servent à leur formation ou à une critique politique, religieuse ou sociale.

□ Dénués de psychologie ou de sentiments, les personnages ne comprennent rien à ce qui leur arrive, à la succession de leurs aventures, dont la logique n'est révélée qu'à la fin. Ils ne voient qu'au terme de leur vie le sens de leur cheminement. Du reste, Voltaire ne commence à écrire des contes qu'à l'âge de quarante-cinq ans.

□ Ces héros incarnent un thème philosophique donné par Voltaire dans le sous-titre de ses contes : *Zadig ou la Destinée* (1748), *Memnon ou la Sagesse* (1749), *Candide ou l'Optimisme* (1759)… Qu'ils soient Babyloniens, Français, Westphaliens, Portugais, Arabes ou habitants de Saturne, ils représentent tous une réponse à une question philosophique essentielle : comment l'homme peut-il faire son bonheur ?

▬▬▬ Des leçons de sagesse

□ Aucun des héros voltairiens ne peut échapper à son destin, qui est tracé par le hasard, toujours imprévisible. Ils sont pourtant souvent les auteurs de leurs malheurs, car leurs difficultés viennent d'une philosophie de départ erronée qui les empêche d'avoir prise sur les événements.

□ Micromégas, par ses voyages de planète en planète, voit s'effondrer son orgueil de scientifique et se contente de sa place modeste dans l'univers. Zadig, heureux Babylonien, devient la victime de la destinée à laquelle il n'échappe que grâce à son courage et à son abandon à la Providence. Candide, disciple de l'optimiste Pangloss, est confronté au mal dans ses formes les plus cruelles ; le monde ne lui est supportable que lorsqu'il décide de se construire un idéal à sa mesure ; il se livre à une activité utile en « cultivant son jardin ». Chacun de ses personnages est pour Voltaire la projection d'un aspect de sa vie ou de sa personnalité.

MONTESQUIEU ET VOLTAIRE, CONTEURS

■ **Les _Lettres persanes_ de Montesquieu : entre conte et roman**

Les _Lettres persanes_ (1721), selon l'expression de leur auteur, sont « une espèce de roman ». Elles racontent l'histoire de deux persans, Usbek et Rica, contraints de quitter momentanément leur patrie pour des motifs politiques. Ils décident de découvrir l'Europe. Pour remédier à leur mal du pays et à la peur d'être trompés par leurs femmes laissées au sérail, ils adressent à leurs amis restés là-bas une savoureuse correspondance sur leurs découvertes. Ce roman par lettres ressemble à un conte par son exotisme, son ironie et les aventures des deux héros. Il montre la difficulté de réaliser un idéal et, en cela, pose des questions philosophiques sur le bonheur, la liberté et la vertu, comme dans les contes.

Hafiz Ash Shizazi, poète persan du XIVe siècle.

■ **Schéma de l'action de _Candide_**

— Description du monde illusoire fait d'optimisme où vit Candide : Candide en est chassé.
— Découverte de l'omniprésence du mal (guerre, maladie, tremblement de terre, autodafé, viol...) : Candide découvre l'injustice et les aléas du hasard.
— Arrivée dans le monde utopique de l'Eldorado : Candide commence à méditer, à remettre en cause son optimisme.
— Confrontation avec un manichéen, un sceptique et un obscurantiste : Candide suscite ses propres expériences et décide de « cultiver son jardin », c'est-à-dire de se contenter d'un bonheur limité mais assuré.

■ **L'ironie voltairienne des contes**

Le rythme rapide du récit, qui enchaîne les épisodes sans répit, empêche les personnages de s'attendrir sur leur sort et de juger les événements au moment où ils se déroulent. Cette distance entre les héros et l'action autorise les procédés ironiques les plus forts : antiphrases, paralogismes, euphémismes, hyperboles. Par cette arme, Voltaire combat les idéologies toutes faites.

L'inspiration orientale

Au début du siècle, deux livres connaissent un vif succès : la version des _Mille et Une Nuits_ (1704) d'Antoine Galland (1646-1715) et la traduction de _Robinson Crusoé_ (1720) de Daniel Defoe (1660-1731). Ces deux ouvrages montrent un peuple oriental honnête et résigné dans sa quête du bonheur. C'est une première leçon de relativisme avant _Les Contes philosophiques_. Par ailleurs Antoine Galland publie un grand dictionnaire, la _Bibliothèque orientale_ (1697), véritable mine de renseignements sur les mœurs des peuples orientaux pour tous les écrivains.

MOYEN ÂGE

XVIᵉ SIÈCLE

XVIIᵉ SIÈCLE

XVIIIᵉ SIÈCLE

XIXᵉ SIÈCLE

XXᵉ SIÈCLE

La pensée matérialiste

Les progrès de la biologie et de la chimie expliquent l'émergence d'une pensée matérialiste. Diderot élabore une conception personnelle et provocante de l'univers. Son œuvre n'est publiée qu'au cours du XIXᵉ siècle, tant les lecteurs du XVIIIᵉ siècle étaient peu prêts à recevoir ce raisonnement matérialiste.

Les conceptions matérialistes de l'univers

☐ Pour Holbach (1723-1789), des processus physiques et chimiques (notamment en géologie, minéralogie, métallurgie) expliquent pourquoi le monde n'est que matière et mouvement. De même, Diderot conçoit l'univers comme un vaste mouvement continu de fermentation. Son athéisme est la conséquence de cette conception des lois physiques.

☐ L'origine de la vie, selon Diderot, est un processus chimique dû au hasard. La diversité des matières est le fait d'un dosage différent des éléments essentiels constituant l'univers (terre, air, eau, feu), qui est lui-même en perpétuelle évolution.

☐ Pour Helvétius (1715-1771), qui a une conception radicalement mécaniste de l'univers, les pensées de l'homme ne sont que le fruit de ses sensations.

Une morale du bien public

☐ Les hommes doivent-ils donc vivre selon ce mouvement général de la nature, guidés par le seul hasard ? Bien au contraire : la morale de Diderot s'élabore à partir de l'idée que l'homme peut participer au développement de l'univers.

☐ Ainsi existe-t-il des lois naturelles d'après lesquelles les intérêts individuels et collectifs peuvent s'harmoniser avec l'ordre du monde. Car, bon par nature, l'homme éprouve du plaisir à faire le bien et à pratiquer la vertu. Il doit travailler à l'amélioration de la société. La seule morale valable est celle qui contribue au bonheur de « la grande famille humaine ».

☐ Holbach tire une vision harmonieuse de la vie en société régie par un gouvernement idéal qui assure « l'avantage du plus grand nombre possible ».

Les idéologues

☐ Les idéologues sont un groupe influent de savants et de philosophes (Destutt de Tracy (1754-1836), Cabanis (1757-1808), Volney (1757-1820)…), véritables philosophes de la Révolution. Ils se distinguent par leur matérialisme, leur goût pour les sciences de l'homme et leurs applications pratiques, et leur indifférence à la métaphysique, qu'ils trouvent inutile.

☐ Condorcet (1743-1794) est un des premiers idéologues à faire des mathématiques appliquées aux problèmes sociaux. Il fonde une science de la connaissance basée sur l'évolution de la société.

☐ Les idéologues appliquent à la vie morale des méthodes scientifiques et inspirent la création d'un enseignement public et laïc, les écoles centrales, que Bonaparte transformera en lycées en 1802. Ces rationalistes sont les prédécesseurs du positivisme d'Auguste Comte.

DIDEROT :
UNE PENSÉE POLYMORPHE

Denis Diderot
Né en 1713 à Langres
Mort en 1784 à Paris

Itinéraire : études chez les jésuites, maître ès arts en 1732, métiers divers à Paris (rédacteur de sermons, professeur de mathématiques, précepteur chez un financier), directeur de l'*Encyclopédie*.
Amitiés : Rousseau (jusqu'en 1757), Grimm, d'Alembert, Catherine II de Russie (sa protectrice).
Amours : Antoinette Champion (sa femme avec qui il a une fille), Sophie Volland (correspondance régulière).
Signe particulier : emprisonné de juillet à novembre 1749 au château de Vincennes pour ses thèses matérialistes.

■ Une esthétique naturelle

Fidèle aux principes de la nature, Diderot élabore son esthétique selon l'idée que le beau est ce qui reproduit l'ordre naturel. Le génie de l'artiste doit laisser libre cours à la passion et à l'enthousiasme qui « élèvent l'âme aux grandes choses ». L'art contribue donc à une éducation morale. De même le comédien doit observer la nature humaine pour la reproduire fidèlement : telle est la thèse de Diderot dans *Le Paradoxe sur le comédien* (1773).

■ Une philosophie en mouvement

Dans les *Pensées philosophiques* (1746), Diderot montre que la science expérimentale nous prouve l'existence d'un être supérieurement intelligent. Pourtant, trois ans plus tard, en 1749, il affirme dans la *Lettre sur les aveugles à l'usage de ceux qui voient* que l'homme est un hasard de la matière en évolution. Après ces réflexions métaphysiques, *Le Rêve de d'Alembert* (1769) prône la nécessité de la morale qui permet le développement harmonieux de la nature humaine.

■ Vers un antiroman

Les romans de Diderot ne sont jamais de vrais romans. *La Religieuse* (1760-1781) analyse le comportement de Suzanne, jeune religieuse entrée au couvent sans vocation. Elle incarne la liberté contre l'enfermement et l'autorité. De ce roman du comportement, Diderot passe à l'écriture d'un roman en forme de dialogue philosophique, *Le Neveu de Rameau* (1762-1777), conversation entre *Moi* (le narrateur) et *Lui* (le neveu), prétexte à une autocritique piquante. Enfin dans *Jacques le Fataliste* (1765-1773), la question sur la nature du roman est posée : l'auteur et le lecteur sont devenus des personnages en conflit.

L'Encyclopédie

■ Les pièces de théâtre

Le Fils naturel (1757) et *Le Père de famille* (1758) inaugurent un nouveau genre, la comédie sérieuse, qui recherche l'émotion et l'édification morale.

Liberté du style

Contrairement à nombre de ses contemporains, Diderot refuse un style solennel. Il écrit sans s'interrompre et rejette toute idée d'une pensée unifiée. D'où un style « oral » parfois mal compris.
Barbey d'Aurevilly rapporte qu'un jour de faim Diderot écrivit dix-huit sermons pour dix-huit louis avec une facilité déconcertante (*Goethe et Diderot*, 1887).

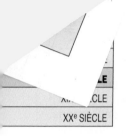

L'Encyclopédie

> En 1745, le libraire parisien Le Breton a l'idée de publier une traduction de la *Cyclopoedia* de l'anglais Chambers ; il charge Diderot de cette entreprise. Celui-ci en change l'orientation et décide d'écrire un dictionnaire universel des sciences, des arts et métiers, projet consacré par un privilège royal.

L'inventaire exhaustif et raisonné des sciences

☐ Malgré l'exceptionnelle diversité des sujets, un même esprit préside à l'élaboration des articles : abattre les préjugés et faire triompher la raison. La méthode est réaliste et pratique : observation de la nature humaine et documentation précise, planches et notices explicatives.

☐ L'auteur de l'article, qu'il soit philosophe, savant ou technicien, fait la compilation des connaissances théoriques et techniques sur le sujet ; il pose et résout méthodiquement les problèmes et dégage enfin un point central qui permet une vue synthétique sur la question.

Un principe directeur : le progrès

☐ L'*Encyclopédie* réhabilite aussi le travail manuel, le rôle de l'artisan et sa participation décisive au progrès. Chaque science est une science de l'homme et constitue le plus beau signe de libération humaine.

☐ Pour les encyclopédistes, l'humanité est sur la voie du progrès grâce aux lumières de l'esprit humain. Le progrès s'est manifesté clairement dans les sciences, il doit s'étendre à la religion, à la politique et à la morale.

Autour de Diderot

Diderot est le maître d'œuvre autour duquel gravite une pléiade d'auteurs. Le chevalier de Jaucourt (1704-1779), de formation pluridisciplinaire, est le rédacteur en chef : il dirige la rédaction d'environ 17 000 articles. D'Alembert (1717-1783), quant à lui, codirecteur de l'*Encyclopédie* à ses débuts, rédige et corrige des articles de mathématiques, physique et philosophie. Des personnalités des mondes scientifique et littéraire sont appelées à écrire : le baron d'Holbach, philosophe et scientifique, notamment pour les articles de géologie et de métallurgie, Rousseau pour la partie musique, Marmontel (1723-1799) pour la critique littéraire, Voltaire pour la littérature, etc.

L'esprit polémique

☐ Pour déjouer la censure, les encyclopédistes ne prennent pas ouvertement position. Les pensées les plus hardies sont révélées par une ironie subtile : faux éloges, fausse naïveté, ou renvois successifs qui font se contredire les articles.

☐ La religion est la cible principale ; les encyclopédistes revendiquent les droits de la raison, contestent les miracles, les ambitions papales, la dévotion, et accusent le catholicisme de fanatisme. Ils sont souvent déistes et prônent une philosophie naturaliste, c'est-à-dire reposant sur la bonté naturelle de l'homme : l'homme doit prendre conscience de ses dons innés pour construire son bonheur individuel et participer au bonheur social. Tout cela va à l'encontre des idées établies du siècle.

PETITE HISTOIRE DE L'*ENCYCLOPÉDIE*

■ Un travail de fourmi

Diderot, assisté de d'Alembert, s'entoure des spécialistes les plus compétents ; il mène son enquête dans les ateliers, classe les manuscrits et les corrige inlassablement. En 1750, il lance le Prospectus, qui expose le plan de l'ouvrage, et attire ainsi 2 000 souscripteurs. Le premier volume paraît en 1751 ; 16 autres tomes suivront jusqu'en 1765, ainsi que 11 volumes de planches de 1762 à 1772.

■ Les étapes de la bataille encyclopédique

Dès la parution du premier volume, les encyclopédistes doivent affronter des obstacles pour arriver à leurs fins.

Octobre 1751 : les jésuites lancent des pamphlets contre l'*Encyclopédie* qu'ils accusent de ne pas respecter la religion et de porter préjudice à leur propre dictionnaire, celui de Trévoux.

Novembre 1751 : l'abbé de Prades, collaborateur de l'*Encyclopédie*, est condamné par la Sorbonne qui lui reproche de prôner la religion naturelle.

7 février 1752 : un arrêt du Conseil d'État censure les deux premiers tomes.

Mai 1752 : grâce à Mme de Pompadour et à Malesherbes, la publication des volumes se poursuit ; d'Alembert est élu à l'Académie française.

1757 : Le Libelle des Cacouacs de l'avocat Moreau, qui présente les philosophes en sauvages, amuse aux dépens des encyclopédistes.

1759 : le conseil du roi ordonne le remboursement des souscriptions et le pape Clément VII condamne l'*Encyclopédie* mais Malesherbes donne à Diderot l'autorisation de poursuivre l'ouvrage.

1766 : les dix derniers tomes sont publiés : un subterfuge tend à faire croire que l'œuvre a été imprimée à l'étranger.

1772 : avec les derniers volumes de planches, les souscripteurs reçoivent une gravure qui représente le triomphe de la Vérité dévoilée par la Raison.

■ Les planches

Les planches, véritables tableaux de genre, représentent soit des machines entières puis détaillées, soit les gestes des hommes au travail ou encore les étapes de la fabrication d'un objet. Elles sont accompagnées de traités pour définir et énumérer les différentes opérations.

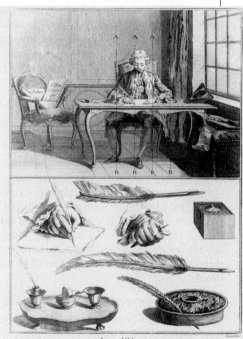

Art d'Écrire

L'*Encyclopédie* en chiffres

- 17 volumes et 11 volumes de planches.
- 60 660 articles.
- Publication sur 21 ans : de 1751 à 1772.
- Prix : 25 livres par volume (25 livres = plus d'un mois de salaire d'un ouvrier).
- 1 000 ouvriers y ont travaillé.

Nature et culture

> À la différence des autres philosophes du siècle des Lumières qui voient dans le progrès un gage du bonheur, Rousseau condamne les mœurs de son temps et exalte une philosophie et une morale conformes à la nature. Il démontre la supériorité de l'état de nature sur l'état social.

La supériorité de l'état de nature

□ Rousseau démontre dans ses *Discours* que tout le bien chez l'homme vient de la nature et tout le mal de la société : l'homme était vertueux à l'origine, la société l'a entraîné au vice.

□ La pensée rousseauiste s'élabore à partir d'un raisonnement hypothétique. Les hommes primitifs étaient libres et égaux. Ils suivaient leurs instincts, étaient animés par un sentiment de pitié qui les disposait à la bienveillance : ils ignoraient les dogmes religieux. Ils connaissaient ainsi des plaisirs simples.

□ D'après Rousseau, le progrès s'accompagne de dépravations et d'inégalités. Les sciences satisfont notre orgueil et conduisent au luxe. La division du travail et la propriété entraînent des dépendances et des inégalités qui favorisent l'avènement d'un pouvoir autoritaire.

Un ordre social proche de l'état de nature

□ Rousseau propose un ordre social plus proche de la nature, compatible avec la condition d'homme civilisé. La meilleure constitution politique est celle qui garantit le mieux la liberté et l'égalité.

□ *Du Contrat social* propose un pacte entre l'individu et la société pour le bien de la communauté ; il institue la liberté civile et une égale reconnaissance devant la loi. Ce traité veut aussi créer le droit politique ; à ce titre, il étudie les conditions qui permettent de légitimer l'autorité politique.

□ Dans le domaine de l'éducation, qui est le sujet de l'*Émile*, Rousseau s'élève contre toute contrainte qui nuit au progrès naturel des facultés de l'individu. Il faut suivre les règles de générosité que la nature a inscrites dans les cœurs et laisser l'être découvrir les merveilles de Dieu sans s'embarrasser de raisonnements ni de sacrements.

Les répercussions de la pensée rousseauiste

□ L'œuvre de Rousseau séduisit bien des philosophes et même des mondains à qui il proposait l'idéal d'une vie simple, décrite avec enthousiasme dans *La Nouvelle Héloïse*. Ses théories sur l'éducation séduisirent bon nombre de parents dont les enfants servirent de terrains d'expérience. La *Déclaration des droits de l'homme* s'inspire directement des thèses *Du Contrat social*.

□ En exaltant la nature et les sentiments, Rousseau a ouvert la voie au lyrisme romantique. Dans toute l'Europe, des romanciers et des philosophes reconnaissent leur dette envers lui : Goethe (1749-1832) et Schiller (1759-1805) pour leur style, Kant (1724-1804) pour ses théories sur la conscience, Herder (1744-1803) pour sa pédagogie.

ROUSSEAU :
LE SOUCI D'AUTHENTICITÉ

Jean-Jacques Rousseau
Né en 1712 à Genève
Mort en 1778 à Ermenonville

Éducation : protestante, par le pasteur Lambercier, à qui Rousseau est confié par son père.
Carrière : divers petits métiers (apprenti graveur, laquais), secrétaire de l'ambassadeur à Venise, secrétaire de Mme Dupin.
Amours : Mme de Warens (aux Charmettes, près de Chambéry, où il vit plusieurs années), Thérèse Levasseur, Mme d'Épinay (chez qui il séjourne à L'Ermitage à Montmorency)
Amitiés : Grimm, Diderot (avec qui il finit par se brouiller).
Signes particuliers : inventeur d'une nouvelle méthode de notation musicale peu utilisée ; abandonne aux Enfants Trouvés ses cinq enfants (nés de son union avec Thérèse Levasseur) ; converti au catholicisme par Mme de Warens, il l'abjure en 1756.

■ Rousseau condamne le théâtre

Dès son premier *Discours*, Rousseau est convaincu que le roman et le théâtre ne peuvent améliorer les hommes ; il prend le prétexte de la parution de l'article « Genève » de l'*Encyclopédie*, qui soulignait les vertus du théâtre, pour en proposer une réfutation dans la *Lettre à d'Alembert sur les spectacles* (1758). Il dénonce l'art de la scène qui flatte le public et ne peut ainsi corriger les mœurs. Il condamne la tragédie qui, par l'expression des passions et de la pitié, fait naître des émotions dangereuses, et la comédie qui ridiculise la vertu. En critiquant les représentations dramatiques, Rousseau consacre sa rupture avec les philosophes et particulièrement avec Voltaire, passionné de théâtre.

■ L'autobiographie selon Rousseau

Dans les *Confessions*, Rousseau perçoit l'impossibilité de « tout dire », finit par souligner que les faits ne sont pas essentiels ; seuls comptent les sentiments, qui sont inaltérables. Il reconstruit, en l'interprétant, l'histoire de sa vie. Déçu par l'accueil réservé à cette première autobiographie, il tente dans les *Rêveries* de justifier sa démarche, puis évoque les moments heureux de sa vie sur le ton de la méditation.

Rousseau herborisant

L'œuvre de Rousseau
1750 : *Discours sur les sciences et les arts*.
1755 : *Discours sur l'origine de l'inégalité*. Ces deux œuvres répondent aux concours de l'acamédie de Dijon : la première est couronnée mais non la seconde, à cause de son audace.
1761 : *La Nouvelle Héloïse*.
1762 : *Du contrat social*.
1762 : *Émile ou De l'éducation*.
1765-1770 : *Confessions*.
1776-1778 : *Rêveries du promeneur solitaire*.

MOYEN ÂGE

XVIᵉ SIÈCLE

XVIIᵉ SIÈCLE

XVIIIᵉ SIÈCLE

XIXᵉ SIÈCLE

XXᵉ SIÈCLE

Le roman par lettres

La peinture du sentiment qui s'impose peu à peu au cours du siècle favorise le développement du roman par lettres qui consiste à rendre compte de la correspondance entre deux amants. Nombre d'écrivains, souvent libertins, y trouvent le moyen de transcrire au présent le sentiment vécu et l'élan de la passion.

L'esprit féministe à outrance

☐ Le roman par lettres est d'abord en faveur chez les femmes qui y voient l'occasion de révéler leur propre sensibilité. Claudine de Tencin (1682-1749), dans les *Mémoires du comte de Comminge* (1735), dénonce la réclusion des femmes privées de tout épanouissement amoureux.

☐ Dans un grand succès de librairie du siècle, *Lettres d'une Péruvienne* (quarante-deux rééditions en cinquante ans), Françoise de Graffigny (1695-1758) présente la femme comme l'être le plus honnête et le plus prédisposé à la sensibilité et au bonheur.

☐ Fortement éprouvée par la vie, Marie-Jeanne de Riccoboni (1713-1792), dans les *Lettres de mistriss Fanni Butlerd*, accuse les hommes de duplicité et d'inconstance.

☐ Enfin, Julie de Lespinasse (1732-1776) traduit la violence du sentiment amoureux féminin dans sa *Correspondance au comte de Guibert* (parue en 1809 après sa mort), reflet d'un amour passionné insatisfait.

La passion saisie dans son élan

☐ *La Nouvelle Héloïse* de Rousseau cristallise toutes les aspirations sentimentales de l'époque. Les lettres que s'adressent Julie et Saint-Preux éveillent l'émotion par la différence de sensibilité des deux amants dans leur description d'un même événement : Saint-Preux, double de Rousseau, fait entendre les plaintes d'une imagination exaltée qui peuple sa solitude d'êtres idéaux ; Julie laisse s'épancher sa mélancolie due à la douleur de l'absence.

☐ Au-delà du déchirement entre la passion et la vertu, Rousseau propose un idéal de vie à la campagne où les passions s'assagissent et laissent la place à des sentiments purs d'amitié.

La lettre, moteur de l'action

☐ Le roman épistolaire de Laclos, *Les Liaisons dangereuses*, où la marquise de Merteuil dicte à son ancien amant Valmont une stratégie libertine, ouvre une nouvelle voie au genre. Laclos présente des mondains pervertis chez qui le sentiment sert à nuire.

☐ Il découvre des ressources d'écriture : l'expression de la confidence et de la connivence entre deux êtres qui se comprennent au-delà des mots, et l'ironie provoquée par la rédaction dans un style volontairement gauche. Les points de vue variés permettent à l'auteur de solliciter un jugement personnel chez le lecteur. En outre, la lettre est un moyen d'action, car le destinataire est souvent la cible d'une stratégie nocive.

CHODERLOS DE LACLOS :
LE LIBERTINAGE ÉPISTOLAIRE

Pierre Choderlos de Laclos
Né en 1741 à Amiens
Mort en 1803 à Tarente (Italie)

Vie publique : capitaine d'artillerie, membre du club des Jacobins, secrétaire de Philippe d'Orléans, général de brigade de Bonaparte.

Signe particulier : mise à l'index des *Liaisons dangereuses* (de 1782 à la fin du XIXe siècle) qui exclut son auteur des salons parisiens et menace sa carrière de soldat.

■ La stratégie du libertin

Le libertinage est la règle de vie de la marquise de Merteuil et de Valmont. Ils veulent l'imposer à leurs victimes. Valmont est libertin en ce que, par un jeu froidement calculé, il met tout son talent de séducteur au service du pouvoir qu'il veut exercer sur les femmes ; il refuse pour lui le sentiment. La marquise de Merteuil, première expression du libertinage au féminin, redouble d'ingéniosité dans ses méthodes cyniques pour déshonorer, par l'entremise de Valmont, une jeune fille pure et naïve, Cécile Volanges, ainsi qu'une femme mûre et pieuse, Mme de Tourvel. Laclos fait une démonstration magistrale des pouvoirs de la volonté immorale dans une société où toutes les valeurs se désintègrent.

■ Ambiguïté morale de l'œuvre

Laclos, dans sa préface, dit faire œuvre de moraliste en décrivant la perversion des âmes. La conclusion du roman semble le prouver : les libertins sont punis : Valmont est tué en duel et la marquise de Merteuil est atteinte d'une maladie incurable. Mais leurs victimes aussi sont sanctionnées : Cécile doit se retirer

dans un couvent et Mme de Tourvel meurt de honte et de désespoir. En outre la séduction exercée sur le lecteur par les lettres brillantes des deux libertins (qui déploient une virtuosité et une science psychologique raffinée) explique le scandale provoqué par la parution de l'œuvre accusée de fascination nocive.

Gravure du XVIIIe siècle.

Romans par lettres au XVIIIe siècle

Montesquieu : *Lettres persanes* (1721).
Crébillon : *Lettres de la marquise de M. au comte de R.* (1732).
Mme de Graffigny : *Lettres d'une Péruvienne* (1747).
Mme Riccoboni : *Lettres de mistriss Fanni Butlerd* (1757).
Lettres de milady Juliette Catesby (1759).
Rousseau : *La Nouvelle Héloïse* (1761).
Mme de Beaumont : *Lettres du marquis de Roselle* (1764).
Rétif de la Bretonne : *Le Paysan perverti* (1775).
Laclos : *Les Liaisons dangereuses* (1782).

MOYEN ÂGE

XVIᵉ SIÈCLE

XVIIᵉ SIÈCLE

XVIIIᵉ SIÈCLE

XIXᵉ SIÈCLE

XXᵉ SIÈCLE

La comédie amoureuse

Si la comédie et la tragédie demeurent des genres à la mode dans la première moitié du XVIIIᵉ siècle, les œuvres présentées n'offrent pas d'originalité nouvelle. Seul Marivaux brille par ses comédies d'amour où il mêle l'émotion au rire dans le souci permanent de rendre compte des évolutions du cœur humain.

▬▬▬ Comédie de mœurs et comédie d'intrigue

☐ Au XVIIIᵉ siècle, la comédie amoureuse est essentiellement une comédie de mœurs ; elle est prétexte à une satire du monde de l'argent. Lesage (1668-1747) l'utilise pour dénoncer la société corrompue des parvenus dans *Turcaret* (1709).

☐ Jean-François Regnard (1655-1709) hésite entre la farce et la comédie d'intrigue. Ses personnages sont des rôles de théâtre mais n'atteignent jamais vraiment la crédibilité d'êtres humains.

☐ Au contraire, par le choix de personnages volontairement atypiques, Marivaux trouve un style simple qui permet une analyse pénétrante des sentiments.

▬▬▬ Un seul sujet : la reconnaissance de l'amour

☐ S'inspirant du théâtre italien, où l'amour est le mobile essentiel de l'action, Marivaux concentre toute son attention sur la prise de conscience de l'amour. Ses personnages, qui luttent contre le trouble amoureux qui les envahit, ont une psychologie complexe faite de contradictions. Mais les obstacles qui s'opposent à la reconnaissance du sentiment amoureux (classes sociales différentes, peur d'aimer) ne peuvent en empêcher l'aveu.

☐ Toute la comédie repose sur le retardement de cet aveu de l'amoureux à l'autre et à lui-même. Elle consiste en un jeu d'esquives, de feintes et de déguisements, presque toujours redoublé par la mise en parallèle caricaturale de l'amour des maîtres et des valets ; le procédé accentue le burlesque des situations amoureuses.

▬▬▬ Le marivaudage

☐ Tout l'art de Marivaux procède d'une étude minutieuse et exacte de l'évolution du cœur. Son expression est élégante, travaillée, délicate, faite pour traduire le plus précisément possible ces nuances de l'âme (pudeur, hésitation, réticence). On appelle « marivaudage » cette maîtrise du discours amoureux et de la vérité du cœur.

☐ Les comédiens du théâtre italien que Marivaux fréquente longtemps lui transmettent leur spontanéité, leur goût du jeu libre et leur fantaisie qui donnent au marivaudage toute sa grâce.

☐ Les personnages marivaudiens vivent dans l'instant et dans l'inconstance, ils se découvrent en même temps que le spectateur les découvre. Marivaux écrit à propos de *La Surprise de l'amour* (1722) : « il s'agit de deux personnes qui s'aiment pendant toute la pièce, mais qui n'en savent rien eux-mêmes et qui n'ouvrent les yeux qu'à la dernière scène ».

☐ Le terme « marivaudage » renvoie trop souvent de manière péjorative à un badinage artificiel et à un raffinement excessif. Voltaire raillait la trop grande subtilité psychologique de Marivaux en disant qu'il pesait « des œufs de mouche dans des balances de toile d'araignée ».

MARIVAUX :
L'ANALYSTE DU CŒUR

Pierre Carlet de Chamblain de Marivaux
Né en 1688 à Paris
Mort en 1763 à Paris

Formation : de latiniste chez les Oratoriens, puis études de droit.
Métiers : avocat et journaliste au *Nouveau Mercure*, organe de presse des Modernes.
Amitiés : Fontenelle, Mme de Tencin (sa protectrice qui le fera élire à l'Académie française).
Signes particuliers : ruiné par la banqueroute de Law ; assidu des salons littéraires ; père d'une fille unique qui entre au couvent.

■ Les comédies de l'amour

Marivaux analyse la conquête des cœurs par l'amour ; il guette « toutes les niches différentes où peut se cacher l'amour lorsqu'il craint de se montrer ». Ou l'amour est ignoré des deux amants (*Le Jeu de l'amour et du hasard*, 1730) ; ou les deux amoureux se le cachent (*La Surprise de l'amour*, 1722 et *La Seconde Surprise de l'amour*, 1727) ; ou bien c'est un amour indécis qui mûrit grâce à un personnage extérieur (*La Double Inconstance*, 1723 et *Les Fausses Confidences*, 1737). Il s'agit toujours d'un jeu, artificiel peut-être, mais plaisant, subtil et charmant. Dans tous les cas, l'amour triomphe.

■ Le théâtre dans le théâtre

Dans les comédies marivaudiennes, le spectateur voit des personnages jouer le rôle d'autres personnages. Ce théâtre dans le théâtre revêt plusieurs aspects :
— *la farce :* on se déguise pour jouer un bon tour à quelqu'un ;
— *l'échange des rôles entre maîtres et valets :* par exemple, dans *La Double Inconstance*, le Prince se déguise en chasseur ;
— *l'échange des sexes :* dans *Le Triomphe de l'amour* (1732), une princesse se travestit en homme ;
— *la répétition d'une pièce sur scène :* *Les Acteurs de bonne foi* (1757), l'une des dernières pièces de Marivaux, a un sujet étonnamment moderne : la scène se passe dans les coulisses d'un théâtre et les répétitions montrent les interférences des relations des personnages sur scène et dans la réalité.

Les Fausses Confidences à la Comédie-Française en 1996.

Destinée de l'œuvre de Marivaux

Le succès de Marivaux est minime au XVIIIe siècle du fait qu'il reste à l'écart des philosophes ; en outre, ses pièces sont surtout jouées au Théâtre italien qui est une scène secondaire. Le XIXe siècle, sensible au talent de Musset, se passionne aussi pour Marivaux. Puis Giraudoux et Anouilh, au XXe siècle, se réclament de lui. Le public d'aujourd'hui apprécie la complexité très moderne de ses analyses et la critique qu'il fait des préjugés.

MOYEN ÂGE

XVIᵉ SIÈCLE

XVIIᵉ SIÈCLE

XVIIIᵉ SIÈCLE

XIXᵉ SIÈCLE

XXᵉ SIÈCLE

La comédie satirique

La comédie satirique allie à des intrigues ingénieuses une critique acerbe des institutions et des mœurs. Elle s'adresse souvent à un public de connaisseurs qui sait écouter entre les mots. Beaumarchais est le dramaturge le plus représentatif des idées des philosophes.

La parade

☐ La parade est un spectacle de rue, souvent gratuit, fait de mascarades, cris, personnages dissimulés ou déguisés, où l'on distribue force coups de pied et coups de bâton. Elle est représentée lors des foires annuelles de Paris (celle de Saint-Germain et celle de Saint-Laurent). Le genre connaît un succès considérable en raison de la gaieté des situations et passe dans les salons pour divertir les aristocrates.
☐ Beaumarchais fait ses débuts d'auteur dramatique en composant quelques parades : *Jean-Bête à la foire* et *Les Bottes de sept lieues*. On en retrouve la trace dans ses deux autres pièces majeures : goût pour les coups de théâtre, pour l'accumulation en chaîne des péripéties et pour le déguisement.

Le sens de l'intrigue

☐ Si la satire a autant de poids, c'est avant tout grâce au sens profond du comique de Beaumarchais et à sa maîtrise de l'intrigue : il sait susciter le rire et la connivence du spectateur, ménager des rebondissements imprévisibles, en évitant un dénouement précoce ; ces procédés donnent à ses pièces leur rythme inimitable.
☐ En outre, il enlève aux personnages leur rôle de convention. Ainsi Bartholo n'est pas seulement le barbon manœuvré, mais aussi un homme plein de sagacité. Rosine n'est pas seulement l'ingénue, gronde aussi en elle une révolte intérieure. Figaro sort du rôle de valet de comédie et devient l'interprète direct de l'auteur. Ce personnage n'est pas sans rappeler celui d'Agnès dans *L'École des femmes* de Molière.

Qui est Figaro ?

☐ Avec le personnage de Figaro, successeur d'Arlequin, Scapin et Sganarelle, Beaumarchais a créé un véritable type. Figaro n'est jamais figé dans le rôle de serviteur de son maître. C'est un valet frondeur, entreprenant, à la fois cynique et sentimental, épris de justice et de liberté, révolté contre tout pouvoir. Il incarne parfaitement le caractère français, représente le peuple éclairé qui saisit toute occasion de critiquer le gouvernement, réclame une plus grande justice sociale et veut participer au destin de la nation.
☐ Du reste, dans la Préface de *Figaro*, Beaumarchais revendique le droit à la critique des mœurs, sans considérer la « décence théâtrale ». Il fait entrer la comédie dans le combat philosophique, le théâtre devient une tribune.
☐ Wolfgang Amadeus Mozart (1756-1791) transpose *Le Mariage de Figaro* dans le domaine lyrique, et ce d'autant plus facilement que la pièce comporte déjà nombre d'éléments musicaux. C'est le poète italien Lorenzo Da Ponte (prêtre défroqué libertin) qui en rédige le livret volontairement exempt de tout aspect subversif pour satisfaire Joseph II à Vienne.

BEAUMARCHAIS : UN ESPRIT ALLÈGRE

Pierre Augustin Caron de Beaumarchais
Né en 1732 à Paris
Mort en 1799 à Paris

Carrière : horloger (métier de son père), professeur de harpe et de flûte, homme d'affaires, armateur, chargé de missions secrètes du roi.

Procès : accusé à tort par le conseiller Goëzmann d'avoir falsifié le testament du banquier Pâris-Duverney dont il était l'associé, il attend deux ans sa réhabilitation par la Chambre royale.

Signes particuliers : fonde la Société des auteurs dramatiques ; édite les œuvres complètes de Voltaire ; participe à l'aménagement de la distribution des eaux à Paris.

■ Des satires d'une actualité aiguë

Le Barbier de Séville remporte un succès considérable dans l'opinion publique qui y trouve l'expression de son insolence à l'égard des puissants. De fait, en dehors des plaisanteries traditionnelles et anodines à l'égard des médecins, des gens de lettres et des juges, certains mots vont plus loin dans la bouche de Figaro : « Aux vertus qu'on exige dans un domestique, Votre Excellence connaît-elle beaucoup de maîtres qui fussent dignes d'êtres valets ? »

Dans *Le Mariage de Figaro*, la satire se fait encore plus virulente avec des attaques contre la censure et les mœurs politiques. Par ailleurs, le dénouement, qui voit la victoire du valet Figaro aux dépens de son maître, préfigure la victoire du tiers état.

La Mère coupable (1792) est la suite pathétique du *Mariage de Figaro*.

Le Mariage de Figaro, acte V, scène 9.

■ Le *Barbier de Séville* (1775)

Le comte Almaviva, jeune seigneur espagnol, a quitté la cour de Madrid pour suivre à Séville une inconnue aperçue au musée, la jeune Rosine, que son tuteur Bartholo séquestre chez lui. Toute l'action découle des stratagèmes dont use Almaviva pour prendre d'assaut le cœur de Rosine et la maison de Bartholo. Figaro, ancien valet d'Almaviva, sert d'intermédiaire.

Des contretemps font rebondir l'intrigue : l'empressement de Bartholo, sa découverte des subterfuges, son emprise sur l'esprit de Rosine... qui déclenchent le rire. Le dessein de Beaumarchais est de restaurer au théâtre « l'ancienne et franche gaieté ».

■ Le *Mariage de Figaro* (1784)

L'action reprend après plusieurs années de mariage de Rosine et d'Almaviva. Figaro est concierge de leur château. Il s'apprête à épouser Suzanne, jeune cameriste de la comtesse, que courtise Almaviva. L'intrigue se complique, car les histoires du valet et du maître vont se mêler. Le comique use de tous les ressorts possibles. La musique et le chant sont à l'honneur.

MOYEN ÂGE

XVIe SIÈCLE

XVIIe SIÈCLE

XVIIIe SIÈCLE

XIXe SIÈCLE

XXe SIÈCLE

Les voies nouvelles du roman

Au début du XVIIIe siècle, le roman, décrété frivole, invraisemblable et immoral, est considéré comme un genre mineur. Avec l'évolution de la société et de la pensée, il va progressivement se libérer et s'orienter vers des voies nouvelles ; il devient le genre de la vérité et de l'expérience.

Le réalisme du roman d'apprentissage

☐ Alain René Lesage inaugure le roman de mœurs avec l'*Histoire de Gil Blas de Santillane* (1715-1735), roman picaresque « à tiroirs », où alternent les épisodes de misère et les moments heureux. L'auteur y brosse un tableau riche et varié des mœurs de son temps : Gil Blas est un jeune espagnol qui s'introduit peu à peu dans la société en même temps que celle-ci évolue.

☐ Marivaux a le même sens du réalisme, qu'il manifeste dans deux romans d'apprentissage, *Le Paysan parvenu* (1734-1735) et *La Vie de Marianne* (1731-1741). Dans ces deux œuvres, il montre comment évolue la conscience des protagonistes à une époque de libération et d'ascension sociales.

Le scandale de *Manon Lescaut*

L'abbé Prévost (1697-1763) fait évoluer le roman vers la peinture de la passion. *Manon Lescaut* (1731) est l'histoire de l'amour impossible du chevalier Des Grieux, prêt à entrer en religion, pour Manon Lescaut. La fatalité s'acharne tellement sur eux que le lecteur est amené à dénoncer l'ordre social et à revendiquer le droit au bonheur naturel de la passion. Le roman de Prévost montre un bonheur incompatible avec la nature sensible et incontrôlée de l'homme. Le roman fit scandale et fut condamné au feu après sa parution parisienne pour cause de violence contre les différents pouvoirs et de négation de la conscience morale.

Des romanciers de l'amour extrême

☐ Crébillon (1707-1777) place aussi le désir amoureux au centre de son œuvre, et décrit les jeux du libertinage (*L'Écumoire*, 1734).

☐ Les romanciers de la seconde moitié du siècle, influencés par *La Nouvelle Héloïse* de Rousseau et *Les Liaisons dangereuses* de Laclos, poussent la littérature amoureuse dans des voies extrêmes : Bernardin de Saint-Pierre exalte le mythe du bonheur dans la nature éternisé par la mort, Sade fait triompher le vice et la cruauté.

Roman philosophique et roman fantastique

☐ Encouragé par Voltaire, Jean-François Marmontel écrit deux romans à thèse, *Bélisaire* (1767) et *Les Incas* (1777). Le deuxième est une œuvre de combat qui évoque de façon symbolique les deux cibles principales de la philosophie militante : l'oppression et le fanatisme.

☐ Jacques Cazotte (1719-1792) écrit le premier récit fantastique français avec *Le Diable amoureux* (1772) qui recourt systématiquement au surnaturel. Le Diable apparaît à un jeune officier espagnol, Don Alvare, sous les formes les plus insolites, des plus repoussantes aux plus séduisantes.

BERNARDIN DE SAINT-PIERRE ET SADE : DEUX REGARDS SUR L'AMOUR

Jacques-Henri Bernardin de Saint-Pierre
Né en 1737 au Havre
Mort en 1814 à
Éragny-sur-Oise

Donatien Alphonse François, marquis de Sade
Né en 1740 à Paris
Mort en 1814 à Paris

Métier : ingénieur.
Amitié : Jean-Jacques Rousseau (dont il partage les promenades jusqu'en mai 1778).
Voyages : Martinique, Malte, Russie, Pologne, île de France (aujourd'hui île Maurice).

Vie publique et privée : débauches, scandales.
Signes particuliers : allié à la Maison des Bourbons ; plusieurs emprisonnements, le plus long de 1778 à 1790 ; il meurt à la prison de Charenton en 1814.

■ *Paul et Virginie* (1778), un roman exotique

Paul et Virginie, tous deux orphelins de père, sont élevés dans l'innocence au cœur des paysages tropicaux de l'île Maurice. Un amour naturel, fait de tendresse et d'émotion, naît entre eux. *Paul et Virginie* suit le schéma de la pastorale, qui oppose les vertus naturelles à la corruption sociale, mais échappe à la mièvrerie grâce au jeu des symboles et des sensations. Bernardin de Saint-Pierre transcrit l'harmonie des êtres dans une nature faite pour eux, et traduit le pessimisme de l'existence par le dénouement qui rend impossible l'idée de bonheur terrestre.

Paul et Virginie, peinture du XIXe siècle.

■ La jouissance triomphante

Sade vit de la littérature en publiant des œuvres que lui a inspirées son expérience carcérale. Il veut « offrir partout le vice triomphant et la vertu victime de ses sacrifices ». Après *Les Infortunes de la vertu* (1787), il écrit *La Philosophie dans le boudoir* (1795) où il prétend radicaliser la Révolution française en invitant aux déviations sexuelles.

Sade se révèle un écrivain lucide. Après avoir pris conscience que la nature est vouée au mal, l'être humain doit aller jusqu'au bout de cette constatation ; le plaisir remplace le bonheur qui n'existe pas comme tel et la vertu doit céder la place à l'égoïsme. Sade donne au désir sans limite toute son expression et s'exprime à travers ses obsessions et ses fantasmes.

Postérité de l'œuvre de Sade

« Les décadents » découvrent l'œuvre de Sade à la fin du XIXe siècle : ils en font la référence de l'affranchissement total. De même le terme « sadisme » n'apparaît qu'à ce moment-là. Au XXe siècle, Sade sort du cadre de la littérature pour être une référence dans les domaines psychiatriques et psychanalytiques.

MOYEN ÂGE

XVIᵉ SIÈCLE

XVIIᵉ SIÈCLE

XVIIIᵉ SIÈCLE

XIXᵉ SIÈCLE

XXᵉ SIÈCLE

Variété poétique

Le climat rationnel du XVIIIᵉ semble peu favorable à la poésie quoiqu'il accorde la primauté à la sensation et à l'expérience. Pourtant les poètes foisonnent dans les genres les plus divers. Même si la poésie reste prisonnière des conventions, la fin du siècle révèle un grand poète authentique : André Chénier.

Des genres frivoles stéréotypés

☐ Bien que décriées, les pastorales du XVIIᵉ siècle subsistent, répondant au goût du public pour un bonheur naturel : elles mettent en scène des bergers et des bergères dans un contexte galant.

☐ La poésie de divertissement connaît un grand succès avec des poèmes à forme brève qui manifestent une virtuosité verbale : jeux poétiques, impromptus, épigrammes et chansons ; leurs maîtres en sont Voltaire, Marmontel et Florian (auteur de la chanson *Plaisir d'amour*). L'inspiration de ces types de poésies regorge de clichés dans la représentation d'un monde idéal fait pour le seul plaisir.

Le goût des grands genres

☐ La faveur du public va aux odes et aux épopées qui chantent la grandeur nationale, telle *La Henriade* de Voltaire (1728), écrite en l'honneur de Henri IV. Cette œuvre pullule de scènes de combat et de figures allégoriques qui brisent l'élan poétique.

☐ Voltaire a aussi recours à l'ode pour exprimer des méditations intérieures sur les catastrophes naturelles (*Poème sur le désastre de Lisbonne*) et sur les grands thèmes philosophiques qui le préoccupent.

☐ Jean-Baptiste Rousseau (1671-1741) adresse ses odes aux rois européens pour leur montrer un gouvernement idéal fait de paix et de liberté.

L'élégie exotique

L'élégie, forme de prédilection d'André Chénier, chante les sentiments amoureux, la mélancolie et le regret. Évariste de Parny (1753-1814), Antoine de Bertin (1752-1790), nés tous les deux à l'île Bourbon (devenue la Réunion en 1793), et Nicolas-Germain Léonard (1744-1793), né à la Guadeloupe, gardent une nostalgie de leurs origines tropicales : ils chantent dans leurs élégies ces lieux utopiques de bonheur voluptueux qu'ils ont perdus. Ils satisfont le goût de l'époque pour l'exotisme. Leurs thèmes essentiels, la nature, la vertu, la passion et l'au-delà, inspirent les romantiques.

La poésie des ruines et des jardins

☐ La poésie descriptive, illustrée par l'abbé Jacques Delille (1738-1813) et Jean-François de Saint-Lambert (1716-1803) tire ses sujets du spectacle des ruines et des jardins qui éveillent l'émotion et la méditation dans un climat le plus souvent automnal. La dérision du temps, la revanche de la nature, la peur de la mort se lisent dans les paysages chaotiques de ruines. À l'inverse, le spectacle des jardins, harmonieux et équilibré, répond au désir d'ordre et de civilisation.

☐ Par ces deux sujets, les poètes cherchent à réconcilier le respect du passé et les progrès de l'homme sur la nature.

CHÉNIER :
LA POÉSIE DE L'ÂGE D'OR

André Chénier
Né en 1762 à Constantinople
Mort en 1794 à Paris

Études : au collège de Navarre à Paris.
Passion : la Grèce antique.
Vie publique : secrétaire d'ambassade
à Londres, journaliste au *Journal de Paris*
et au *Moniteur*.
Amour : Aimée de Coigny dont il
s'éprend en prison juste avant sa mort.
Signes particuliers : guillotiné pour avoir
contesté la compétence de l'Assemblée
au procès de Louis XVI ; il n'a pas publié
ses œuvres de son vivant, mais les
a regroupées par genre avant sa mort.

mots « heureux, faciles et transparents ».
Chénier conserve les genres codifiés par
les Anciens, comme en témoignent les
titres de ses œuvres : *Bucoliques, Élégies,
Odes, Iambes*. Sa nouveauté réside dans
les sujets de ses poèmes ; il choisit de
montrer au siècle la voie de sa grandeur
par l'apologie de la vertu et de la liberté.
Il commence même l'épopée de la
science et de la raison avec *Hermès* (dont
il n'écrit que quelques fragments) qui
montre sa foi en l'homme.

H. Robert,
Ruines d'un temple,
Musée de Picardie, Amiens.

■ Un précurseur de génie

Chénier recherche d'abord l'émotion et
l'éveil de la sensibilité (le « cœur seul est
poète ») exprimés dans une langue musicale. La beauté est une utopie qui
échappe au poète et que seule la mort
peut atteindre.
Pour cela, la publication des œuvres de
Chénier en 1819 sera une véritable révélation pour les écrivains romantiques : il
sert de modèle à Alfred de Vigny dans
Stello (1832) pour illustrer la persécution
du génie. Lamartine le cite comme
exemple contre la peine de mort (1830).

■ « Sur des pensers nouveaux, faisons des vers antiques »

Fervent admirateur des poètes grecs et
latins, André Chénier les prend pour
modèles. Il condamne la société moderne
où les mots ont perdu leur pureté, leur
simplicité et leur vérité. Sa poésie est un
éloge de l'âge d'or et du bonheur naturel,
à la façon de Rousseau. Il s'agit de faire
entendre la beauté mélodieuse des vers,
comme pour un chant, de retrouver les

Recueils poétiques au XVIIIe siècle
1728 : Voltaire : *La Henriade*.
1736 : Voltaire : *Le Mondain*.
1738 : Voltaire : *Discours sur l'homme*.
1766 : Léonard : *Idylles morales*.
1769 : Saint-Lambert : *Les Saisons*.
1778 : Parny : *Poésies érotiques*.
1780 : Bertin : *Les Amours*.
1782 : Delille : *Les Jardins*.
1785-1787 : Chénier : *Bucoliques*.
1785-1789 : Chénier : *Élégies*.
1794 : Chénier : *Iambes*.

MOYEN ÂGE

XVIᵉ SIÈCLE

XVIIᵉ SIÈCLE

XVIIIᵉ SIÈCLE

XIXᵉ SIÈCLE

XXᵉ SIÈCLE

Les premiers romantiques

Né en Angleterre et en Allemagne, le romantisme éclôt en France vers 1800, au retour d'exil des émigrés. Il rejette la raison universelle des Lumières au profit de la sensibilité personnelle. Le tempérament romantique fait de passion, de soif d'absolu et de conscience du malheur se retrouve tout au long du XIXᵉ siècle.

Le « mal du siècle »

□ Les premiers romantiques condamnent la société qu'ils accusent de mensonge et de corruption. Contrairement aux philosophes du siècle des Lumières, et à l'exception de Chateaubriand, ils préfèrent rester en retrait de la vie politique.

□ Appartenant souvent à l'aristocratie, parfois ruinés et bannis, ils se sentent exclus de la société. Ce sentiment de rejet et d'inadéquation au monde nourrit en eux la nostalgie du passé et une aspiration vers l'absolu, qui se traduisent par le désespoir et l'attrait de la mort.

Une inspiration nostalgique

□ À la suite de Rousseau et des Allemands Novalis (1772-1800) et Goethe (1749-1832), les premiers romantiques considèrent que la nature reflète les tourments de l'âme. Ils sont tout particulièrement attirés par les paysages accidentés et grandioses, à l'image de leur vie intérieure (la haute montagne, la mer déchaînée).

□ Le Moyen Âge et la chevalerie, méprisés par les classiques et redécouverts par les poètes anglais (Blake (1757-1827), Shelley (1792-1822), Byron (1788-1824), alimentent la nostalgie d'un passé héroïque. De même, les premiers âges du christianisme sont prétexte à l'évocation de la grandeur d'un temps révolu.

La complexité du « moi »

□ Exaltant le sentiment de leur différence par rapport aux autres hommes, les romantiques portent sur le monde un regard qui passe par le prisme de leur sensibilité personnelle.

□ Contrairement aux Lumières qui croyaient au pouvoir de la raison, donc du discours, ils ne cachent pas leur défiance à l'égard des mots qu'ils ne jugent qu'en fonction de leur capacité à exprimer la puissance des passions.

□ S'opposant aussi au classicisme, ils rejettent toute idée de norme créatrice, perçue comme artificielle et impropre à rendre compte de la complexité et de la singularité de l'âme.

Les romanciers du « moi »

Mme de Staël (1766-1817) dans *De la littérature* et dans *De l'Allemagne* (1810), Chateaubriand dans *Le Génie du christianisme* donnent les éléments théoriques d'une littérature romantique, fondée sur l'affirmation de l'originalité de l'individu. Avec Benjamin Constant (1767-1830) et Étienne de Senancour (1770-1846), ils mettent ces idées en pratique dans des récits romanesques écrits à la première personne où apparaissent, derrière l'analyse des tourments du héros, leurs expériences personnelles.

**François René
de Chateaubriand**
Né en 1768 à Saint-Malo
Mort en 1848 à Paris

Vie politique : exil en Angleterre
(1792-1800) ; diplomate sous l'Empire ;
ministre d'État pendant la Restauration ;
ambassadeur à Berlin, Londres et Rome ;
ministre des Affaires étrangères
(1822-1824).
Amours : marié, il a plusieurs maîtresses
dont Mme Récamier.
Voyages : Amérique en 1791 ; Orient
entre 1806-1807.

■ *Atala* (1801) et *René* (1802)

Dans *Atala*, un vieil Indien aveugle,
Chactas, raconte sa jeunesse à René, un
Français qui souhaite vivre parmi les
Indiens.
Le grand succès de ce court roman est
dû essentiellement à son inspiration exotique et à la mort d'Atala, jeune chrétienne : elle témoigne de la grandeur du
christianisme et remet au goût du jour
l'amour passion promis au sacrifice et à la
mort.
René, dans le deuxième roman, raconte
sa vie à Chactas ; il explique les origines
de sa mélancolie et la fatalité qui pèse sur
lui. Ce court roman a pour ressort le
lyrisme ; la description du « mal du siècle »
est l'unique justification de l'écriture.
René sert de modèle à tous les esprits
romantiques.

■ *Le Génie du christianisme* (1802)

Écrit après la période révolutionnaire, cet
ouvrage correspond pour Chateaubriand
à une période de doute et d'interrogation ; il manifeste la volonté de réintégra-
tion sociale de l'écrivain autant que son
désir sincère de réhabiliter le christianisme. L'apologie de la religion est faite
par l'évocation des beautés et des bien-
faits du christianisme.

■ *Les Mémoires d'outre-tombe*

Écrits à partir de 1822, ils furent publiés
entre 1848 et 1850, après la mort de
l'auteur, conformément à ses désirs.
Chateaubriand mène de front un récit
autobiographique et une chronique de
mémorialiste. Il éclaire sa vie par la description et l'analyse de l'époque et de la
société qu'il a connues. Il fait de lui-
même un portrait flatteur, avec une complaisance parfois irritante.
L'auteur défie le temps et la mort, non
seulement par sa clairvoyance mais aussi
par la diversité, la musique et la poésie
de son écriture.

Le château de Combourg

Les premiers écrits romantiques en France

Chateaubriand : *Atala* (1801), *René* (1802),
Le Génie du christianisme (1802), *Les Mé-
moires d'outre-tombe.*
Mme de Staël : *Delphine* (1802), *Corinne ou
l'Italie* (1807).
Étienne de Senancour : *Oberman* (1804).
Benjamin Constant : *Adolphe* (écrit en
1806, publié en 1816).

MOYEN ÂGE

XVIe SIÈCLE

XVIIe SIÈCLE

XVIIIe SIÈCLE

XIXe SIÈCLE

XXe SIÈCLE

La poésie romantique

À partir de 1820, avec les *Méditations* de Lamartine, a lieu la première « explosion » poétique du XIXe siècle : Lamartine, Musset et Vigny inventent une poésie spontanée qui a pour seul sujet le moi souffrant. À leur suite, Hugo adopte la même conception poétique ; il l'intériorise et la renouvelle jusqu'en 1883.

▩▩▩ À l'écoute du moi souffrant

☐ Le moi, dans sa vie sentimentale, est la seule source d'inspiration authentique. Le poète, s'affranchissant du modèle antique, acquiert ainsi indépendance et originalité : « Je n'imitais plus personne, je m'exprimais moi-même pour moi-même. » (Lamartine)

☐ Le poète cherche à combler ses aspirations profondes et à atteindre la plénitude sentimentale ; mais, toujours insatisfait, il est sujet au « mal de vivre » dans une société qu'il juge ingrate et médiocre et qui ne le comprend pas.

☐ Le « mal de vivre » vient aussi des souffrances provoquées par les limites de la condition humaine ; la mort de sa fille Léopoldine inspire à Victor Hugo *Les Contemplations*, où s'exprime sa douleur, en communion avec celle de l'univers.

▩▩▩ Des réponses au mal de vivre ?

☐ Le poète se tourne vers la nature. Il y trouve un lieu de liberté où il peut donner libre cours à ses sentiments. Chez Lamartine, la nature agit sur les états d'âme, spécialement lorsqu'elle offre une forme de refuge (vallon, lac, bois, prairie, grotte), source de sérénité ou de douce nostalgie.

☐ Dieu peut-il combler le vide intérieur ? Oui, pense Lamartine, mais il délaisse la religion catholique traditionnelle sous l'influence du déisme, venu du siècle des Lumières et du christianisme social. Vigny pense l'homme abandonné de Dieu ; il l'invite à se résigner et à placer tout son espoir dans la grandeur et les vertus de l'intelligence ; les « idées » sont le seul Dieu qu'il reconnaisse. Musset, convaincu de l'irrémédiable solitude humaine, cherche un moyen d'apaiser sa souffrance par la seule vertu des mots.

▩▩▩ Le poète et le monde

☐ L'attention au moi ne réduit pas la portée de la poésie à un seul individu. Le poète renoue en fait avec la tradition lyrique, en chantant le malheur de la condition humaine victime de l'amour, de la mort, de la société… Mais contrairement au lyrisme des autres siècles, le malheur, chez les romantiques, touche l'homme avant de toucher son art. Parce qu'il sent que son malheur personnel a des dimensions universelles, il écrit des poèmes, des drames, des romans.

☐ Le poète s'intéresse à la politique, réclamant des transformations grandioses avant 1830, des transformations sociales et concrètes après la révolution de 1830 qui marque la fin du rêve d'une Restauration lumineuse. Le rôle de la poésie est double : elle éclaire l'humanité en lui redonnant espoir ou en lui indiquant la route à suivre (Lamartine, Vigny, Hugo) ; après 1830, elle prend une allure militante en dénonçant la misère du peuple.

LAMARTINE ET MUSSET : DEUX MAÎTRES DE LA POÉSIE ROMANTIQUE

Alphonse de Lamartine
Né en 1790 à Mâcon
Mort en 1869 à Paris

Amours : une jeune Napolitaine (Graziella dans son œuvre) et Julie Charles, jeune femme « poitrinaire », qui meurt en 1817 (Elvire dans son œuvre).
Vie politique : attaché d'ambassade à Naples ; secrétaire d'ambassade à Florence (1825) ; député de 1833 à 1851 ; en décembre 1848, il subit un échec cuisant aux élections présidentielles contre le prince Napoléon.

Alfred de Musset
Né en 1810 à Paris
Mort en 1857 à Paris

Amours : de multiples liaisons dont George Sand de 1833 à 1835.
Vie littéraire : après un accueil enthousiaste des romantiques en 1828, il s'écarte du mouvement en 1831, se moquant de ses excès et refusant le rôle social du poète.
Œuvre : poétique, narrative et théâtrale. Il arrête d'écrire en 1838, connaît le succès en 1847.

■ Les Méditations poétiques (1820)

Le recueil est salué comme un événement littéraire ; son succès est immédiat : en mars paraît un premier tirage de 500 exemplaires sans nom d'auteur ; une deuxième édition, signée, sort dès avril. Les vingt-quatre pièces du recueil se présentent comme une rêverie dont les trois figures dominantes sont le moi, la mort et Dieu. Le génie de Lamartine apparaît surtout dans la musique de sa poésie : la valeur des mots vient souvent des sonorités plus que du sens ; le rythme donne au texte toute sa grâce : il coule sans heurts, reposant sur des parallélismes et des balancements ; juxtapositions et glissements donnent aux vers une étonnante fluidité.

■ Les Nuits (1835-1837)

Le recueil de quatre longs poèmes (*La Nuit de mai*, *La Nuit de décembre*, *La Nuit d'août, La Nuit d'octobre*) se présente sous la forme de dialogues du poète avec la Muse ou avec la Solitude. Musset, marqué par sa séparation d'avec George Sand, essaye d'exorciser sa douleur et s'interroge sur les rapports entre la souffrance et la création poétique.

Autres recueils poétiques romantiques
Lamartine : *Harmonies poétiques et religieuses* (1830).
Hugo : *Odes et Ballades* (1822 à 1828), *Les Orientales* (1829), *Les Rayons et les Ombres* (1840), *Les Châtiments* (1853), *Les Contemplations* (1856), *La Légende des siècles* (1859-1877-1883).
Vigny : *Poèmes antiques et modernes* (1826), *Les Destinées* (1844).

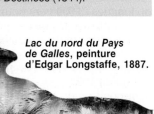

Lac du nord du Pays de Galles, peinture d'Edgar Longstaffe, 1887.

MOYEN ÂGE

XVIᵉ SIÈCLE

XVIIᵉ SIÈCLE

XVIIIᵉ SIÈCLE

XIXᵉ SIÈCLE

XXᵉ SIÈCLE

Le drame romantique

Le théâtre classique, avec son cortège de règles, est, pour les romantiques, le bastion de la tradition à abattre. La conception théorique du drame romantique précède son écriture : elle prône le refus des règles et le mélange des genres. Le succès du drame romantique est retentissant mais de courte durée (1830-1843).

Le mélange des genres

En 1823, Stendhal (1783-1842) remet Shakespeare à l'honneur dans un ouvrage de réflexion sur le théâtre : *Racine et Shakespeare*. À la lecture de ce texte, Hugo découvre la complexité de la nature humaine, capable à la fois de sublime et de grotesque. Dans la préface de *Cromwell*, il demande donc le mélange des genres tragique et comique.

Totalité, diversité et transfiguration

☐ Pour Hugo, le drame est la peinture totale de la réalité des êtres et de l'histoire ; ses personnages peuvent être sublimes ou grotesques. Ceux de Musset sont déchirés par une double personnalité, idéalistes sans cause, débauchés rêvant de pureté ; ils mêlent sans cesse pathétique et humour.

☐ Hugo récuse la bienséance qui interdit de montrer sur scène les actions violentes : il refuse les limites artificielles des unités de temps et de lieu. La multiplicité des actions est indispensable pour représenter la vie dans sa diversité. Musset, tout en s'accordant de la souplesse par rapport à la règle des trois unités, choisit des actions plus simples et moins spectaculaires.

☐ Le dramaturge doit choisir dans la nature et dans l'histoire les éléments qui permettent d'élever une réalité grandiose à la dimension du mythe. Musset, qui ne croit ni aux actions ni aux idées, s'attache plutôt à l'analyse psychologique.

Une première animée

Le 25 février 1830, la première représentation d'*Hernani* donne lieu à une véritable bataille : partisans du théâtre classique contre ceux du drame romantique. La querelle s'engage dès l'enjambement irrégulier des deux premiers vers. Par la suite, tous les vers sont à la fois sifflés et acclamés. Le combat se poursuit après le spectacle (déformations, pastiches) ; *Hernani* en sort vainqueur.

Les raisons d'un échec

☐ Le drame, né d'une abondante théorie, ne parvient pas à se dégager du roman : trop longues (3 000 vers pour *Cromwell*, deux fois plus qu'une tragédie classique) et trop complexes, les pièces posent des problèmes de mise en scène auxquels on ne trouve pas de solution satisfaisante : c'est la raison de l'échec des *Burgraves* de Victor Hugo. Et c'est pourquoi Musset, déçu, préfère écrire pour la lecture et non pour la scène ; le plus grand drame romantique, *Lorenzaccio*, n'est représenté intégralement qu'en 1952.

☐ L'opposition du théâtre classique reprend vite de la force : on attribue à la seule qualité des acteurs le succès des drames romantiques ; on leur reproche la complication des intrigues et la pauvreté psychologique des personnages.

Victor Hugo

Né en 1802 à Besançon
Mort en 1885 à Paris
(enterré au Panthéon)

Amours : Adèle Foucher (qu'il épouse en 1822 ; ils ont quatre enfants : l'aînée, Léopoldine, meurt noyée avec son mari) et Juliette Drouet, actrice.

Vie politique : pair de France en 1845 ; 1848 : député (pour puis contre Louis-Napoléon Bonaparte) ; 1876 : sénateur inamovible.

Exil : Bruxelles, Jersey, Guernesey (de 1851 à 1870).

Honneurs : (liés à sa célébrité politique plus encore que littéraire) la Légion d'honneur à 23 ans ; une rue à son nom ; un défilé de 600 000 Parisiens pour son entrée dans sa 80ᵉ année ; des funérailles nationales avec 2 millions de personnes.

Œuvre : poésie, romans, théâtre (au total, 153 897 vers).

■ *Hernani* (1830), premier exemple de drame romantique

Hernani marque le triomphe de l'école romantique et de l'art nouveau. Le drame ne respecte pas l'unité de lieu (la scène est parfois à Saragosse, parfois dans les montagnes d'Aragon, parfois à Aix-la-Chapelle) ni l'unité de temps (l'intrigue s'étale sur plusieurs mois). En outre, l'action est complexe : une intrigue sentimentale doublée d'une intrigue politique. Le romantisme vient surtout du souffle lyrique dont la pièce est traversée avec une suprême maîtrise des vers.

■ *Ruy Blas* (1838), intrigue sentimentale, tragique et comique

Hugo résume ainsi le sujet de sa pièce : « C'est un homme qui aime une femme. » Cela dit, l'homme est un laquais, la femme, une reine. L'amour s'impose entre eux en dépit de toutes les distances sociales mais au prix d'une issue tragique. Se mêlent aussi des éléments comiques avec la peinture grotesque de Don César, gueux magnifique, et des moments de fantaisie étourdissante qui font oublier le danger couru en permanence par la reine.

Ce drame est une démonstration magistrale du mélange des genres de la théorie romantique.

Les principaux drames romantiques

Alexandre Dumas : *Henri III et sa cour* (1829) ; *Anthony* (1831) ; *Kean* (1836) ; *La Tour de Nesle* (1832).

Alfred de Vigny : *Chatterton* (1835).

Victor Hugo : *Hernani* (1830) ; *Ruy Blas* (1838) ; *Marie Tudor* (1833).

Alfred de Musset : *On ne badine pas avec l'amour* (1834) ; *Lorenzaccio* (1834).

La bataille d'*Hernani*, d'après une caricature du temps.

MOYEN ÂGE

XVIᵉ SIÈCLE

XVIIᵉ SIÈCLE

XVIIIᵉ SIÈCLE

XIXᵉ SIÈCLE

XXᵉ SIÈCLE

Le romantisme et le roman

Apparu vers 1825, le roman sentimental s'inscrit dans le prolongement des romans autobiographiques des premiers romantiques. Issu du sentiment d'une accélération de l'histoire (succession des régimes politiques), le roman historique correspond à la renaissance du sentiment national.

▬▬ Des nouveautés dans la tradition sentimentale

☐ Le roman sentimental, venu des premiers romantiques, fait apparaître de nouvelles tendances. La vie psychologique devient plus complexe : Eugène Fromentin (1820-1876) avec *Dominique* (1863) cherche dans la mémoire un moyen d'apaiser la douleur. Le regard porté sur les aventures sentimentales se modifie : Sainte-Beuve (1804-1869) adopte une distance critique.

☐ Le roman dépasse le simple témoignage autobiographique et s'ouvre sur le monde. Musset, dans *La Confession d'un enfant du siècle* (1836), situe l'aventure sentimentale dans une perspective historique et présente une analyse très subtile du « mal du siècle ». Chez George Sand (1804-1876), le lyrisme romantique est mis au service du plaidoyer en faveur de la libération affective de la femme.

▬▬ Fiction et vérité dans le roman historique

☐ Dans la préface de *Cinq-Mars* (1826), Alfred de Vigny (1797-1863) juge la vérité historique moins importante que la vérité morale et, tout en s'attachant à des personnages du premier rang, il se permet de changer certains faits. D'autres romanciers historiques, pour garder une certaine liberté d'imagination et respecter la vérité historique, s'attachent à des personnages secondaires (Hugo dans *Notre-Dame de Paris*, 1831).

☐ Pour certains, l'histoire enrichit le roman d'une réflexion sur les évolutions de la société : Vigny cherche les « erreurs » qui ont conduit à la Révolution ; Hugo présente les grandes étapes qui ont permis à l'humanité de progresser. Pour d'autres, comme Théophile Gautier (1811-1872) et Prosper Mérimée (1803-1870), le roman historique frappe l'imagination en ressuscitant une époque disparue ; de là l'importance d'une reconstitution méticuleuse : pour raconter la vie des comédiens au XVIIᵉ siècle (*Le Capitaine Fracasse*, 1836), Gautier retrouve leur manière de parler.

▬▬ Roman sur le peuple et roman populaire

☐ Après la révolution de 1830, qui marque l'échec de leur idéalisme, les romantiques s'engagent dans la politique et mettent leurs œuvres au service de réformes concrètes. Animés de leur militantisme social, ils décrivent la misère du peuple, : le peuple est bon et généreux ; ses vices ne sont que le fruit de sa misère.

☐ Parallèlement se développe un genre populaire : le roman-feuilleton. Son succès est considérable, même si la qualité littéraire est inégale ; quelques auteurs se distinguent : Eugène Sue (1804-1857) peint la vie du peuple parisien, Paul Féval (1817-1887) et Alexandre Dumas (1802-1870) exploitent la veine historique ; le récit, très vivant, intègre de nombreux dialogues et recherche des effets de mise en scène, notamment chez Dumas.

LES ROMANCIERS DE L'HISTOIRE

■ Vigny (1797-1863) : le regard de l'aristocrate

Alfred de Vigny, nostalgique de la gran-deur morale aristocratique, écrit dans ses trois romans « l'épopée de la désillusion ». Il évoque dans *Cinq-Mars* (1826) la vieillesse humiliée par la monarchie absolue. Il illustre la solitude morale du génie dans *Stello* (1832) et dit la détresse du soldat, troisième paria de la société moderne, dans *Servitude et Grandeur militaires* (1835).

■ Dumas (1802-1870) : le sens du pathétique

Alexandre Dumas choisit une histoire romancée et vivante. Le lecteur se trouve ainsi pris dans un tourbillon d'aventures. Les héros sont volontaires, courageux et sympathiques.

Soucieux de couleur et de pittoresque, il écrit dans un style plein de théâtralité : le destin de ses héros rejoint régulièrement l'Histoire, ce qui donne à ses scènes une importance cruciale et une dimension pathétique.

■ Mérimée (1803-1870) : le souci du pittoresque

Mérimée recherche dans l'histoire les anecdotes, « ces petits faits vrais » qui passionnent le lecteur et révèlent en pro-fondeur la mentalité d'une époque. Il appelle ses romans, « chroniques ».

Pour dénicher ses sujets, Mérimée, qui est inspecteur des monuments histo-riques, voyage, enquête, se livre à des prospections méthodiques pour donner à ses romans un air d'objectivité.

■ Hugo (1802-1885) : le souffle épique

Par l'atmosphère quasi mythologique de ses romans, Victor Hugo est le plus proche du modèle anglais du romancier historique, Walter Scott (1771-1832). Dans *Notre-Dame de Paris*, il fait revivre une fresque historique sur fond d'in-trigues et de décors médiévaux souvent inquiétants. Tout le peuple des pauvres et des parias (truands, monstres, bohé-miens) se retrouve dans une évocation spectaculaire et mythique de Paris, qui a donné lieu à nombre d'adaptations, d'interprétations et de transpositions.

Les principaux romans romantiques

Dumas : *Les Trois Mousquetaires* (1844) ; *Le Comte de Monte-Cristo* (1845).
Féval : *Le Bossu* (1857).
Flaubert : *Madame Bovary* (1857) ; *Salammbô* (1862).
Gautier : *Mademoiselle de Maupin* (1835) ; *Le Capitaine Fracasse* (1863).
Hugo : *Notre-Dame de Paris* (1831) ; *Les Misérables* (1862), *Quatre-Vingt Treize* (1874).
Mérimée : *Colomba* (1840) ; *Carmen* (1845).
Musset : *La Confession d'un enfant du siècle* (1836).
Sand : *Lélia* (1833) ; *La Mare au diable* (1846).
Vigny : *Cinq-Mars* (1826) ; *Stello* (1832).

MOYEN ÂGE

XVIe SIÈCLE

XVIIe SIÈCLE

XVIIIe SIÈCLE

XIXe SIÈCLE

XXe SIÈCLE

Les historiens à l'époque romantique

Les mutations politiques, économiques et sociales du siècle stimulent la réflexion historique et imposent une science historique qui s'appuie sur des techniques nouvelles et sur un style de qualité.

De nouveaux élans

☐ En 1802, la publication du *Génie du christianisme* de Chateaubriand provoque un intérêt nouveau pour le travail historique. Visant à réhabiliter le christianisme, il fait le bilan des services rendus par la religion chrétienne à l'humanité : vantant les vertus héroïques de la chevalerie et la beauté de l'art gothique, il fait naître le goût du Moyen Âge. Il oriente aussi la curiosité vers l'histoire nationale.
☐ Le pittoresque et la sensibilité aux choses vécues des romans historiques passionnent les historiens qui voient là un nouveau type de rapport à l'histoire.

Deux manières de ressusciter le passé

☐ Augustin Thierry (1795-1856) a le souci d'une narration vivante et dramatique. Sa cécité éveille en lui le désir de revivre en imagination les grandes scènes du passé. En 1840, dans son ouvrage le plus populaire, *Récits des temps mérovingiens* (1835-1840), il propose une succession d'épisodes centrés sur un seul personnage.
☐ Adolphe Thiers (1797-1877), avocat et homme d'État, s'intéresse à tout ce qui constitue la vie d'une société : événements économiques, financiers et diplomatiques, avec un souci constant de clarté et d'exactitude (il va jusqu'à donner le prix du pain et du savon). Selon lui, l'historien doit éviter toute recherche de style.

La philosophie des événements

☐ Guizot (1787-1874), Tocqueville (1805-1859) et Michelet ne cherchent pas à raconter les faits mais à expliquer leur succession en établissant des lois historiques. Ainsi se dessine le sens de l'Histoire.
☐ Guizot trouve dans l'Histoire la confirmation de ses idées politiques : le gouvernement doit appartenir à la bourgeoisie, car elle défend les intérêts nationaux.
☐ Tocqueville devine l'avènement de la démocratie, amorcé dès l'Ancien Régime et poursuivi par la Révolution française. Déjà établie aux États-Unis, la démocratie finit sa gestation en France.
☐ Pour Michelet, l'Histoire tend à la libération progressive de l'humanité. L'homme forge sa liberté en luttant contre la nature, contre la matière et la fatalité. Dans cette émancipation humaine, la France est appelée à jouer un rôle privilégié.

L'Histoire au service des idéologies

Les historiens, souvent aussi politiciens, sont toujours fortement marqués par leur engagement idéologique qui amène certaines déformations dans leur analyse historique. Ce parti pris idéologique se fait particulièrement sentir dans les nombreux commentaires sur la Révolution. Seul Tocqueville reste incontesté.

MICHELET : L'HISTOIRE INTÉGRALE

Jules Michelet
Né en 1798 à Paris
Mort en 1874 à Hyères

Études : agrégé de lettres.
Métiers : professeur de philosophie et d'histoire à l'École normale supérieure, à la Sorbonne, au Collège de France ; chef de la section historique aux Archives royales (1831).
Combats idéologiques : il lutte contre l'Église (à partir de 1842-1843) et défend la cause démocratique (contre la misère des ouvriers et pour l'union des classes).

■ *Histoire de France* (1833-1874)

Elle s'étend des origines à l'orée du XIXe siècle ; la période de la Restauration n'est pas abordée car, d'après Michelet, elle va à contre-courant de l'histoire. Sa dénonciation des trahisons de l'Église de Rome lui vaut des rappels à l'ordre ; ses idées républicaines, après l'avoir fait triompher en 1848, lui valent la suspension de son cours au Collège de France en 1852, au début du Second Empire.

■ **Une histoire intégrale**

Pour obtenir une « résurrection totale du passé », Michelet se réfère sans cesse aux documents les plus divers (feuillets ou monuments) ; il s'appuie aussi sur la géographie car il considère que l'homme est conditionné par son environnement. Son attention ne se limite pas aux grands hommes ni aux grands événements ; il s'intéresse au peuple. Regroupant toutes ces données, il essaie de comprendre l'évolution de l'humanité entière.

De plus, pour faire naître chez le lecteur l'émotion devant une telle résurrection du passé, Michelet crée avec des images le tumulte des batailles et transforme en symboles les grandes figures de l'histoire : il distingue Jeanne d'Arc qui, à ses yeux, exprime la volonté populaire. Sa phrase devient lyrique et se gonfle du souffle qu'il veut donner à ses récits.

La prise de la Bastille

La science historique, institution nationale

La monarchie de Juillet s'attache à ériger la science historique en institution nationale. Des sociétés sont créées, telle la Société française d'archéologie (1830). Des écoles spécialisées sont fondées : l'école des Chartes (1816), l'école d'Athènes (1846) ; en même temps, les enseignements secondaire et supérieur donnent une plus large place à l'Histoire. En 1837 est créée une commission destinée à faire l'inventaire des richesses nationales. Des disciplines spécialisées apparaissent : l'égyptologie avec Champollion (qui déchiffre les hiéroglyphes en 1822), l'orientalisme, la numismatique et la paléographie.

MOYEN ÂGE

XVIᵉ SIÈCLE

XVIIᵉ SIÈCLE

XVIIIᵉ SIÈCLE

XIXᵉ SIÈCLE

XXᵉ SIÈCLE

Les formes oniriques du romantisme

Le goût des atmosphères fantastiques, hérité de l'Angleterre et de l'Allemagne, anime les romantiques français ; ils en retiennent le sens du mystère et l'évasion vers le rêve et la féerie.

Les sources du fantastique : légendes et rêves

☐ Le fantastique hésite entre le réel et l'imaginaire. L'imagination se nourrit de légendes antiques ou folkloriques : Aloysius Bertrand (1807-1841), dans un cadre médiéval, fait apparaître des êtres merveilleux (nymphes, diables). Nerval cherche à réunir toutes les religions en une seule ; il établit des correspondances entre les divinités (Isis et la Vierge). L'imagination se nourrit aussi des représentations mythologiques ou chrétiennes de la vie après la mort (enfer, paradis).

☐ La source la plus riche du fantastique est néanmoins le rêve : trésor extraordinaire à la portée de tous, qui confond et transforme les données du réel ; la demi-conscience est un état privilégié de confusion du réel et des rêves.

Que rechercher dans cet univers étrange ?

☐ Nodier (1780-1844) y voit un moyen de renouveler le romantisme en recherchant les sensations fortes : dans les légendes populaires et dans le rêve, l'imagination crée des situations extrêmes et les sentiments apparaissent avec toute leur force.

☐ Cette exploration permet surtout d'atteindre le monde véritable, dont le monde sensible n'est qu'un reflet. Dans cet autre monde, le sort individuel se confond avec celui de l'humanité. Une fée guide le poète : la fée aux miettes chez Nodier, diverses figures féminines chez Nerval, Ondine chez Aloysius Bertrand.

☐ Pour Nerval, le monde des rêves est un refuge où se résolvent tous les remords et toutes les angoisses ; il ressuscite le bonheur passé, permet d'être compris, offre enfin l'image de la femme idéale : à la fois mère, épouse et divinité. Le monde réel et familier est lui aussi transformé : la conscience du poète fait apparaître la mystérieuse correspondance qui l'unit au monde surréel du rêve. Tout prend un aspect double, tout devient signe et symbole.

L'écriture du rêve

☐ Comment donner à l'écriture la souplesse du rêve et des songes ? Nodier opte pour la nouvelle, qui prend la dimension du roman avec *La Fée aux miettes* (1832). Nerval pratique aussi la nouvelle mais cultive une écriture étrange. Il recherche les effets poétiques, par des associations de mots inattendues et par des sonorités inhabituelles : le pouvoir de suggestion des formules ainsi créées dépasse le contenu intelligible. De plus, pour donner l'impression de légèreté et de fluidité, il mêle sans cesse réel et imaginaire en confondant tous les temps : passé, présent et futur.

☐ Aloysius Bertrand va encore plus loin : il invente le poème en prose qui, par ses espaces blancs et la souplesse de son rythme, exprime les mouvements de la pensée.

Gérard Labrunie
Pseudonyme :
Gérard de Nerval
Né en 1808 à Paris
Mort en 1855 à Paris,
pendu à une grille

Amour : Jenny Colon, chanteuse et actrice, rencontrée en 1834 ; en 1838, elle épouse un flûtiste de l'Opéra-Comique et meurt en 1842.
Voyages : Italie, Belgique, Allemagne, Autriche entre 1834 et 1840 ; Égypte, Liban, Syrie, Turquie en 1843.
Signe particulier : crises de folie qui le conduisent à faire plusieurs séjours chez le docteur Blanche (qui soigne aussi Maupassant) entre 1851 et 1855.

■ *Les Chimères* (1854)

Dans ce recueil de douze sonnets, le poète garde le souvenir de son bonheur et de ses amours passées, mais s'interroge sur sa véritable identité. Delphica, femme idéale, l'invite à retrouver « l'ordre des anciens jours » à travers le désordre du présent. La musicalité de l'œuvre, originale et envoûtante, vient de ses allusions savantes, de ses ellipses, de son obscurité, qui créent une atmosphère étrange.

Velleda de **Charles Voillemot,
peinture du** xixe **siècle.**

Les Chimères :
signification d'un titre

La chimère est un animal mythologique fascinant, monstre qui crache du feu, considéré comme un être maléfique. Pour Nerval, la femme est ainsi à la fois attrayante et redoutable.
Le pays des chimères est aussi le monde onirique qui correspond au monde surnaturel créé par Nerval où tout se lie (passé, présent, sons, lumières, couleurs…).

■ *Sylvie* (1854)

Nouvelle la plus importante du recueil *Les Filles du feu*, *Sylvie* en rassemble les thèmes principaux.
Trois figures de femmes apparaissent : Adrienne, la religieuse sublime, Aurélia, la puissance infernale, et Sylvie, la paysanne de l'enfance de Nerval. Pour le narrateur, la quête du bonheur aboutit à un échec : l'amour ne parvient pas à se fixer. Mais l'œuvre est une réussite : le texte entrelace subtilement les temps (passé, présent, futur), le réel et les songes.

■ *Aurélia* ou *Le Rêve et la Vie* (1855)

Interné dans le service psychiatrique du docteur Blanche, Nerval décrit ses hallucinations et essaye de les ordonner ; il y voit une expérience mystique qui le met en communication avec les mondes invisibles. Le récit se présente comme la quête d'une femme qui doit lui ouvrir la voie du salut éternel. Après l'avoir cherchée au ciel, en vain, le narrateur rencontre les formes du monde infernal (les âmes des morts). Finalement, une divinité souriante (à la fois la Vierge, Isis, Aurélia et la mère du poète) le délivre de ses angoisses et lui apporte un éphémère triomphe.

| MOYEN ÂGE |
| XVIe SIÈCLE |
| XVIIe SIÈCLE |
| XVIIIe SIÈCLE |
| **XIXe SIÈCLE** |
| XXe SIÈCLE |

Entre romantisme et réalisme

Les œuvres de Balzac et de Stendhal se rattachent au romantisme, par la volonté de représenter la totalité de la société (Balzac) ou par les figures des héros (Stendhal). Mais apparaît aussi une dimension réaliste, dans la précision des descriptions, dans la sévérité du jugement sur la société ou dans leurs styles.

Dresser l'inventaire de la société

☐ Avec *La Comédie humaine*, Balzac a le désir d'écrire une histoire des mœurs. Son analyse repose sur l'idée que l'humanité est comparable à l'animalité : « un ouvrier, un administrateur, un avocat, un oisif », comme « un loup, un lion, un âne et un corbeau » se définissent par l'apparence physique et par les comportements qui manifestent les modes de vie, les façons de penser et la nature morale des individus.
☐ Partageant l'ambition des romantiques, Balzac représente la totalité de la société ; il pénètre toutes les classes sociales et tous les métiers enracinés dans leur environnement (plus de 2 000 personnages se croisent et se rencontrent). Des puissances sociales nouvelles apparaissent comme la presse, la bureaucratie ou la haute finance.
☐ Sa prodigieuse entreprise recrée un monde complexe mais cohérent ; toute anomalie, toute irrégularité est intégrée à l'ensemble par un discours dans lequel les raisonnements inductifs et déductifs sont omniprésents ; même les phénomènes paranormaux trouvent leur place.

Des procédés narratifs réalistes

☐ La description balzacienne vise à montrer les relations secrètes entre les hommes et leur milieu : la description du lieu laisse souvent deviner le caractère de l'individu décrit ensuite. Balzac établit entre les hommes et leur environnement des convergences souvent caricaturales et pleines d'ironie.
☐ Le roman balzacien est toujours construit selon le même schéma : présentation minutieuse et lente, crise subite qui déclenche les passions et dénouement spectaculaire. Cette composition traduit une volonté d'expliquer le mouvement de la société.

Stendhal, romantisme et esprit critique

☐ Stendhal (1783-1842), par sa grande sensibilité, semble être l'écrivain romantique par excellence. Au théâtre, il défend le plaisir, notamment celui du peuple : une comédie gaie jusqu'au fou rire, une tragédie nationale qui crée « l'illusion parfaite ». Il engage la lutte contre le théâtre classique et participe à la bataille d'*Hernani*. À la recherche de son identité, il pratique le genre autobiographique dans des œuvres qui restent inachevées. Fasciné par les passions, il étudie leur mécanisme et pense qu'elles enrichissent ceux qui les éprouvent, en leur faisant goûter des sensations exaltantes.
☐ Pourtant, chez Stendhal, les états d'âme romantiques sont vus à travers le regard critique du siècle des Lumières : sans être condamnée, la passion est analysée, démystifiée, au point de sembler ridicule. Cette critique du romantisme apparaît particulièrement dans la structure narrative de l'œuvre : l'auteur intervient dans le roman pour commenter la fiction et inviter le lecteur à faire de même.

BALZAC :
LE SCRIBE DE SON TEMPS

Honoré Balzac
puis **Honoré de Balzac**
Né en 1799 à Tours
Mort en 1850 à Paris

Études : droit.

Amours : Laure de Berny en 1822 (elle a 45 ans, lui 23) ; la duchesse d'Abrantès (elle a 40 ans, lui 26) ; Ève Hanska, comtesse russe qu'il épouse le 14 mars 1850, quelques semaines avant sa mort.

Affaires : projets mirobolants dans lesquels il engouffre des fortunes : fondation d'une maison d'édition et d'une imprimerie qui échouent lamentablement (1828), rachat d'un journal, *La Chronique de Paris*, bientôt mis en liquidation (1836).

■ *La Comédie humaine* **(1829-1847)**

Elle comprend 91 romans (Balzac en avait prévu 137) et fait apparaître 2 209 personnages dont 515 reviennent dans plusieurs romans (procédé utilisé à partir du *Père Goriot*, 1836).

Son organisation distingue trois plans : étude analytique (2 romans), étude philosophique (22), étude de mœurs (63). Ce dernier plan, le plus développé, se décompose en trois cadres de vie : Paris (15 romans), la province (11), la campagne (3), et en trois types de rapports à la société : vie privée (28 romans), vie politique (4), vie militaire (3).

Deux Rastignac à l'assaut de Paris.

Le tout couvre la période 1789-1850 mais peut renvoyer à un passé plus lointain et fait voyager le lecteur en France et en Europe.

■ **Des personnages passionnés**

Les héros balzaciens sont animés d'une force qu'ils ne maîtrisent pas totalement et qui les emporte jusqu'à devenir fatale. Cette courbe qui conduit à la déchéance est le fruit du vice (l'avarice de Grandet) ou de la vertu : Mme de Mortsauf (*Le Lys dans la vallée*) est victime de sa fidélité héroïque, César Birotteau, de sa probité commerciale. Ce déclin peut aussi être provoqué par les bouleversements politiques : Chabert, colonel sous l'Empire, ne retrouve plus sa place dans la société de la Restauration. Ces parcours manifestent le pessimisme de l'auteur.

■ **Une écriture longtemps incomprise**

L'écriture de Balzac, originale, fut souvent qualifiée de lourde et de maladroite. Les critiques, grammairiens pointilleux, ont relevé les moindres fautes de français et ont incriminé la vitesse d'écriture de Balzac. Il écrivait vite mais se corrigeait beaucoup, exigeant jusqu'à dix épreuves successives avant d'autoriser l'impression de ses œuvres. Plutôt que maladresse, il faut voir, dans l'écriture de Balzac, un travail original de recréation de la langue française, à la manière de Rabelais, son maître.

Tenue de bal dans le grand monde.

93

MOYEN ÂGE

XVIe SIÈCLE

XVIIe SIÈCLE

XVIIIe SIÈCLE

XIXe SIÈCLE

XXe SIÈCLE

Précurseurs
de l'esthétique réaliste

Stendhal et Mérimée ont entretenu d'étroites relations d'amitié. Précurseurs d'une esthétique nouvelle, ils refusent le lyrisme et recherchent le détachement, objectif ou ironique.

� La quête du bonheur ou « beylisme »

À l'image de leur créateur, les principaux personnages de Stendhal poursuivent le bonheur : vivre selon les élans du cœur ; le temps alors s'abolit dans un éternel présent. Mais le bonheur ne s'attend pas passivement ; il se conquiert. Pour l'atteindre, le héros s'entraîne en accomplissant de petits actes de volonté qui lui permettront, à des heures plus graves, de prendre des décisions radicales et de s'affranchir des conventions sociales et morales. Seule une liberté totale permet à l'homme d'être vraiment lui-même.

La révolte politique et sociale

☐ Le cadre géographique des œuvres de Stendhal est la France ou l'Italie que connaît bien l'auteur ; l'action est toujours contemporaine. Des événements historiques apparaissent, comme la bataille de Waterloo, mais Stendhal s'attache d'abord à la peinture sociale de l'époque qu'il choisit.

☐ Les intentions satiriques de Stendhal sont évidentes, elles dénoncent les bassesses du monde : l'Église conservatrice et méfiante, l'aristocratie futile, la bourgeoisie mesquine. Mérimée fait preuve d'une constante ironie qui peut aller jusqu'à l'humour noir (dans *Colomba*, 1840).

Un style réaliste

☐ Stendhal se démarque du style romantique emphatique et contrasté. Il recherche un style objectif qui décrive la réalité avec précision. Pour s'exercer à la logique et à la clarté lorsqu'il compose *La Chartreuse de Parme*, Stendhal lit chaque fois quelques pages du Code civil. De même, les nouvelles de Mérimée ont la précision des reportages.

☐ Le dépouillement n'empêche pas la poésie ; la phrase peut être musicale et la concision favorise la suggestion, plus évocatrice qu'une longue description.

La perfection de la nouvelle

☐ Mérimée fixe l'esthétique de la nouvelle réaliste. La composition subtile de l'œuvre (concision, effets de retardement…) doit éveiller chez le lecteur une émotion forte et intense (*Carmen*, 1845). Tous les détails, choisis avec discernement, doivent être utiles au dessein d'ensemble. Les personnages sont peints en quelques traits et sont essentiellement décrits par leurs actes. L'histoire, dramatique, prend une dimension tragique ; la fatalité vient de la possession du héros par la femme, diablesse ou sorcière.

☐ Mérimée choisit souvent d'écrire à la première personne, mais il conserve un point de vue extérieur (*Le Vase étrusque*, 1830), à la manière de Stendhal ; de la sorte, il donne l'impression de rapporter à son lecteur une histoire aux contours obscurs.

STENDHAL : UNE DISTANCE IRONIQUE

Henri Beyle
Pseudonyme : Stendhal (nom d'une petite ville allemande)
Né en 1783 à Grenoble
Mort en 1842 à Paris

Carrière : dans l'armée (secrétaire au ministère de la Guerre ; participe à la campagne d'Italie, à la campagne de Russie) ; en politique (au Conseil d'État, consul à Trieste, puis à Civita-Vecchia) ; dans l'administration (auxiliaire à la Bibliothèque nationale).
Amours : Métilde Dembrowski, qui repousse ses avances ; la comtesse Curial, qui lui préfère son rival… et beaucoup d'autres.

modeste mais instruit, rejeté par la société légitimiste du XIXᵉ siècle qui préfère l'argent et la naissance au mérite.
Lucien Leuwen (1834, inachevé) : roman autobiographique et satire acerbe des mœurs françaises sous la monarchie de Juillet.
La Chartreuse de Parme (1839) : le personnage de Fabrice del Dongo est inspiré d'Alexandre Farnèse que Stendhal place dans le contexte de l'Italie du XIXᵉ siècle ; il décrit la bataille de Waterloo qu'il rêvait de raconter depuis longtemps et condamne à nouveau la tyrannie mesquine de la noblesse.

■ De l'amour (1822)

Cet essai psychologique, dont les analyses sont utilisées ensuite dans les romans, se présente « comme une description détaillée et minutieuse de tous les sentiments qui composent la passion nommée amour ». L'auteur y étudie avec une précision de scientifique les étapes du sentiment amoureux. La phase la plus importante de l'amour est pour lui la cristallisation, véritable phénomène psychologique. Elle correspond au moment amoureux où l'on pare l'être aimé de perfection – comme « un rameau effeuillé par l'hiver s'enrichit de cristallisations brillantes dans les mines de sel de Salzbourg ». La cristallisation, qui demande du temps, s'oppose au coup de foudre, instantané.

■ Les grands romans stendhaliens

Le Rouge et le Noir (1830) : premier chef-d'œuvre de Stendhal. Parti d'un fait divers réel, Stendhal retrace le destin exemplaire de Julien Sorel, d'origine

Illustration de 1919 pour la traduction hongroise du *Rouge et le Noir*.

Un pari gagné

Stendhal n'eut guère de succès en son temps. Seule une vingtaine d'exemplaires du traité *De l'amour* est vendue. Les deux premières éditions de *Le Rouge et le Noir* sont tirées à 750 exemplaires, *La Chartreuse de Parme* à 1 200 exemplaires. Dans *La Vie d'Henri Brulard*, Stendhal écrit : « Je mets un billet de loterie dont le gros lot se réduit à ceci : être lu en 1935. »

MOYEN ÂGE

XVIe SIÈCLE

XVIIe SIÈCLE

XVIIIe SIÈCLE

XIXe SIÈCLE

XXe SIÈCLE

La poésie parnassienne

En réaction contre le romantisme, se développe un courant qui s'attache à « l'art pour l'art ». Il a pour précurseur Théophile Gautier ; ses idées vont trouver leur prolongement avec Leconte de Lisle et le groupe de poètes qui se réunit autour de lui à partir de 1860 : ce sont les poètes parnassiens.

Le refus du romantisme

☐ Dès 1830, l'engagement social et politique des romantiques provoque une réaction au sein même du mouvement. Alfred de Musset trouve ridicule de faire du poète le guide de l'humanité. Théophile Gautier, en 1836, dénonce l'utilitarisme de l'art et prépare le retour au formalisme, c'est-à-dire à un art détaché du réel, où prédomine la recherche esthétique ; il publie le recueil poétique *Émaux et Camées* (1852).
☐ À l'origine, pourtant, se retrouve l'insatisfaction des romantiques face au monde dans lequel ils vivent ; ce malaise est partagé par Leconte de Lisle qui rejoint Gautier après avoir vu ses rêves politiques anéantis par l'avènement de Napoléon III. Loin de toute considération politique, tous deux recherchent alors dans le passé légendaire (*Poèmes antiques*, 1852, pour Leconte de Lisle) ou dans l'exotisme (*España*, 1845, pour Gautier) un refuge à leur mépris ou à leur angoisse.

Le refus du monde bourgeois

Le Second Empire marque aussi le triomphe de la bourgeoisie et du positivisme auxquels s'opposent les partisans de « l'art pour l'art » ; ils défendent l'idée d'une aristocratie de l'esprit, éloignée du monde utilitaire jugé répugnant. Elle se manifeste par la virtuosité qui fait de l'artiste un « orfèvre », un « ciseleur », un « décorateur ». Mais par ces termes, ils reconnaissent aussi la supériorité de la technique, comme le prône le positivisme.

Le mouvement parnassien

Leconte de Lisle établit, dans la préface des *Poèmes antiques*, la doctrine de l'art savant et impersonnel qui se répand alors. On se moque couramment des romantiques (article de Catulle Mendès, 1841-1909). En 1866, paraît le *Parnasse contemporain*, recueil qui rassemble divers poètes défenseurs d'un certain formalisme. Le mouvement adopte le nom qui évoque la montagne où sont censés habiter Apollon et les Muses et qui associe élévation et exotisme.

La diversité des tempéraments

☐ Théodore de Banville (1823-1891) manifeste la virtuosité d'un jongleur (*Odes funambulesques*, 1857) ; son goût du jeu formel donne à ses poèmes un détachement ironique. José Maria de Heredia (1842-1905), tout aussi brillant, offre une poésie aux thèmes et à l'esthétique plus variés.
☐ D'autres laissent plus de place aux sentiments. Sully Prudhomme (1839-1907) adopte un style moralisateur et inquiet avant de tomber dans les lourdeurs d'une poésie didactique. François Coppée (1842-1908) cultive une veine populaire et sentimentale.

Théophile Gautier
Né en 1811 à Tarbes
Mort en 1872 à
Neuilly-sur-Seine

Études : peinture dans un atelier.
Surnom familier : le bon Théo.
Amitiés : Gérard de Nerval (camarade au collège Charlemagne) ; Hugo, qui compose à sa mort « Tombeau de Théophile Gautier » ; Baudelaire, qui lui dédie *Les Fleurs du mal*.

Charles Leconte de Lisle
Né en 1818 à La Réunion
Mort en 1894
à Louveciennes

Études : droit à Rennes.
Politique : socialiste et fouriériste, il participe, en 1848, à l'abolition de l'esclavage ; ses illusions s'effondrent devant l'indifférence du peuple.
Honneur : succède à Hugo à l'Académie française en 1886.

■ *Mademoiselle de Maupin* (1835-1836)

La préface, brillante, est un assemblage des pamphlets de Gautier contre la presse et les critiques. Il s'y moque des reproches d'immoralité adressés aux artistes : pour lui, l'art est un simple reflet des mœurs et n'influe pas sur la morale collective.

Dans le roman, Mademoiselle de Maupin se travestit en cavalier et recherche des émotions fortes pour s'amuser… Illustration de la préface, elle représente la revendication romantique d'une liberté totale et le désir de faire de « l'art pour l'art » en dépit de toute référence morale.

■ *Émaux et Camées* (1852)

Recueil de petits poèmes aux vers courts, raffinés et ciselés comme de petits bijoux où l'esthétique l'emporte sur le sens.

Gautier cherche avant tout à rendre les effets de lumière et de perspective, les lignes, les couleurs. Il s'inspire de la peinture, non pour décrire un tableau, comme le font souvent les poètes, mais pour en imiter la beauté plastique.

■ Beauté impassible et angoisse

Profondément marqué par sa déception politique, Leconte de Lisle est habité par une angoisse fondamentale qui aboutit à un retrait du présent et à la recherche des civilisations passées (*Poèmes antiques*, 1852) ou des lointains exotiques (*Poèmes barbares*, 1862).

Son effort d'impersonnalité ne l'empêche pas de placer le problème du mal et de la souffrance au cœur de son œuvre. Dans le récit qu'il fait des commencements du monde (*Poèmes barbares*), les hommes ou les animaux se livrent à des affrontements violents. La souffrance s'amplifie jusqu'à devenir goût de l'anéantissement ; elle conduit à une méditation sur la disparition future de l'humanité.

Le Parnasse contemporain (1866-1871-1876)

Dans les trois recueils publiés, on trouve les poèmes de nombreux Parnassiens : Gautier, Banville, Leconte de Lisle, Heredia, Mendès, Sully Prudhomme. Ainsi que des poèmes de Baudelaire, Verlaine, Mallarmé, Anatole France, Charles Cros.

MOYEN ÂGE

XVIᵉ SIÈCLE

XVIIᵉ SIÈCLE

XVIIIᵉ SIÈCLE

XIXᵉ SIÈCLE

XXᵉ SIÈCLE

La modernité poétique

Tout en étant dans le prolongement des romantiques par sa quête de l'absolu et dans celui des Parnassiens par ses exigences formelles, Baudelaire marque une rupture radicale dans l'histoire de la poésie. Jusque-là, elle était l'expression des rapports de l'homme au monde. Avec Baudelaire, elle devient le moyen de changer ce rapport.

Les tensions du monde

Au départ, l'homme romantique est assoiffé d'absolu, il souffre de ne pouvoir combler son aspiration. L'homme baudelairien se distingue en étant toujours partagé entre le bien et le mal : spiritualité et sensualité en amour, charité et cruauté avec autrui, vénération et blasphème avec Dieu. La tentation du gouffre l'emporte souvent sur l'aspiration vers un idéal. Le monde lui-même est ambigu ; il se montre attrayant ou sinistre.

« L'invitation au voyage »

☐ Chez les romantiques, cette situation reste insoluble et conduit au désespoir. Baudelaire, lui, offre une ouverture ; il invite son lecteur « au voyage », c'est-à-dire à découvrir, par la poésie, un accès à l'infini qui s'appelle Beauté. Et son œuvre est justement la présentation de sa démarche.

☐ Le poète trouve la puissance sublime de la beauté dans la réalité la plus prosaïque : une charogne ou les bas quartiers de Paris deviennent des objets poétiques. Il tire les « fleurs » du « mal » lui-même.

Les associations symboliques

☐ Pour changer la réalité, Baudelaire s'inspire du système des correspondances cher aux romantiques allemands ; il associe avec hardiesse des images concrètes ou des sensations, cultivant l'ellipse, et provoque ainsi des associations musicales et sémantiques nouvelles. De là naît un autre rapport au monde dans lequel les sensations se confondent et les douloureuses contradictions disparaissent. L'âme peut boire « à grands flots le parfum, le son et la couleur ».

☐ La poésie permet ainsi d'accéder à une autre réalité infinie. Elle réintroduit aussi le rêve dans la vie, non plus le rêve, ambitieux et impossible, de changer le monde, comme chez les romantiques, mais le doux rêve né de l'imagination.

Formes fixes et poèmes en prose

☐ À la hardiesse du contenu s'oppose une poétique classique : poèmes à forme fixe (sonnets, ballades), alexandrins… Baudelaire reprend l'idée parnassienne de la nécessité du travail ; les contraintes formelles contribuent à créer la beauté poétique.

☐ Baudelaire écrit aussi des poèmes en prose ; on y retrouve des effets de rythme et de sonorités, un vocabulaire recherché, mais leur souplesse permet de s'adapter « aux mouvements lyriques de l'âme, aux ondulations de la rêverie ». Il est frappant de constater que ses poèmes en prose (*Le Spleen de Paris*, 1869, posthume) reprennent les mêmes thèmes que son recueil poétique (*Les Fleurs du mal*, 1857).

BAUDELAIRE : LA QUÊTE DE L'IDÉAL

Charles Baudelaire
Né en 1821 à Paris
Mort en 1867 à Paris
Enfance : premières années heureuses auprès d'un père cultivé qui meurt en 1827. L'année suivante, sa mère se remarie avec le commandant Aupick, que Baudelaire n'aima jamais.
Amours : Jeanne Duval, actrice de boulevard antillaise (liaison intermittente pendant vingt-trois ans) ; Marie Daubrun (la femme-enfant) ; Apollonie Sabatier (à qui Baudelaire voue un culte quasi mystique, et qu'il abandonne le lendemain de leur union physique).
Admirations : Poe, Gautier, Delacroix, Wagner.
Signe particulier : fume de l'opium et du haschich.

■ *Les Fleurs du mal*

Le plan des *Fleurs du mal* suit la logique de l'itinéraire intérieur du poète.
L'Invocation au lecteur : le poète fait apparaître tous les visages du Mal, dénonce toutes les hypocrisies, celles du lecteur en particulier.
Spleen et idéal (85 pièces) : le spleen, mot anglais, désigne l'ennui, l'état d'angoisse et le dégoût physique et moral ; le poète décrit son enlisement progressif dans le spleen quotidien qui le tourmente en même temps que sa soif d'idéal. Le spleen l'emporte sur l'idéal.

■ Recherche d'un ailleurs

Le poète cherche alors, dans des expériences qui vont de plus en plus loin, un ailleurs où disparaîtrait le spleen : à travers la vie grouillante et misérable de Paris à laquelle il s'identifie (ce sont les 18 pièces des *Tableaux parisiens*) ; à travers le vin, qui permet une certaine fraternité (*Le Vin*, 5 pièces) ; à travers les plaisirs charnels et l'homosexualité (*Les Fleurs du mal*, 9 pièces). Après la tentation sensuelle, il se tourne vers la tentation spirituelle : le damné se révolte contre Dieu et se livre à Satan (*Révolte*, 3 pièces). En dernier recours, se dresse la mort, espoir bien mince d'atteindre l'idéal par l'au-delà (*La Mort*, 6 pièces).
La quête échoue, semble-t-il ; mais elle s'accompagne de la poésie qui transfigure l'itinéraire du poète et permet de lui faire atteindre, par le travail poétique, l'idéale beauté. Les différentes formes d'ivresse, tentatives de changer la perception du monde, sont aussi des métaphores du travail poétique, métaphores imparfaites car vouées à l'échec.

■ Condamnation

Un mois après la mise en vente, le livre est saisi et Baudelaire est condamné à 300 F d'amende pour « outrage à la morale publique et aux bonnes mœurs ». Six pièces censurées ne reparaissent pas dans les éditions suivantes.

L'œuvre de Baudelaire

Critiques d'art : *Salons de 1845, 1846, 1859 ; Exposition universelle de 1855 ; Richard Wagner et Tannhäuser* (1861) ; *Notes nouvelles sur Edgar Allan Poe* (1857).
Traductions : *Histoires extraordinaires* et *Nouvelles histoires extraordinaires* de Poe.
Poésie : *Les Fleurs du mal* (1857-1861) ; *Les Petits Poèmes en prose* (1869, posthume).
Journal intime : *Fusées ; Mon cœur mis à nu*.

MOYEN ÂGE

XVIe SIÈCLE

XVIIe SIÈCLE

XVIIIe SIÈCLE

XIXe SIÈCLE

XXe SIÈCLE

Le roman réaliste

Le réalisme s'oppose aux excès sentimentaux du romantisme. Il se développe à partir de 1850, avec le Second Empire et le triomphe du positivisme. Il prône le retour au réel, qu'il soit naturel, social ou historique. Chez Flaubert, il se caractérise par la recherche d'objectivité et la disparition du narrateur dans le roman.

Entre vérité et beauté

☐ Jules Champfleury (1821-1869), romancier et critique d'art, a été le premier à élaborer une doctrine réaliste prônant une reproduction attentive et exhaustive des choses, du monde et de l'Histoire.

☐ Les frères Goncourt, Edmond (1822-1896) et Jules (1830-1870), retiennent cette précision extrême des détails, même sordides, pour « faire vrai » ; mais ils ont en même temps le souci de « faire beau » en dotant leur écriture d'artifices rhétoriques. Il en résulte une trop grande différence entre le style et le fond, qui limite l'intérêt de leur œuvre.

Le document, matière du roman réaliste

☐ Le souci d'exactitude scientifique demande une documentation considérable. Les carnets de notes de Flaubert sont célèbres : il y consigne toutes ses remarques lorsqu'il voyage ou lit ; pour la rédaction de *Bouvard et Pécuchet*, roman inachevé, il a consulté plus de 1 500 volumes ; la rédaction de *Salammbô* l'a entraîné en Tunisie, sur les ruines de Carthage.

☐ Les écrivains réalistes cherchent parmi les documents ceux qui mettent le mieux en lumière l'interaction constante de l'homme et de son milieu, révélée par les sciences expérimentales et la sociologie.

Un regard médical

La médecine sert de modèle aux écrivains réalistes : Flaubert, dont le père était chirurgien, « dissèque » le personnage d'Emma Bovary ; la description des états d'âme de son héroïne est si juste qu'elle a donné son nom à un état psychologique, le bovarysme. De même, l'étude des névrosés a intéressé les frères Goncourt, qui leur ont consacré plusieurs romans.

Quelle écriture pour décrire le réel ?

☐ La question du style fut une des préoccupations fondamentales des romanciers réalistes, en particulier de Flaubert écrivant *Madame Bovary* : comment décrire l'ennui sans ennuyer ? En ne peignant pas la réalité mais l'impression qu'elle produit ; les paysages ne sont pas vus par le narrateur mais par les personnages ; ils reflètent leurs états d'âme. Le regard extérieur du narrateur tend à disparaître.

☐ Flaubert ne renonce pas pour autant à la beauté du style ; il lui manifeste, au contraire, une attention extrême : il ne cesse de se corriger, essaye ses phrases au « gueuloir » (où il les crie pour en apprécier les effets sonores) ; mais ce beau style a aussi son rôle à jouer : il accentue le décalage entre les entreprises des hommes et la réalité repoussante. Il est ironique et manifeste le pessimisme de Flaubert.

FLAUBERT :
LE ROMANTISME SURMONTÉ

Gustave Flaubert
Né en 1821 à Rouen
Mort en 1880 à Croisset
en Normandie

Amitiés : Louis Bouilhet, Maxime
Du Camp, George Sand,
Guy de Maupassant.
Amours : Elisa Schlesinger, femme
d'un éditeur de musique, qu'il rencontre
à 15 ans et qui reste une grande passion
secrète ; Louise Colet, femme de lettres.
Voyages : Égypte, Palestine, Grèce
(1849-1850) ; Tunisie (1858).

■ **L'œuvre de Flaubert**

La Tentation de saint Antoine (plusieurs
versions : 1849, 1856, 1873) ; *Madame
Bovary* (il y travaille de 1851 à 1856) ;
L'Éducation sentimentale (1867) ; *Trois
contes* (1877) ; *Bouvard et Pécuchet*
(inachevé).
Une très belle correspondance, surtout
avec Louise Colet et George Sand.

■ **La description flaubertienne**

La description est fondamentale chez
Flaubert qui voulait écrire avec *Madame
Bovary* « un livre sur rien [...] qui se tien-
drait de lui-même par la force interne de
son style ». Elle se caractérise par :
– son importance au détriment de
l'action ;
– son sens symbolique ; les objets ont
tous un rôle psychologique : la casquette
de Charles Bovary, imposante et compli-
quée, montre la fierté inutile de son pro-
priétaire, de même que les livres de
médecine poussiéreux de sa bibliothèque
dénoncent son incapacité médicale...

Le bouquet de mariée d'Emma nous rappelle régulièrement la désillusion qu'est
son mariage...
– l'ironie du romancier : la description
lyrique des rêves mièvres d'Emma est à
prendre au second degré ; par elle, Flaubert accuse son héroïne de sentimenta-
lisme ;
– son rôle dans la progression de
l'action : la valeur de la description n'est
jamais purement décorative. Le point de
vue adopté étant celui d'un personnage,
elle nous révèle sa psychologie et prépare l'action. Elle montre la progression
et l'évolution des états d'âme. Elle est
elle-même récit.

**Portrait de Delphine Couturier, qui a inspiré
le personnage de Madame Bovary.**

Maupassant, disciple de Flaubert

Maupassant (1850-1893), de presque
trente ans plus jeune que Flaubert, est
amené à le fréquenter durablement car sa
mère est une amie d'enfance de Flaubert.
Il lui confie son projet d'écrire ; Flaubert
prend à cœur de lui enseigner le métier
littéraire en lui imposant de véritables
« gammes », c'est-à-dire des exercices littéraires qui consistaient, par exemple, à
décrire un objet sous tous ses aspects dans
un temps compté. Maupassant recom-
mençait sans cesse jusqu'à ce que Flaubert fût satisfait.

MOYEN ÂGE
XVIe SIÈCLE
XVIIe SIÈCLE
XVIIIe SIÈCLE
XIXe SIÈCLE
XXe SIÈCLE

Le naturalisme

Le naturalisme prolonge le mouvement réaliste ; Zola en est le théoricien ; il rassemble autour de lui des écrivains réalistes : Paul Alexis, Henry Céard, Guy de Maupassant. En 1887, le groupe, en quête de renouvellement, éclate ; le naturalisme semble avoir atteint les limites du courant réaliste.

Le choix du peuple

☐ Sans oublier les bourgeois auxquels se sont attachés les premiers réalistes, les naturalistes donnent leur préférence au peuple. Zola s'attache aux ouvriers et aux mineurs. Guy de Maupassant (1850-1893) aux paysans normands et aux petits Parisiens, Jules Vallès (1832-1885) aux ouvriers. Le peuple apparaît dans toute sa misère : pauvreté, prostitution, alcoolisme, violence.

☐ Zola, le premier, adapte son style au sujet et fait parler les ouvriers dans une langue populaire.

☐ Cet attachement au peuple se manifeste aussi dans la vie des écrivains : engagement politique et participation aux mouvements socialistes naissants.

Le roman expérimental et ses opposants

☐ Les naturalistes se veulent des scientifiques. Ils observent le monde avec méthode, en dégagent des lois et font de leurs romans un terrain d'expérimentation : partant de données réelles, ils les font évoluer conformément aux lois scientifiques. Le dénouement donne le résultat. Zola, appliquant les lois de l'hérédité et de la sociologie, montre dans la famille Rougon-Macquart, comment la folie de tante Dide pèse différemment sur tous ses descendants selon leurs milieux et leurs désirs. Scientifiquement, la méthode reste contestable par son abstraction.

☐ Mais certains s'éloignent du mouvement naturaliste par refus de l'approche scientifique. Alphonse Daudet (1840-1897) accorde plus de valeur aux impressions et aux sensations qu'aux enquêtes scientifiques. Maupassant, reprochant aux naturalistes de s'arrêter à une multitude de détails scientifiques mais insignifiants, préfère rechercher « une vérité choisie, plus probante que la vérité elle-même ».

Naturalisme et épopée

☐ L'œuvre de Zola, réaliste, est habitée d'un souffle épique : certains objets sont métamorphosés en monstres fantastiques, animés d'une vie autonome, qui guettent et frappent leurs victimes (la mine dans *Germinal*), ou qui luttent et souffrent (la locomotive dans *La Bête humaine*). La foule est animée de mouvements fascinants ; diverse par les éléments qui la composent, elle est habitée par l'âme collective de ceux qui partagent la même détresse ou la même joie. De manière générale, Zola est attiré par la vie, qu'elle soit exubérante ou menacée de disparition.

☐ L'imaginaire de Zola est peuplé de rêves et de cauchemars : rêves de fécondité, de « germination », de puissance, cauchemars d'écroulement, de destruction, d'apocalypse. Cet univers se révèle sous des formes symboliques récurrentes qui donnent à l'œuvre une dimension épique et visionnaire.

ZOLA : L'IMAGINATION RÉALISTE

Émile Zola
Né en 1840 à Paris
Mort en 1902, asphyxié
accidentellement dans
son appartement

Nationalité : Italien ; naturalisé Français en 1862.

Métiers : journaliste (feuilletons et critiques d'art), romancier.

Amours : double vie à partir de 1888 : avec sa femme et avec une jeune ouvriè-re, Jeanne Rozerot, qui lui donne deux enfants (que sa femme adopte à la mort de Jeanne).

Admirations : les frères Goncourt, le docteur Lucas (écrits sur l'hérédité), Claude Bernard (*Introduction à la médecine expérimentale*), Balzac.

Engagement politique : socialiste, il écrit un article intitulé *J'accuse* pour défendre Dreyfus. Condamné à un an de prison et radié de la Légion d'honneur, il s'exile un an en Angleterre.

■ La série des *Rougon-Macquart*

Histoire naturelle et sociale d'une famille sous le Second Empire
Le projet est conçu dès 1868. Zola fixe en 1870 son programme de travail : vingt romans, à raison d'un par an. Comme dans *La Comédie humaine* de Balzac, les personnages se retrouvent d'un roman à l'autre.
Dans les premiers ouvrages, Zola pré-sente la famille et la période. Par la suite, il recherche l'harmonie et la variation par l'alternance de romans tragiques et de romans plus paisibles. Dans les derniers ouvrages apparaît l'aboutissement de l'évolution de la famille.
Les principaux romans du cycle : *L'Assommoir* (1877) ; *Au bonheur des dames* (1883) ; *Germinal* (1885) ; *La Bête humaine* (1890).

■ Les personnages célèbres de Zola

Gervaise : femme du peuple, Gervaise pardonne à son mari, Coupeau, d'avoir sombré dans l'alcoolisme – jusqu'au jour où elle perd courage, le trompe, se retrouve à la rue, difforme, tentée par la prostitution. Elle incarne la déchéance fatale.

Nana : courtisane ambitieuse, elle est le symbole de la luxure. Fille de Gervaise, elle porte l'hérédité de l'alcoolisme de ses parents. C'est « une plante superbe pous-sée sur du fumier ». Elle est l'incarnation de la vengeance de la misère sur la bour-geoisie : partout où elle va, elle brise des vies humaines, des fortunes…

Martine
Carol
dans *Nana*.

Étienne Lantier : ouvrier révolutionnaire sérieux qui exerce un grand ascendant sur ses compagnons. Il lutte contre le capital, tout en se laissant aller à la réa-lisation de son ambition personnelle.

Les soirées de Médan

Zola réunit autour de lui ses disciples dans sa villa de Médan, non loin de Paris : Paul Alexis, Henri Céard, Léon Hennique, J.-K. Huysmans et Maupassant. Ils publient en-semble un recueil de nouvelles, *Les Soi-rées de Médan* (1880).

MOYEN ÂGE

XVIe SIÈCLE

XVIIe SIÈCLE

XVIIIe SIÈCLE

XIXe SIÈCLE

XXe SIÈCLE

Révolution du langage poétique

Répondant à « l'invitation » de Baudelaire, Rimbaud, Mallarmé et Lautréamont trouvent dans l'aventure poétique un moyen d'explorer l'inconnu. La difficulté de leurs œuvres déroute le lecteur.

La révolte contre la médiocrité

☐ Rimbaud, jeune et violent, s'en prend au conformisme social dès son adolescence. Ses premiers poèmes portent la trace de la révolte : il plaint les victimes de la guerre, peint le monde des pauvres et vilipende les fonctionnaires.

☐ Le héros de Lautréamont (1846-1870) incarne le mal et la souffrance. Il dénonce l'horreur du monde à laquelle il a pourtant conscience de participer.

☐ Mallarmé, bien qu'homme rangé dans sa vie quotidienne, rejette toutes les mesquineries qui l'environnent.

☐ En art, Rimbaud, Lautréamont et Mallarmé bannissent toute forme d'imitation du réel, qui voue les œuvres à la médiocrité ; leur inspiration vient d'expériences intérieures. Ils rejettent l'usage courant du langage, qui correspond à une vision utilitaire et superficielle de la réalité. Ils préfèrent, en poésie, utiliser un vocabulaire rare et transformer la syntaxe.

L'Absolu révélé par le langage

☐ Le langage est l'outil d'exploration idéal d'un monde absolu ; utilisé tantôt avec calcul, tantôt au hasard, il fait apparaître, dans le chatoiement de ses sonorités, des rapprochements inattendus et évocateurs. Les mots exercent une véritable fascination sur les poètes : ils semblent doués d'une vie autonome.

☐ Chez Rimbaud, le poète se fait « voyant » en accédant, par un « dérèglement des sens », à un monde hallucinant où vit l'âme universelle ; dans un langage universel résumant tout, « parfums, sons, couleurs », il devrait alors communiquer aux hommes « l'inconnu qui s'éveille en leur temps » et, grâce à lui, changer le monde.

☐ Chez Mallarmé, l'absolu est réservé à une élite, seule capable de s'élever à une réflexion métaphysique ; il est intemporel et froid. C'est un monde d'idées, de notions pures, à l'abri du hasard et de la mort.

Échec ou réussite ?

☐ Rimbaud abandonne la littérature à 21 ans. Dans *Une saison en enfer* déjà, il constatait l'échec de la voyance et la nécessité d'accepter la réalité. Pour Mallarmé, le monde est fait pour aboutir à « un beau livre » ; pourtant, désavouant son entreprise poétique, il demande qu'on brûle tous ses brouillons après sa mort. Le dernier recueil de Lautréamont semble désavouer les *Chants de Maldoror* (1869) auxquels il s'oppose.

☐ Pourtant, ces poètes ont ouvert la voie de la poésie moderne, Mallarmé en rappelant que l'écriture poétique est manipulation de signes ; Rimbaud en faisant naître le premier la création poétique de la déviance, de l'instinct, de la désagrégation ; Lautréamont, découvert par les surréalistes, en libérant les objets et les idées grâce à un langage qui rejette le contrôle de la raison.

Arthur Rimbaud

Né en 1854 à Charleville
Mort en 1891 à Marseille
Enfance : ses parents se séparent en 1860 ; il vit avec une mère austère.
Maître : Izambard, professeur de rhétorique, encourage les aspirations poétiques de Rimbaud et lui transmet ses idées socialistes.
Vie amoureuse : à 17 ans, il rencontre Verlaine, alors âgé de 27 ans. Pendant deux ans, ils mènent une vie de bohème en Belgique et à Londres.
Métier : après avoir voyagé en Extrême-Orient et en Europe, il part pour l'Afrique où il commerce et trafique sans beaucoup de succès.
Œuvres : *Poésies* (1870-1871) ; *Lettre du voyant* (1871) ; *Derniers vers* (1872) ; *Une saison en enfer* (avril-août 1873) ; *Illuminations* (1873-1875).

Stéphane Mallarmé

Né en 1842 à Paris
Mort en 1898 à Valvins, sa résidence de campagne
Enfance : la disparition de sa mère et de sa sœur provoque sa hantise de la mort.
Admirations : Edgar Poe, Baudelaire.
Métier : professeur d'anglais.
Vie littéraire : à partir de 1880, il réunit tous les mardis, chez lui, Henri de Régnier, Valéry, Claudel, Gide.
Signe particulier : rythme moyen de production : 20 vers par mois.
Œuvres principales : 1871 : *Hérodiade,* drame lyrique, qui restera à l'état de fragments ; 1876 : *L'Après-midi d'un faune* ; 1887 : *Poésies* (35 poèmes) ; 1897 : *Divagations* dont *Un coup de dés jamais n'abolira le hasard* (poème en prose paru dans la revue *Cosmopolis*).

■ L'art poétique du voyant

Dans une lettre à son ami Paul Demeny, dite *Lettre du voyant*, Rimbaud proclame la nécessité pour le poète d'apporter du nouveau. Le langage poétique s'en trouve renouvelé ; après Baudelaire, il établit des correspondances de moins en moins immédiates, mais de plus en plus justes, entre les diverses sensations.

■ La magie du verbe

Mallarmé rêve de donner au langage le pouvoir d'exprimer l'Idée pure dont les formes sensibles ne sont que des émanations.
Il confond les données de plusieurs sens, non pas dans une simple correspondance, mais dans la fusion totale des mots, des images et de la musique. Ainsi s'opère une magie verbale étonnante mais très difficile d'accès.

Coin de Table de Fantin-Latour. À l'extrême gauche, assis, Verlaine et Rimbaud.

Les poètes maudits

Verlaine révèle leurs noms : Corbière, Mallarmé, Rimbaud, Desbordes-Valmore, Villiers de l'Isle-Adam et lui-même ; on peut ajouter Nerval, Baudelaire et Lautréamont. Ils sont les maîtres de la nouvelle poésie.

MOYEN ÂGE

XVIᵉ SIÈCLE

XVIIᵉ SIÈCLE

XVIIIᵉ SIÈCLE

XIXᵉ SIÈCLE

XXᵉ SIÈCLE

Le symbolisme

Le mouvement symboliste s'étend sur la seconde moitié du XIXᵉ siècle et repose sur l'idée que, derrière les mots, se cache une réalité supérieure. On appelle école symboliste un groupe d'auteurs mineurs qui, à partir de « L'art poétique » de Verlaine, définit en 1886 un manifeste symboliste.

▅▅▅ Le symbole et son obscurité

☐ À la différence du symbole traditionnel où une image concrète (la colombe, par exemple) évoque une idée abstraite bien définie (la paix), pour les symbolistes l'idée naît du rapprochement de sensations ou de réalités concrètes habituellement séparées. Le symbole permet donc de faire naître le monde des idées qui offre un ordre nouveau où les contradictions disparaissent.

☐ Le sens du symbole n'est pas explicite mais suggéré, d'où une certaine obscurité ; d'autant que les correspondances ne s'établissent pas d'un mot à une idée mais d'un ensemble de mots à un réseau d'idées. Mallarmé devient hermétique en rapprochant des mots dont la puissance évocatrice ne naît pas du sens mais de la seule « vibration sonore ».

▅▅▅ La conception symboliste : idéalisme et sensibilité

☐ L'école symboliste est animée de courants divers : recherche d'une langue précieuse (Robert de Montesquiou, 1855-1921) ou au contraire simple et nette (René Ghil, 1862-1925, Gustave Khan, 1859-1936). Tous ont pour point commun le culte de Baudelaire et l'idéalisme : le monde visible n'est qu'un reflet du monde spirituel que seul le langage poétique permet d'atteindre. Jean Moréas (1856-1910) formule ces théories dans un *Manifeste littéraire* paru en 1886.

☐ Chez Verlaine, reconnu comme le père de cette école, l'idéalisme prend une forme particulière puisque le signe et la réalité à laquelle il renvoie sont mêlés : l'âme et le paysage vivent au diapason sans que l'on sache lequel des deux est métaphore de l'autre (« Il pleure dans mon cœur / Comme il pleut sur la ville »).

☐ Les poètes s'intéressent à toutes les sensations étranges qui peuvent révéler le monde des idées : la pénombre, le flou des rêves et des formes. Ils cherchent à créer un réseau évocateur dans lequel entrent en correspondance le mot, sa sonorité, les sens qu'il suggère. Tout doit contribuer à faire du poème une « symphonie ». Cette conception explique les rapports étroits qui unissent poètes symbolistes et musiciens. La collaboration de Debussy et Mallarmé pour *Le Prélude à l'après-midi d'un faune* en est un exemple.

▅▅▅ L'apport de l'école symboliste : le vers libre

Gustave Kahn met à l'honneur le vers libre. Mallarmé et Jules Laforgue (1860-1887) l'utilisent : ils font fi des règles de longueur des vers (on trouve dans leurs poèmes des vers de plus de douze syllabes) et d'organisation des strophes ; les rimes s'estompent en finales assonancées, puis disparaissent. Les mots créent la musique et les phrases suivent les sinuosités des émotions. Cette nouvelle forme poétique connaît un grand succès au XXᵉ siècle.

Paul Verlaine
Né en 1844 à Metz
Mort en 1896 à Paris

Métiers : 1862-1871 : employé de bureau à l'hôtel de ville de Paris ; 1875-1877 : professeur en Angleterre, puis en France ; 1880-1881 : exploitant agricole (échec).
Amours : Mathilde Mauté, qu'il épouse en 1870 et dont il a un fils ; ils se séparent en 1874. Arthur Rimbaud (1871-1873) : ils vont ensemble en Belgique et à Londres. Lucien Létinois, un de ses élèves (1878-1883). Après 1885, deux maîtresses (Eugénie Krantz et Philomène Boudin).
Signes particuliers : alcoolisme ; prison, de 1873 à 1875, pour tentative d'homicide volontaire sur la personne de Rimbaud et en 1885 (3 mois), pour violences envers sa mère.

■ **L'œuvre de Verlaine**

Poèmes saturniens (1866) : recueil influencé par Baudelaire et par le mouvement parnassien. Les poèmes sont regroupés en quatre parties : *Mélancholia*, succession de rêveries intérieures ; *Eaux fortes*, où l'éclairage lunaire domine ; *Paysages tristes*, où vie intérieure et vie extérieure sont confondues dans une écriture impressionniste ; *Caprices*.
Fêtes galantes (1869) : vingt-deux poèmes qui s'inspirent de la peinture de Watteau. Le thème dominant est celui de la fête amoureuse, où se multiplient les jeux de masque dans une atmosphère nocturne.
Romances sans paroles (1874) : le titre, paradoxal pour un recueil poétique, traduit bien la volonté d'imiter, par l'écriture, la peinture et la musique. La poésie baigne dans une atmosphère en demi-teintes et ne fait que suggérer les sentiments.
Sagesse (1881) : écrit à la suite de sa conversion en prison. Le recueil évoque l'itinéraire spirituel du poète.
Jadis et Naguère (1884) : est remarquable surtout par son poème « L'art poétique » ; écrit en fait en 1874, lorsqu'il était en prison. Verlaine n'y a jamais vu qu'une chanson, mais il a servi de manifeste à l'école symboliste.

■ **La musique verlainienne**

L'école symboliste reconnaît en Verlaine un maître de musique. De fait, il recherche « la musique avant toute chose ». Par les sonorités, il crée l'harmonie : disparition de la rime au profit d'assonances et d'allitérations, modulation des voyelles... Mais pour que la douceur ne devienne pas fadeur, il cultive aussi la dissonance (hiatus et diérèse) et l'irrégularité dans le rythme (préférence pour le vers impair, décalage du rythme et du sens par les rejets).

Principales œuvres symbolistes

Paul Verlaine : *Poèmes saturniens* (1866), *Romances sans paroles* (1874), Sagesse (1881).
Jules Laforgue : *L'Imitation de Notre-Dame de la lune* (1886).
Stéphane Mallarmé : *Poésies* (1887), *Hérodiade* (1869), *L'Après-midi d'un faune* (1876).
Gustave Kahn : *Les Palais nomades* (1887).
Jean Moréas : *Un manifeste littéraire* (1886).
Maurice Maeterlinck : *Pelléas et Mélisande* (1892).
Paul Claudel : *Tête d'or* (1889 - première version).

Vase de Gallé

MOYEN ÂGE

XVIᵉ SIÈCLE

XVIIᵉ SIÈCLE

XVIIIᵉ SIÈCLE

XIXᵉ SIÈCLE

XXᵉ SIÈCLE

Les mouvements décadents

Issus des désillusions de la guerre de 1870 et de la Commune, les mouvements décadents s'épanouissent entre 1884 et 1890. Ils veulent jouir d'un univers en décomposition et profiter de ses langueurs voluptueuses. Toute une mode se développe sur ce thème qui s'oppose aux naturalistes, aux parnassiens et aux rationalistes.

Dissidents et adversaires du naturalisme

☐ Barbey d'Aurevilly (1808-1889) et Villiers de l'Isle-Adam (1838-1889) ont toujours affiché leur haine du réalisme : ils dénoncent sa vision du monde, réductrice et avilissante.

☐ Plusieurs écrivains naturalistes, lassés par la description des misères du peuple (Maupassant, Renard, Huysmans) s'éloignent des théories de Zola. Refusant aussi de célébrer le progrès matériel, ils aspirent à un au-delà qu'ils perçoivent dans les rêves, les cauchemars et les fantasmes : ils deviennent décadents. Huysmans, se séparant du naturalisme, choisit un aristocrate raffiné et mystique, Jean Des Esseintes, pour héros de son roman *À rebours.*

Foisonnement des mouvements décadents

☐ En 1880, des groupes décadents aux noms provoquants (Hydropathes, Hirsutes, Zutistes, Jemenfoutistes) trouvent leur unité autour de Jean Des Esseintes, qui incarne l'esprit « fin de siècle », à la fois névrosé et raffiné.

☐ En 1886, Moréas abandonne le terme de décadence et rédige le manifeste du symbolisme ; le mouvement décadent continue néanmoins à vivre. Symbolistes et décadents collaborent dans plusieurs revues : *La Plume, La Vogue, Le Mercure de France, La Revue blanche.*

Aspiration au surnaturel : divin ou satanique ?

Défiant le pessimisme de la fin du siècle, les écrivains décadents s'intéressent aux réalités surnaturelles. Huysmans s'adonne à la magie noire et au satanisme avant de se convertir au catholicisme, séduit par la beauté de l'art chrétien. La conversion de Barbey d'Aurevilly ne l'empêche pas de créer des personnages sataniques dans *L'Ensorcelée* et *Les Diaboliques.* Villiers de l'Isle-Adam, bien que catholique, est attiré lui aussi par l'occultisme.

Le dandysme, signe de décadence

☐ À la fin du siècle, le dandysme se confond avec un certain « décadentisme » ; le dandysme était à l'origine une mode vestimentaire masculine lancée par George Bryan Brummel (1778-1840) dans la haute société londonienne. Puis il recouvre tout un état d'esprit : refus de la médiocrité ordinaire et recherche de la beauté pour sa personne et pour sa vie. Cette beauté se découvre sur le visage des autres qui est notre miroir. Pour attirer l'attention, le dandy cultive la provocation mais jamais ne tombe dans l'excentricité ; il reste à la limite extrême des convenances.

☐ En France, le dandysme s'incarne en plusieurs écrivains comme Balzac, Baudelaire, Barbey d'Aurevilly, et influence leur écriture (création de héros dandys et recherche d'un style sensuel et raffiné).

Joris-Karl Huysmans
(Ascendance hollandaise)
Né en 1848 à Paris
Mort en 1907 à Ligugé

Itinéraire : poète, romancier réaliste, naturaliste et décadent, puis bénédictin à Ligugé.
Amitié : Zola.
Signe particulier : se convertit au catholicisme en 1891.

■ Jean Des Esseintes, modèle des décadents

Le personnage, aristocrate comblé, ne sait plus où trouver du nouveau : il multiplie les artifices à la recherche de sensations nouvelles ; conformément à l'esprit dandy, il se consacre à des recherches vestimentaires et esthétiques ; il étudie, jusqu'à l'hallucination et la névrose, les correspondances entre les liqueurs et la musique.
Ses goûts littéraires servent de références et définissent les canons esthétiques du décadentisme (bijoux, parfums, fleurs, spécialement les fleurs naturelles ayant l'air artificielles).Il s'intéresse à la littérature latine décadente et aux modernes connus (Baudelaire) ou encore inconnus (Mallarmé, Gustave Moreau, Odilon Redon).

■ La continuité dans la rupture

Même si Huysmans est passé du naturalisme à l'idéalisme, son œuvre fait apparaître une réelle continuité. À l'image de l'auteur, ses héros sont des célibataires solitaires qui cherchent à échapper à la médiocrité de leur entourage et de leur vie. Les milieux changent, les réponses aussi, mais la quête reste la même. Le tempérament aussi est constant et donne son mordant, son raffinement et sa sensualité. La technique utilisée est largement héritée du naturalisme : véracité des documents, précision des détails, langue étoffée et nerveuse.

Principales œuvres décadentes

Jules - Amédée Barbey d'Aurevilly : *L'Ensorcelée* (1854), roman ; *Le Chevalier Des Touches* (1864), roman ; *Les Diaboliques* (1874), nouvelles.
Charles Cros : *Le Coffret de santal* (1873), poèmes.
Auguste Villiers de l'Isle - Adam : *Contes cruels* (1883), *Nouveaux contes cruels* (1888), nouvelles.
Paul Verlaine : *Les Poètes maudits* (1884), articles de critique.
Joris - Karl Huysmans : *À Rebours* (1884), roman.
Jules Laforgue : *Les Complaintes* (1885), poèmes.
Maurice Maeterlinck : *Pelléas et Mélisande* (1892), théâtre.
Alfred Jarry : *Ubu roi* (1896), théâtre.

Un dandy nonchalant par Loevy (1901).

MOYEN ÂGE

XVIe SIÈCLE

XVIIe SIÈCLE

XVIIIe SIÈCLE

XIXe SIÈCLE

XXe SIÈCLE

La critique littéraire

La critique prend sa forme moderne au XIXe siècle ; elle ne juge plus la conformité à des normes mais explique l'origine des œuvres et fait apparaître leur nouveauté. Sous l'influence du scientisme, la critique recherche l'objectivité scientifique. Sous l'influence de l'impressionnisme, elle prend un style plus intimiste.

Du jugement classique à la sympathie romantique

☐ La doctrine classique reste très présente au XIXe siècle : la Beauté est une réalité éternelle et universelle ; en elle sont réunis la Vérité et le Bien. L'esthétique qui correspond à cette doctrine est la recherche de l'équilibre et de l'harmonie, auxquels tous sont sensibles à travers tous les temps. La critique classique consiste à apprécier en quoi une œuvre est conforme à ces principes.

☐ Mme de Staël et Chateaubriand sont les premiers à dire que le beau est relatif à une époque et à un lieu. De plus, au lieu de juger les œuvres en fonction d'une idée extérieure de la Beauté, ils portent sur elles un regard enthousiaste et sympathique, essayant de les faire vivre de l'intérieur.

Vers une critique scientifique

☐ Pour expliquer l'évolution des œuvres littéraires, la critique s'efforce d'en définir les conditions de production. Sainte-Beuve cherche la source de l'inspiration dans la vie des écrivains. Il utilise surtout son intuition et ses talents de romancier, et fait de grandes reconstitutions historiques.

☐ Renan (1823-1892) applique ses travaux philologiques à une étude critique des textes sacrés. Adoptant une approche plus scientifique, Taine rejette l'intuition et fonde sa méthode sur des lois. Trois facteurs déterminent l'homme : la race, le milieu et l'époque. Il cherche à dégager de chaque œuvre la composante essentielle et à voir de quelle manière l'œuvre résulte de ces trois facteurs.

Les écrivains partisans d'une critique subjective

☐ Baudelaire pense que la critique naît du choc d'une rencontre dont le lecteur ou le spectateur essaye ensuite de préciser la nature. Les analyses passionnées de Baudelaire contiennent, notamment à propos de *Madame Bovary*, une force et une perspicacité supérieures à celles d'un Sainte-Beuve pourtant plus serein et objectif.

☐ De plus, le point de vue adopté par Baudelaire n'est pas extérieur (analyse des conditions de la production) mais intérieur : que se passe-t-il lorsque Delacroix peint, Wagner compose, Poe écrit ? En créateur, Baudelaire s'interroge sur les principes de la création. Il cherche à travers des artistes divers (peintres, musiciens, écrivains) à définir la beauté et le rôle de l'écrivain. La critique est indissociable de l'écriture.

☐ À la fin du siècle, sous l'influence de l'impressionnisme, les critiques cultivent la subjectivité : n'est-elle pas préférable à une pseudo-objectivité, qui reste toujours suspecte ? L'œuvre se présente alors comme une promenade littéraire à laquelle est convié le lecteur. Un écrivain y « raconte les aventures de son âme au milieu des chefs-d'œuvre » (Anatole France). Parmi ces critiques, Jules Lemaître, Rémy de Gourmont, André Gide.

SAINTE-BEUVE ET TAINE : L'ORIGINE DES CHEFS-D'ŒUVRE

Charles-Augustin Sainte-Beuve
Né en 1804
à Boulogne-sur-Mer
Mort en 1869 à Paris
Itinéraire : critique littéraire au journal *Le Globe*, il pénètre dans le cercle romantique. Après l'échec d'un recueil de poèmes et d'un roman autobiographique, il s'éloigne des romantiques et devient, dès 1840, un éminent critique.
Signe particulier : une liaison avec Mme Victor Hugo.

Hippolyte Taine
Né en 1828 à Vouziers (Ardennes)
Mort en 1893 à Paris
Itinéraire : École normale supérieure ; travaux de psychologie expérimentale ; échoue à l'agrégation de philosophie (pour incompatibilité doctrinale avec son jury) ; critique littéraire ; professeur aux Beaux-Arts ; historien.
Signe particulier : a fait découvrir Stendhal.

■ La méthode critique

Selon Sainte-Beuve, pour bien comprendre une œuvre, il faut en découvrir l'origine, c'est-à-dire le moment où le talent, l'éducation et les circonstances se sont accordés pour que l'auteur enfante son premier chef-d'œuvre. À partir de là, on suit sans difficulté l'auteur dans ses autres productions.
Mais, contrairement à Taine, les circonstances dans lesquelles une œuvre apparaît laissent une place au hasard et au génie. Leur détermination échappe donc aux procédés scientifiques ; elle repose plutôt sur l'intuition et demande une grande souplesse d'esprit.

■ Pour ou contre Sainte-Beuve ?

Bon interprète des auteurs classiques (il redécouvre Ronsard), Sainte-Beuve se trompe beaucoup sur ses contemporains, ignorant notamment les génies de Stendhal et Baudelaire.
Le critique Gustave Lanson (1757-1834) reproche à la méthode de mettre les œuvres au service des biographies et non le contraire. Marcel Proust, dans *Contre Sainte-Beuve*, oppose au « moi social » de la critique le « moi profond » qui se saisit par le souvenir fortuit.

■ Le système critique

Taine est animé d'un très grand souci d'exhaustivité ; que ce soit dans son œuvre de critique littéraire, artistique ou historique, il cherche avant tout à rendre compte de la totalité d'un homme en expliquant son comportement ou son œuvre par des influences externes : la race (les caractères innés), le milieu (climat et société) et le moment (situation historique). L'œuvre naît de la manière dont l'homme réagit à ces trois influences.
Par ce déterminisme social extrême, Taine invente une nouvelle science, la socio-critique ; mais il réduit la complexité de l'individu et la richesse des œuvres d'art.

Baudelaire « critique » les peintres

— « Rembrandt, triste hôpital tout rempli de murmures… »
— « Watteau, ce carnaval où bien des cœurs illustres, comme des papillons errent en flamboyant… »
— « Delacroix, lac de sang hanté de mauvais anges, ombragé par un bois de sapins toujours verts… »
        (« Les phares », *Les Fleurs du mal*)

MOYEN ÂGE

XVIe SIÈCLE

XVIIe SIÈCLE

XVIIIe SIÈCLE

XIXe SIÈCLE

XXe SIÈCLE

Écrivains de la Belle Époque

La Belle Époque s'étend de 1900 à 1914 : période d'équilibre où l'on découvre les agréments des nouvelles techniques (cinéma, automobile, électricité). C'est le temps de l'extension de la presse illustrée, du développement du sport et des loisirs, du triomphe de l'illusion et de l'optimisme.

Des auteurs à succès

☐ La littérature est marquée par la persistance d'une tradition solide et des perspectives mesurées de renouveau. Un groupe d'écrivains, maîtres à penser officiels, servent les idées de la bourgeoisie au pouvoir : parmi eux, Paul Bourget (1852-1935) et son moralisme réactionnaire, Maurice Barrès (1862-1923) qui préconise le culte du moi et un fort nationalisme, connaissent un franc succès.

☐ Anatole France (1844-1924) tranche sur ce fond de conformisme : s'il manifeste un grand attachement à la tradition du style et de la pensée, il incarne aussi un rationalisme convaincu à travers ses contes philosophiques (*La Rôtisserie de la reine Pédauque*, 1893, en particulier, où le personnage de l'abbé Coignard, opposé à tout fanatisme, est son porte-parole).

Romans à idées, romans à thèse

☐ Le roman est le grand genre littéraire de l'époque. À l'appellation « roman à thèse », proposée par les critiques, qui suggère une image déformée de la réalité et une œuvre de propagande, les écrivains préfèrent le terme « roman à idées » qui induit une connotation morale : l'œuvre offre une analyse de la vie à valeur exemplaire.

☐ Paul Bourget prône le retour au spiritualisme dans *Le Disciple* (1889) ; Anatole France dénonce l'intolérance et le fanatisme dans *Les Dieux ont soif* (1912) qui a pour cadre la Terreur, et Maurice Barrès défend la terre déchirée de Lorraine, bastion du patriotisme, dans *La Colline inspirée* (1913). Romain Rolland (1866-1944) dans les dix volumes de *Jean-Christophe* (1904-1912) propose un itinéraire pour trouver la paix intérieure à travers difficultés professionnelles, intrigues sentimentales et dégradation du climat international.

Vers une poésie concrète

☐ Comme les autres genres, la poésie est très à l'honneur ; l'homme de lettres du début du siècle commence souvent sa carrière par un volume de poèmes (Jules Romains, 1885-1972 ; Georges Duhamel, 1884-1966 ; François Mauriac, 1885-1970...). La Belle Époque est marquée par une remise en question du symbolisme, jugé trop épuré et trop éthéré.

☐ Les innovations sont nombreuses : le naturisme (Francis Jammes, 1868-1938 ; Paul Fort, 1872-1960) vise à restituer un humanisme en poésie et propose une libération métrique. L'unanimisme souhaite exalter la vie collective (Jules Romains, Georges Duhamel) et le romantisme féminin (Anna de Noailles, 1876-1933) associe les sentiments à une poésie charnelle. Tous ont en commun un désir de revenir à des sujets concrets pour leurs poèmes.

LA VIE CULTURELLE À LA BELLE ÉPOQUE

■ Le théâtre

Le théâtre, servi par des acteurs exceptionnels tels que Lucien Guitry (1860-1925) et Sarah Bernhardt (1844-1923), occupe une place majeure dans les goûts culturels de la Belle Époque.

Le théâtre de boulevard, qui tire son nom du lieu où il est né, connaît une multitude de pièces qui ont en commun de susciter une émotion facile. Ses thèmes favoris sont les vicissitudes de l'amour, l'argent et la promotion sociale.

Le vaudeville, plus littéraire, au rythme endiablé ponctué par des éclats de rire, est représenté par Georges Feydeau (1862-1921), successeur de Labiche (1815-1888) et auteur d'une quarantaine de pièces, qui dénonce le conformisme de la bourgeoisie.

La comédie légère, représentée par Georges Courteline (1858-1929), relève le trait dominant d'un personnage et le pousse jusqu'à la caricature. Il fait une satire de la vie bureaucratique dans *Messieurs les ronds-de-cuir* (1893) qui connaîtra un succès inégalé.

Le théâtre d'Alfred Jarry (1873-1907) – et surtout son personnage Ubu – rompt avec ce théâtre plaisant. Ubu, personnage voleur et absurde, incarne tout le ridicule de l'homme, sa vulgarité, sa bassesse et son absurdité.

Dans ce climat de gaieté, Edmond Rostand (1868-1918), versificateur de génie, connaît un triomphe inattendu avec *Cyrano de Bergerac* (1897), élevé au rang de mythe, qui est la dernière manifestation de l'héroïsme néo-romantique.

■ Le demi-monde

Ainsi s'appelle le Tout-Paris des écrivains, des artistes et des comédiens qui dîne chez Maxim's, se promène au Bois et roule en automobile. Leur lieu de prédilection est Montmartre, ses cabarets et ses bals où l'on écoute les chansons des anarchistes Aristide Bruant et Jehan-Rictus ; leur star est la Goulue, immortalisée par Toulouse-Lautrec.

■ Le cinéma

Méliès (1861-1938) a inventé et développé le cinéma à la Belle Époque en créant des truquages spectaculaires. Le Gaumont-Palace projette chaque soir *L'Enfant de Paris* devant un public de 6 000 personnes qui ne tarit pas. Le Palais-Rochechouart propose *Les Derniers Jours de Pompéï* devant des spectateurs tout aussi nombreux. Charlot fait son apparition sur les écrans et soulève l'enthousiasme. Le cinéma commence déjà à concurrencer le théâtre...

■ La mode Claudine

Lancée vers 1900 par Willy et Colette (1873-1954) (avec la série romanesque des *Claudine*), la mode Claudine connaît un immense succès : cols, chapeaux, cheveux courts... Elle correspond au désir d'émancipation de la femme qui commence à se faire jour.

Le monde de
Montparnasse,
vu par Van
Dongen

MOYEN ÂGE

XVIᵉ SIÈCLE

XVIIᵉ SIÈCLE

XVIIIᵉ SIÈCLE

XIXᵉ SIÈCLE

XXᵉ SIÈCLE

Du symbolisme au cubisme

Le développement spectaculaire des techniques et de la psychanalyse pousse les poètes à explorer de nouvelles sources d'inspiration. Guillaume Apollinaire est le premier à éprouver la nécessité d'une rupture avec le passé. Son œuvre, d'une grande liberté formelle, porte tous les germes de la modernité naissante.

▬▬▬ Tradition symboliste et modernité

☐ L'œuvre de Guillaume Apollinaire regorge d'images insolites. Elles sont le fruit de la rencontre de plusieurs traditions : la littérature merveilleuse du Moyen Âge, les légendes allemandes et bretonnes que le poète mêle aux symboles inspirés par ses rêveries.

☐ Cette œuvre éclectique tire toute son originalité de la fusion d'images traditionnelles et d'images contemporaines : cette association donne aux poèmes un élan lyrique résolument moderne.

▬▬▬ Au gré de l'esprit

☐ Homme d'une sensibilité exacerbée, Apollinaire garde intactes dans sa poésie les associations libres de son esprit en mouvement. Ses poèmes se présentent souvent sous la forme d'instantanés qui viennent d'intuitions soudaines.

☐ Le temps (mémoire, nostalgie, souvenir, regret des amours perdues) et l'eau, symbole de la rêverie et de la fugacité, y occupent une place centrale. Les thèmes s'enchaînent naturellement au gré des errances de l'esprit.

▬▬▬ L'esthétique du discontinu

☐ Ce foisonnement de l'inspiration donne à ses poèmes l'apparence d'une composition libre. La sensation étant elle-même fragmentaire, Guillaume Apollinaire veut la restituer telle quelle, selon une esthétique du discontinu. Les peintres cubistes, et particulièrement Georges Braque (1882-1963), qu'Apollinaire admirait, font eux aussi éclater la réalité en recomposant sur leurs toiles les diverses parties d'un objet.

☐ Le spectacle de la ville de nuit est un des thèmes de prédilection du poète fasciné par cette féerie où tout semble se juxtaposer sans jamais se fondre. De même que les paysages vus du train, à l'imitation de Blaise Cendrars (1887-1961) qu'apprécie tant Apollinaire.

▬▬▬ Les innovations formelles

☐ Apollinaire est le premier à s'affranchir des contraintes prosodiques et grammaticales, et de la ponctuation. Il use le plus souvent de vers libres rimés qui allient un lexique trivial et un lexique recherché.

☐ Le recueil *Alcools* frappe par sa diversité formelle : poèmes symbolistes et élégies plus traditionnelles côtoient des poèmes éclatés aux hardiesses syntaxiques (*La Chanson du mal-aimé*), à la ponctuation systématiquement supprimée suivant l'idée que « le rythme même et la coupe des vers, voilà la véritable ponctuation ».

☐ Par ses choix nouveaux et son souci de rendre compte des aléas de l'inconscient, Apollinaire est le précurseur du surréalisme.

Wilhelm Apollinaris Albertus de Kostrowitzky
Pseudonyme :
Guillaume Apollinaire
Né en 1880 à Rome
Mort en 1918 à Paris
(de la grippe espagnole)

Famille : sa mère est une demi-mondaine romaine d'origine polonaise et son père (qui refuse de le reconnaître) un officier italien.

Carrière : de nombreux petits métiers à Paris, puis précepteur en Allemagne (1901-1902). Il s'engage en août 1914 (blessé et trépané en 1916).

Amours : Annie Playden, Marie Laurencin (peintre à Paris, avec qui il vit jusqu'en 1912) et Louise de Coligny-Châtillon.

Amitiés : de nombreux peintres (Picasso, Derain, Vlaminck, le Douanier Rousseau) et poètes (Max Jacob, Salmon) qu'il retrouve régulièrement au Bateau-Lavoir à Paris.

Signe particulier : publie des romans érotiques sous un faux-nom pour subsister.

■ Le Bestiaire (1909)

Cette œuvre peu connue d'Apollinaire vaut par son originalité d'écriture. Le poète a tiré son inspiration des « bestiaires » du Moyen Âge, recueils de textes courts qui énuméraient les propriétés et les singularités des animaux. Apollinaire en imite les formules archaïques et le ton énigmatique dans de courts poèmes imprégnés de références latines et grecques. À chaque animal est rattaché un symbole. Raoul Dufy (1877-1953), peintre et ami du poète, illustra d'une gravure chacun des poèmes.

■ Alcools (1913)

Ce recueil réunit tous les poèmes écrits de 1898 à 1913, sans ordre chronologique. Le titre est une référence à Rimbaud (*Le Bateau ivre*). L'ensemble du recueil, où tous les genres et les tons se mêlent, est une exaltation de l'imagination et du merveilleux, un hymne au voyage, à l'amour, au progrès et à la puissance poétique. Il comprend des textes qui sont devenus les classiques d'Apollinaire : *Le Pont Mirabeau, Les Colchiques, Nuit rhénane* et *La Chanson du mal-aimé* (poème de la désillusion amoureuse écrit quand Annie Playden se sépara du poète).

■ Calligrammes (1918)

Apollinaire a voulu user des « possibilités figuratives du vers » en inventant les *Calligrammes*, c'est-à-dire des poèmes dont la typographie est signifiante voire en forme de dessin. Il voit un intérêt plastique dans l'observation du monde moderne bouleversé par la vitesse et cherche à rendre compte, par la vue même du poème, de cet éclatement. Le recueil porte le sous-titre banal de « Poèmes de la paix et de la guerre » : les thèmes principaux en sont la passion charnelle et l'horreur mêlées dans un même tourbillon poétique.

Portrait de Lou (Louise de Coligny-Châtillon).

MOYEN ÂGE

XVIe SIÈCLE

XVIIe SIÈCLE

XVIIIe SIÈCLE

XIXe SIÈCLE

XXe SIÈCLE

Le roman en recherche

L'écriture de Marcel Proust a une influence déterminante sur l'évolution ultérieure du roman : pour la première fois dans la littérature, un homme se penche sur son passé et analyse son époque pour raconter le cheminement de sa conscience jusqu'au moment où s'impose la nécessité de l'œuvre à écrire.

Le narrateur et ses personnages

□ Proust, nourri de la lecture des moralistes, nous offre une peinture de la frivolité et du snobisme des milieux mondains bourgeois et aristocrates, dont il est issu, sans aucune révolte contre l'ordre social.

□ Il met en scène des personnages nettement dessinés : Legrandin, le snob précieux, Bloch et ses pastiches hellénisants, le diplomate Norpois aux discours alambiqués, Odette de Crécy, la demi-mondaine coquette, la duchesse de Guermantes, la grande dame, Françoise, la servante dévouée… Jusqu'aux personnages secondaires qui représentent chacun un type humain dans un monde désabusé, marqué par la jalousie, le vice et l'hypocrisie.

La découverte de soi par la narration

À la recherche du temps perdu (1913-1927), œuvre majeure de Proust, est aussi l'histoire d'une conscience. Toute l'œuvre, écrite au passé, révèle au présent la conscience du narrateur, observateur et acteur dans le monde du roman. Proust observe le monde qui forme sa conscience et le pousse à écrire. Il cherche à dégager l'importance du regard et de la subjectivité dans l'appréciation des autres et du monde.

La magie de la mémoire

□ Influencé par les travaux de Bergson sur le temps, Proust pense que le temps détruit les souvenirs et l'épaisseur de la conscience. Le moi se transforme continuellement. Seule la mémoire involontaire ressuscite le passé à partir du goût d'un gâteau (d'une madeleine) ou du parfum d'une fleur qui, par leur pouvoir suggestif, reconstruisent « l'édifice immense du souvenir ».

□ Tout le microcosme familier de l'enfance du narrateur resurgit ainsi, immortalisé par la magie de la mémoire : le village d'Illiers (devenu Combray), le Loir (la Vivonne) et les plages normandes de Cabourg (Balbec).

Une poétique de l'art

□ Un seul univers compte, celui de l'art. L'art peut transfigurer notre vision du monde. Proust nous présente de piètres figures d'artistes, décevants en tant qu'hommes, mais transfigurés par leur art et leur talent.

□ Sa phrase, si souvent critiquée pour sa longueur, est à l'image de sa pensée : construite, coupée d'incises, elle cherche à faire apparaître toutes les correspondances entre les aspects du monde et les profondeurs de l'âme.

□ Dans *Contre Sainte-Beuve* (1954, posthume), Proust critique la conception de Sainte-Beuve selon laquelle l'œuvre d'un écrivain est le reflet de sa vie et s'explique par elle.

PROUST, ROMANCIER DU ROMAN

Marcel Proust
Né en 1871 à Paris
Mort en 1922 à Paris

Études : brillantes au lycée Condorcet, à l'École des sciences politiques, puis licences de droit et de lettres à la Sorbonne.
Carrière : collaborateur de revues littéraires, « attaché non rétribué » à la bibliothèque Mazarine, fréquente les milieux mondains qui font mûrir en lui ses personnages.
Amitiés : Robert de Flers ; le musicien Reynaldo Hahn ; Mme Straus, sa confidente.
Signes particuliers : à partir de la mort de ses parents (son père en 1903 et sa mère en 1905), Proust s'éloigne de la vie mondaine pour ne plus se consacrer qu'*À la recherche du temps perdu*.
Autres œuvres : *Les Plaisirs et les Jours* (1896) : peinture autobiographique de la société mondaine ; *Jean Santeuil* (publié en 1952 mais composé entre 1896 et 1904) : premier roman de Proust ; *Contre Sainte-Breuve* (publié en 1954).

Il n'y a aucune aventure dans le récit proustien. Il n'est pas centré sur l'intrigue ni sur l'action, mais sur le temps subjectif, c'est-à-dire la perception qu'a le narrateur des événements : souvent, ce qui est précipité dans la chronologie extérieure revêt une durée immense dans la lecture. Proust a construit son œuvre « comme une cathédrale » où les vérités et les harmonies entre les choses et les êtres se révèlent peu à peu. Le roman est à la fois une peinture de la société, un roman psychologique, une autobiographie, un essai sur la littérature... *La Recherche* mêle toutes les formes romanesques dans un seul univers : le livre est le roman d'un roman, la découverte d'une vocation.

La comtesse Greffulhe, inspiratrice de la duchesse de Guermantes.

■ Structure de *La Recherche*

Le cycle des sept romans qui constituent *À la recherche du temps perdu* reprend incessamment les mêmes personnages et les mêmes thèmes, mais toujours avec des variations subtiles :
– *Du côté de chez Swann* (1913) ;
– *À l'ombre des jeunes filles en fleurs* (1919) ;
– *Le Côté de Guermantes* (1920) ;
– *Sodome et Gomorrhe* (1921) ;
– *La Prisonnière* (1923, posthume) ;
– *Albertine disparue* (ou *La Fugitive*, 1925, posthume) ;
– *Le Temps retrouvé* (1927, posthume).

Histoire d'édition

Le premier livre de *La Recherche*, *Du côté de chez Swann* est publié par Proust en 1913 à compte d'auteur chez Grasset, après avoir été refusé par nombre d'éditeurs. Cependant, en 1916, la NRF demande à Proust l'autorisation de l'éditer et fait paraître *À l'ombre des jeunes filles en fleurs* qui obtient le prix Goncourt en 1919.

MOYEN ÂGE

XVIᵉ SIÈCLE

XVIIᵉ SIÈCLE

XVIIIᵉ SIÈCLE

XIXᵉ SIÈCLE

XXᵉ SIÈCLE

La poésie spirituelle

Au début du siècle une authentique littérature religieuse voit le jour à la faveur du renouveau théologique de l'Église. Charles Péguy et Paul Claudel, tous deux convertis, retrouvent le sens du mystère et du symbole dans une poésie au lyrisme religieux intense, qui trouve ses prolongements dans tout le siècle.

Des sources d'inspiration mystiques

☐ Dans les œuvres de Péguy, soit Dieu parle directement à sa créature avec un langage humain, soit le poète reproduit le dialogue mystique entre l'homme et Dieu sous forme de profondes interrogations spirituelles.

☐ Claudel (1868-1955) puise à des sources intellectuelles : la Bible, les *Pensées* de Pascal, les *Sermons* de Bossuet, *La Somme théologique* de saint Thomas d'Aquin révélée par son confesseur... Il approfondit sa connaissance de Dieu, qui va de pair avec la découverte des pouvoirs du poète.

Révélation et incarnation

☐ Pour Péguy, l'union entre le charnel et le spirituel, signe de l'incarnation du Christ, porte à espérer et à aimer les autres et particulièrement Marie, en qui Dieu s'est révélé, ainsi que les saints chers à la dévotion populaire : Jeanne d'Arc, sainte Geneviève, saint Louis... Péguy reprend le genre médiéval du mystère qui est la représentation des hauts faits d'un saint. Cette forme dramatique édifiante lui permet une méditation sur les mystères théologiques, particulièrement l'Espérance, qu'il compare à « une petite fille de rien du tout qui marche entre ses deux sœurs aînées », la Foi et la Charité.

☐ Selon Claudel, la religion nous apporte la Parole qui révèle le sens de la Création. La foi donne aux actions humaines une valeur dramatique.

L'origine de la parole poétique

☐ Le poète, pour Claudel, est l'imitateur de Dieu, et la poésie, l'imitation de la Création. Ses vers sont remplis d'images cosmiques et bibliques. Dans *Les Cinq Grandes Odes* le poète découvre la puissance de Dieu qui confère au poète le pouvoir de nommer les éléments de la Création. Pierre Reverdy (1889-1960) et Victor Segalen (1878-1919), plus tard, vont fonder toute leur poésie sur ce pouvoir divin qu'a le poète de nommer.

☐ Chez Péguy la poésie rejoint étroitement la prière et les nombreux emprunts à l'Évangile rappellent régulièrement que la méditation de la Parole de Dieu est la nourriture poétique par excellence.

Le rythme de l'invocation

☐ Selon Claudel, « recevoir l'être et restituer l'éternel » est le mouvement à deux temps qui est l'acte constant du poète. Le verset, « idée isolée par du blanc », reproduit le mieux, selon lui, l'inspiration (le blanc) et l'expiration (le verset).

☐ L'œuvre de Péguy se caractérise par l'entrelacement des thèmes qui donne un rythme incantatoire au texte. Dans *Tapisseries*, proches de l'hymne et de la litanie, les thèmes s'enchaînent à la manière d'associations d'idées avec un perpétuel recommencement.

PÉGUY :
L'HOMME D'ACTION MYSTIQUE

Charles-Pierre Péguy
Né en 1873 à Orléans
Mort en 1914,
tué à Villeroy-en-Brie
(lors de la campagne
de Lorraine)
Famille : père menuisier et mère rempailleuse de chaises.
Études : lycée d'Orléans, hypokhâgne au lycée Louis-le-Grand à Paris, École normale supérieure.
Carrière : fondateur de revues, dramaturge puis poète ; lieutenant pendant la guerre de 1914.
Signe particulier : converti vers l'âge de trente-deux ans (lente maturation vers la foi), il a toujours refusé de recevoir les sacrements.

■ L'œuvre de Charles Péguy

Jeanne d'Arc (1897) : drame en trois pièces. À travers l'histoire de la Sainte, Péguy exprime ses propres angoisses et développe une critique acerbe des classes possédantes.

Notre patrie (1905) marque une distance prise vis-à-vis de l'idéologie socialiste et une redécouverte des valeurs nationales.

Clio, dialogue de l'histoire et de l'âme païenne (1909).

Le Mystère de la charité de Jeanne d'Arc (1910) : long poème, grande œuvre de la conversion de Péguy, qui rappelle la dimension mystique des hauts faits de Jeanne d'Arc. Il comprend *Le Porche du mystère de la deuxième vertu*, dialogue poétique entre Dieu et l'homme qui célèbre la deuxième vertu théologale, l'Espérance. Il se clôt par *Le Mystère des saints innocents*, méditation sur la foi.

Victor-Marie, comte Hugo (1911) : évocation du passé dreyfusard de Péguy et célébration de l'amitié.

Tapisseries : au nombre de trois (*La Tapisserie de sainte Geneviève et de Jeanne d'Arc*, 1912, *La Tapisserie de Notre-Dame*, 1913 et *Ève*, 1913) ; Péguy cherche, à travers leurs vers variés, à traduire le mystère de l'incarnation.

■ Les Cahiers de la Quinzaine

Rejeté par les socialistes dont il avait été proche, suspect aux yeux des catholiques, Péguy fonde en 1900 *Les Cahiers de la Quinzaine*, « journal vrai », respectueux des libertés individuelles, anticlérical mais imprégné de spiritualité, qui traite de problèmes sociaux et d'actualité politique. Cette revue est le fruit d'un travail acharné dans des conditions financières précaires. Elle paraît jusqu'à la mort de l'écrivain qui y a publié, outre ses œuvres majeures, des textes de Romain Rolland, André Suarès, Henri Bergson, Jean Jaurès…

Quelques exemplaires des *Cahiers de la Quinzaine.*

La poésie spirituelle au XXe siècle

Francis Jammes : *Clairières dans le ciel* (1906).
Paul Claudel : *Art poétique* (1907), *Cinq grandes odes* (1910).
Victor Segalen : *Stèles* (1912).
Pierre Reverdy : *Plupart du temps* (1915-1922).
Marie Noël : *Les Chansions et les Heures* (1920).
Pierre Emmanuel : *Orphiques* (1942), *Évangéliaire* (1948).
Patrice de la Tour du Pin : *La Quête de la joie* (1933), *Une somme de poésie* (1946).

MOYEN ÂGE

XVIᵉ SIÈCLE

XVIIᵉ SIÈCLE

XVIIIᵉ SIÈCLE

XIXᵉ SIÈCLE

XXᵉ SIÈCLE

Le théâtre spirituel

Au cours du siècle, une lignée d'écrivains s'est obstinée à récuser les matérialismes ambiants : Péguy, Claudel, Bernanos, Mauriac, Montherlant, Gabriel Marcel, Julien Green... Catholiques, protestants ou sceptiques, ils ont voulu dans leur théâtre rappeler à l'homme sa grandeur et son destin spirituels.

Des drames du péché et de la grâce

☐ Le théâtre de Claudel est lyrique. Les spectateurs participent au drame comme à une liturgie qui conduit l'humanité vers la grâce.

☐ Georges Bernanos (1888-1948), qui reproche à Claudel son mysticisme mièvre et éthéré, enracine ses drames dans l'histoire de la misère du peuple en proie au mal, qui porte le péché du monde, et recouvre ainsi la grâce.

☐ On trouve dans le théâtre de François Mauriac (1885-1970) une atmosphère lourde de péché rendue par des personnages violents et corrompus qui se débattent sur le chemin de la rédemption.

☐ Dans le théâtre de Montherlant, il s'agit toujours du même conflit entre un père vieillissant et de jeunes hommes : le père leur reproche leur médiocrité et cherche à les entraîner vers un idéal de pureté.

Alliance du charnel et du spirituel

☐ Claudel montre à travers toutes ses pièces comment le charnel aspire au spirituel. Il use souvent de la représentation symbolique de l'arbre qui puise son énergie dans la terre et s'élance vers le ciel. Il donne du reste le titre *L'Arbre* (1901) à un de ses recueils qui regroupe cinq de ses pièces.

☐ Bernanos rappelle aux hommes que le mal s'éprouve et s'accueille avec simplicité : la prieure du Carmel de Compiègne du *Dialogue des carmélites* ne cesse de l'enseigner à ses religieuses, tout en les exhortant à prier pour donner un sens spirituel à leur souffrance, qui devient signe de l'amour de Dieu.

Dilemmes spirituels

☐ Les héros de Montherlant essaient de concilier leur bonheur terrestre avec le salut de leur âme. Devant le constat d'impossibilité d'une telle harmonie, ils se tournent, après des moments graves de tourments spirituels, vers une morale du renoncement : dans *Le Maître de Santiago* (1947), Don Alvaro et sa fille Mariana, qui sacrifie son amour, se retrouvent dans un couvent. Le *Journal d'un curé de campagne* (1936) est le récit intime du curé d'Ambricourt entre la nuit de la souffrance et la lumière de la Résurrection. La force du texte a permis de nombreuses adaptations à la scène.

☐ Le dilemme spirituel n'est pas moins fort pour le jeune pasteur de *Sud* (1953) de Julien Green (1900-1998), obligé de renoncer à ses désirs homosexuels à cause de la morale puritaine de son entourage et de ses choix religieux.

☐ Chez Claudel, le sacrifice amoureux prend tout son sens dans *Partage de midi* (1906). Selon l'idée de saint Augustin que « l'amour ne peut s'opposer à l'amour », Mesa renonce à Ysé comme Claudel a dû renoncer à Rose Vetch, une femme mariée, et transfigurer son amour en foi profonde.

CLAUDEL ET MONTHERLANT : L'AMOUR ET LA SOUFFRANCE

Paul Claudel

Né en 1868 à Villeneuve-sur-Fère-en-Tardenois (dans l'Aisne)
Mort en 1955 à Paris

Formation : études de droit et de sciences politiques et reçu premier au concours des Affaires étrangères.
Famille : subit, enfant, l'ascendant de sa sœur Camille, sculpteur, élève de Rodin.
Carrière : diplomate principalement aux États-Unis et en Orient. Fin de carrière comme ambassadeur à Tokyo, Washington et Bruxelles.
Amitié : Jean-Louis Barrault.
Amour : avec la Polonaise Rose Vetch.
Signe particulier : converti la nuit de Noël 1886 à Notre-Dame pendant le Magnificat. Ce retour à la foi s'accompagne d'une obéissance de l'être tout entier à l'Église.

Henry de Montherlant

Né en 1896 à Paris
Mort en 1972 à Paris

Passions : Rome, la tauromachie.
Voyages : un seul voyage en 7 ans qui le conduisit en Espagne, en Italie et en Afrique du Nord.
Carrière : romancier et dramaturge.
Signe particulier : s'est suicidé.

■ La scène à l'échelle du monde

Paul Claudel a le souci d'englober le monde dans sa totalité. Dans *Le Soulier de satin* (1924), « la scène est le monde » : l'auteur dit lui-même qu'il a voulu comprimer les pays et les époques pour en faire un microcosme.
Les références historiques diverses, la Commune dans *La Ville* (1890) et le Moyen Âge dans *La Jeune Fille Violaine* (1901), ont pour effet de transcrire le caractère éternel des questions que soulève Claudel, soucieux de montrer comment s'enracine l'universel dans le particulier.
La femme dans le théâtre claudélien a toujours pour vocation sublime de révéler à l'homme la charité en le soustrayant à son égoïsme naturel. Quel que soit son prénom, elle est Ève et Marie, la femme originelle.

■ Écriture de l'ascèse

Henry de Montherlant enchaîne pièce sur pièce sur une assez courte période de grande fécondité (douze pièces entre 1942 et 1965). Il construit une morale de l'action, en plusieurs pièces, qui consiste à refuser de vivre dans le cadre du quotidien. Mais ses héros sont désabusés devant l'absurdité des défis qu'ils se lancent.
Le public est content de retrouver à travers Montherlant la tradition tragique, dans une langue pure : les formules sont frappantes comme dans les pièces de Corneille. Par ailleurs, Montherlant pousse à réfléchir sur de grands problèmes de politique, de métaphysique et de religion.

Œuvres dramatiques spirituelles

Paul Claudel : *Tête d'or* (1890, 1re version), *La Ville* (1893, 1re version), *Partage de midi* (1906), *L'Otage* (1911), *L'Annonce faite à Marie* (1912), *Le Soulier de satin* (1929).
François Mauriac : *Asmodée* (1938), *Les Mal-Aimés* (1945).
Henry de Montherlant : *La Reine morte* (1942), *Port-Royal* (1954), *Le Maître de Santiago* (1947).
Georges Bernanos : *Dialogues des carmélites* (1949, posthume).
Julien Green : *Sud* (1953).

MOYEN ÂGE

XVIᵉ SIÈCLE

XVIIᵉ SIÈCLE

XVIIIᵉ SIÈCLE

XIXᵉ SIÈCLE

XXᵉ SIÈCLE

Esthétiques de la pureté

Deux amis, André Gide et Paul Valéry, partagent des conceptions intellectuelles communes et une même exigence de pureté. Leurs œuvres, essentiellement romanesques pour le premier et poétiques pour le second, ont en commun le souci du dépouillement, la maîtrise du langage et un même sens de l'engagement.

Le roman pur

☐ André Gide, avec *Les Faux-Monnayeurs* (1925) annonce sa volonté de réduire le roman à sa pure essence. Il abandonne tout ce qui rattache le roman à la réalité en refusant la chronologie linéaire, et préfère au contraire retranscrire la simultanéité des gestes et des pensées.

☐ En outre il ne veut pas clore son roman par une conclusion définitive qui arrête la vie des personnages et l'imagination du lecteur.

☐ Il s'exprime lui-même dans son roman par le procédé de la mise en abyme (c'est-à-dire du roman dans le roman : le héros, Édouard, écrit lui aussi un roman intitulé *Les Faux-Monnayeurs*).

☐ Pour le cadre de ses romans, Gide ne cherche à retenir que « le significatif, le décisif, l'indispensable ». Il dépouille le décor pour instaurer un lieu de caractères.

La poésie pure

☐ Paul Valéry, disciple de Mallarmé, recherche d'abord la beauté plastique : dans *La Jeune Parque* (1917) et *Le Cimetière marin* (1920), il accorde son rythme à celui des vagues et du vent pour reproduire le souffle de la vie.

☐ Il donne une place essentielle à la composition « architecturale » du poème, qui doit créer un nouvel univers : le paysage devient un temple au début du *Cimetière marin*. Le vocabulaire abstrait est chargé de véhiculer « la vraie pensée » et les figures de style d'allier le son et le sens de manière à ce que « qu'ils se répondent indéfiniment dans la mémoire ». Valéry définit la poétique comme l'exécution du poème.

☐ La priorité est accordée à la forme : les mots s'appellent, leurs influences mutuelles doivent dominer le sens du poème. Pour Valéry la poésie pure signifie qu'elle est « pure d'éléments non poétiques ».

Deux regards sur l'actualité

☐ Nul retranchement du monde pourtant chez ces deux auteurs apparemment plus soucieux de forme que de fond. Paul Valéry critique la civilisation occidentale en intervenant avec recul et objectivité sur des questions d'actualité : l'Europe qui devient minoritaire dans le monde, les dictatures, l'enseignement…

☐ Dans le *Journal* qu'il tient à partir de 1889, André Gide s'ouvre à des préoccupations altruistes : après la Première Guerre mondiale, il pose le problème de la « régénération » de la France. Après son voyage au Congo (1925), il prend position contre le colonialisme. Il soutient passagèrement le communisme stalinien jusqu'en 1936. Il se complaît à réveiller les vraies questions qui dorment derrière les conventions. Sa présence au Congrès mondial de la Paix, en 1932, a représenté un événement pour le monde intellectuel.

DEUX MAÎTRES DU LANGAGE : GIDE ET VALÉRY

André Gide
Né en 1869 à Paris
Mort en 1951 à Paris

Milieu social : haute bourgeoisie protestante.
Voyages : Tunisie (1893-1895), Congo (1925-1926), URSS (1936), Afrique du Nord (sous l'Occupation).
Amour : sa cousine Madeleine qu'il épouse en 1895, mais le couple se dégrade très vite.
Signe particulier : peut se consacrer à la littérature grâce à sa fortune personnelle.

Paul Valéry
Né en 1871 à Sète
Mort en 1945, inhumé au cimetière marin de Sète

Itinéraire : études de droit, fonctionnaire au ministère de la Guerre à partir de 1893, professeur au Collège de France à partir de 1937.
Amitié : Stéphane Mallarmé.
Signe particulier : chaque matin, de 1914 à la fin de sa vie, il note sur ses *Cahiers* (au nombre de 257) ses réflexions sur le mental, le moi, les rêves…

■ L'ironie gidienne

Pour caractériser ses premiers récits, André Gide n'emploie pas le mot « roman » mais le mot « sotie », genre dramatique du Moyen Âge joué par les sots, qui se moquent de la société. Ceci pour marquer les distances qu'il prend à l'égard du roman et pour relever l'ironie qu'il met dans ses récits.

Le récit gidien est généralement l'histoire d'un drame sentimental ou moral rapporté par un narrateur qui en fait une analyse précise. Dans *L'Immoraliste* (1902), le héros Michel, dont la vie est étrangement semblable à celle de Gide, fait son autocritique en retraçant l'histoire de sa libération de toute convention morale.

Les Caves du Vatican (1914), roman de politique-fiction, est l'histoire d'une escroquerie à Lyon à propos d'un faux projet d'enlèvement du pape Léon XIII. La désinvolture des héros, vrais fantoches, et la complexité de l'intrigue, parodie du roman policier, dénoncent la fiction romanesque. Dans *La Porte étroite* (1909) et dans *La Symphonie pastorale* (1919), l'inquiétude religieuse domine et Gide souligne l'héroïsme du sacrifice.

■ Un monde imaginaire antique

L'œuvre poétique de Paul Valéry est nourrie de culture antique. Le poète interprète et exploite les grands mythes en leur donnant une portée symbolique personnelle : la jeune Parque représente l'éveil de la conscience de soi-même, Narcisse la connaissance de soi, et la Pythie l'inspiration poétique.

La plupart des poèmes s'inspirent du climat et de l'architecture de la Grèce. Valéry voit dans ce monde méditerranéen la plus belle représentation de « l'ivresse des sens » ; la lumière chaude fait baigner les êtres et les choses dans une atmosphère sensuelle : colonnes et temples sont des signes d'harmonie et de perfection.

Dessin de Valéry pour illustrer son poème « Narcisse ».

MOYEN ÂGE

XVIᵉ SIÈCLE

XVIIᵉ SIÈCLE

XVIIIᵉ SIÈCLE

XIXᵉ SIÈCLE

XXᵉ SIÈCLE

Le mouvement surréaliste

Le mouvement surréaliste s'est cristallisé autour de la revue *Littérature* qui accueille toutes les tendances d'avant-garde puis s'oriente vers la révolte et le scandale. En 1924, après avoir rompu avec le dadaïsme qu'il juge trop nihiliste, André Breton livre une doctrine cohérente du surréalisme dans un premier manifeste.

Le dadaïsme

☐ À Zurich en 1916 se retrouve un petit groupe d'artistes de tous pays qui rejettent en bloc la religion, la politique, l'art et la littérature et adoptent une attitude nihiliste et subversive. Par dérision, ils choisissent pour nom Dada. Le grand inspirateur du mouvement est Tristan Tzara (1896-1963), jeune écrivain roumain.

☐ Dada connaît son apogée entre 1920 et 1922. L'activité du mouvement consiste en l'organisation de soirées poétiques où l'on s'adonne à des jeux de langage (invention de mots, phrases *a priori* vides de sens, poésies phonétiques, poèmes en plusieurs langues), en visites de « lieux communs » (la gare Saint-Lazare...), et en expositions d'objets quotidiens. Le dadaïsme privilégie l'acte poétique en mouvement et fait passer au second plan le sens des mots.

Manifestes du surréalisme

☐ Après avoir reconnu en Tristan Tzara un prophète, André Breton (1896-1966) condamne son nihilisme gratuit et explore des voies littéraires nouvelles : dans son *Premier Manifeste du surréalisme*, en 1924, il donne une définition précise du mot « surréalisme » inventé par Apollinaire pour caractériser son œuvre *Les Mamelles de Tirésias* : « Automatisme psychique pur par lequel on se propose d'exprimer soit verbalement, soit par écrit, soit de tout autre manière, le fonctionnement réel de la pensée. »

☐ Le reste du manifeste donne les prolongements de cette définition. Breton fait le procès de la raison et de la culture, prône la toute-puissance du monde de l'imagination et du rêve comme mode de connaissance. Le surréalisme repose sur la croyance dans l'autonomie absolue du langage dicté par l'inconscient, et dont le but est de produire un effet. Ce premier manifeste sera suivi de deux autres en 1938 et 1942, signés par de nombreux artistes, qui affineront cette définition en fonction de l'évolution littéraire du mouvement.

L'écriture automatique

☐ L'une des grandes techniques surréalistes est l'écriture automatique, qui consiste à écrire, comme sous la dictée, des phrases suggérées par l'inconscient. André Breton et Philippe Soupault (1897-1990) ont écrit, par cet unique procédé, un recueil collectif, *Les Champs magnétiques*, en 1919.

☐ L'image poétique qui résulte de cette forme d'écriture tire sa puissance du rapprochement fortuit de réalités que la logique n'aurait jamais mises en relation.

☐ Paul Éluard tire de cette expérience de l'automatisme la poésie involontaire. Le surréalisme lui fournit l'occasion d'une rénovation verbale. Pour Aragon, le surréalisme est également le point de départ poétique, l'exercice nécessaire pour chanter la liberté (des êtres, de la nature et des objets).

ÉLUARD ET ARAGON :
DEUX GRANDS POÈTES SURRÉALISTES

Paul-Eugène Grindel
Pseudonyme : Paul Éluard
Né en 1895 à Saint-Denis (banlieue parisienne)
Mort en 1952 à Paris

Amitiés : André Breton, Tristan Tzara, Louis Aragon.
Amours : Gala (aimée de Salvador Dali), Nush et Dominique.
Politique : adhère au parti communiste en 1926, soutient les républicains espagnols, engagé dans la Résistance.

Louis Aragon,
Né en 1897 à Neuilly
Mort en 1982 à Paris

Formation : médecin.
Amitiés : André Breton, Paul Éluard, Philippe Soupault.
Amour : Elsa Triolet, romancière, belle-sœur de Maïakovski, qu'il épouse.
Politique : entre au parti communiste en 1927, résistant ; journaliste à *L'Humanité* en 1933-1934, directeur du quotidien *Le Soir* de 1937 à 1939.
Signe particulier : rompt avec le surréalisme en 1931.

■ L'évidence poétique

1926 : *Capitale de la douleur.*
1929 : *L'Amour, la Poésie.*
1932 : *La Vie immédiate.*
1947 : *Le Temps déborde.*
Pour Éluard, le langage est une fin en soi ; il est dans ses poèmes toujours très simple et musical, souvent chaleureux. Il va au-delà de l'automatisme car il cherche à rendre évidentes les images ; de fait, il n'est pas rare qu'elles dégagent une grande émotion par leur justesse inattendue.

Gouache de Fernand Léger.

■ L'amour, la guerre

Le Paysan de Paris (1926) : roman du désir amoureux qui offre des pages étonnantes sur le Paris d'Haussmann.
Les Cloches de Bâle (1934) : premier roman où l'écrivain privilégie le réalisme socialiste à l'imaginaire.
Le Crève-Cœur (1941) : Aragon y relate la guerre, l'exode et l'armistice.
Les Yeux d'Elsa (1942) : poèmes qui identifient la femme à la patrie.
La Diane française (1946) : poèmes d'amour tendre et passionné dans l'atmosphère de la guerre, aux images tirées de mythes médiévaux.
Le Fou d'Elsa (1963) : long poème à la gloire d'Elsa qui montre que le désir amoureux est la source intarissable de l'imagination.

Surréalisme et révolution

Entre 1927 et 1930, tous les écrivains surréalistes adhèrent au parti communiste : ils sont soucieux de « changer le monde », d'aider l'humanité à se libérer de tout esclavage moral ou social. Très vite, ils déchantent ; la toute-puissance du rêve est difficile à concilier avec la lutte des classes et la discipline du parti.

MOYEN ÂGE

XVIe SIÈCLE

XVIIe SIÈCLE

XVIIIe SIÈCLE

XIXe SIÈCLE

XXe SIÈCLE

Le roman en quête de morales

Dans l'entre-deux-guerres, alors que les valeurs sont instables, nombre de romanciers s'engagent sur la voie de la réflexion sociale, psychologique, religieuse et philosophique.

La portée sociale du roman-fleuve

☐ Le roman-fleuve, ainsi intitulé parce que le récit s'y déroule selon un fort débit, se caractérise par une organisation structurée et une analyse psychologique nuancée. La paternité en revient à Romain Rolland (1866-1944) avec *Jean-Christophe* (1903-1912) qui narre en dix volumes la vie d'un musicien animé d'un très grand humanisme.

☐ La génération des romanciers de 1930 cherche à retracer l'expérience spirituelle d'une époque : c'est le cas de Jacques de Lacretelle (1888-1985) avec *Les Hauts-Ponts* (1932-1935), Roger Martin du Gard (1881-1958) avec *Les Thibault* (1922-1940) et Jules Romains (1885-1972) avec *Les Hommes de bonne volonté* (1932-1947).

L'inquiétude spirituelle

☐ Des romanciers catholiques s'interrogent sur la conscience d'individus confrontés au mal, à la recherche de leur salut. François Mauriac (1885-1970) montre le long cheminement d'êtres épris d'absolu vers une rédemption chrétienne. Georges Bernanos (1888-1948) fait de la figure du prêtre tourmenté le symbole de la lutte du bien contre le mal. Le *Journal d'un curé de campagne* (1936) est le journal intime d'un prêtre, vrai chemin de croix à travers la maladie et l'incompréhension des autres.

☐ Même si les dualités chrétiennes du bien et du mal subsistent clairement, leurs œuvres présentent des personnages inquiétants, aux âmes troubles, qui n'ont rien de rassurant pour les « bien-pensants » que dénonce Bernanos.

Les romans de la grandeur humaine

La réflexion se concentre sur le sens des actions héroïques. Antoine de Saint-Exupéry (1900-1944) prône la solidarité et le dépassement de soi. Les personnages d'André Malraux découvrent le sens de la participation au devenir du monde. L'héroïsme d'Albert Camus consiste à dépasser le constat de l'absurdité de la condition humaine et à adopter une éthique de l'admiration pour l'homme et le monde. Ces romanciers ouvrent la voie à un nouvel humanisme fondé sur la responsabilité.

La nature salvatrice

Une poignée de romanciers s'accroche à la défense du terroir au nom d'une philosophie morale. Maurice Genevoix (1880-1980) est animé d'une grande pureté d'âme et d'un respect touchant pour la nature. Jean Giono (1895-1970) décrit avec lyrisme la lutte fraternelle de l'homme contre les éléments de la nature. Ces romanciers sont les témoins d'une vie rustique authentique. La fraîcheur des sentiments est traduite par leur plume aux accents simples et poétiques.

MALRAUX ET CAMUS : DEUX ROMANCIERS DE LA CONDITION HUMAINE

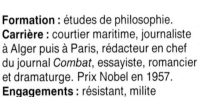

André Malraux,
Né en 1901 à Paris
Mort en 1976 à
Verrières-le-Buisson

Formation : autodidacte.
Amitié : de Gaulle.
Carrière : archéologue au Cambodge, journaliste à Saïgon, romancier, ministre de l'Information (1945-1946), ministre chargé des Affaires culturelles (1959-1969), (fonde les maisons de la culture), essayiste et critique d'art.
Engagement politique : communiste engagé contre l'hitlérisme, lutte aux côtés des républicains espagnols, résistant en 1944, participe à la reconquête des territoires occupés.

Albert Camus
Né en 1913 à Mondovi
en Algérie
Mort en 1960 d'un
accident de la route à
Villeblevin

Formation : études de philosophie.
Carrière : courtier maritime, journaliste à Alger puis à Paris, rédacteur en chef du journal *Combat*, essayiste, romancier et dramaturge. Prix Nobel en 1957.
Engagements : résistant, milite en faveur des déshérités.
Signe particulier : souffre de la tuberculose (qui l'empêchera de s'engager lors de la Seconde Guerre mondiale).

■ La lutte contre l'absurde

Romancier de la grandeur humaine, Malraux prône la nécessité pour l'homme de refuser de vivre dans l'absurde face au monde tragique qui l'étouffe. Son style est à l'image de cette idée : lapidaire et riche en formules fracassantes parfois, d'autres fois lyrique et incantatoire. Il a une prédilection pour les grandes scènes dialoguées qui permettent au lecteur de s'identifier aux personnages et de chercher avec eux un sens à leur vie. Pour ses contemporains, il incarne l'alliance parfaite entre l'écriture et le réel.

L'art, dans l'œuvre de Malraux, marque la libération de l'homme contre son destin et une élévation vers la spiritualité. L'œuvre, même si elle est contingente, devient a-temporelle par « ce qui lui échappe ».
Ses œuvres majeures :
– les romans : *Les Conquérants* (1928), *La Voie royale* (1930), *La Condition humaine* (1933), *L'Espoir* (1937) ;
– les essais : *Les Voix du silence* (1951), *Les Antimémoires* (1967).

■ Le combat solidaire

La prise de conscience de l'absurdité de la vie dont la seule certitude est la mort conduit Camus à l'idée que l'homme condamné « sans appel » doit profiter des joies de cette terre : c'est l'idée principale de l'essai *Le Mythe de Sisyphe* (1942), du roman *L'Étranger* (1942) et des deux pièces *Caligula* (1944) et *Le Malentendu* (1944).

Puis Camus exprime une nouvelle profession de foi dans la solidarité, qui peut donner un sens à la vie humaine : ce nouvel humanisme apparaît dans le roman *La Peste* (1947), dans la pièce *Les Justes* (1950) et dans l'essai *L'Homme révolté* (1951). Ensemble, les hommes doivent combattre contre tout ce qui asservit l'individu et le conduit à la mort. Les existentialistes lui reprochent beaucoup ce « transcendantalisme ».

Camus, entre absurde et humanisme, a inventé une prose concise étonnante où se mêlent esthétisme, symbolisme et méditation sur la destinée.

MOYEN ÂGE

XVIe SIÈCLE

XVIIe SIÈCLE

XVIIIe SIÈCLE

XIXe SIÈCLE

XXe SIÈCLE

Le théâtre de l'entre-deux-guerres

Les dramaturges de l'entre-deux-guerres cultivent le plaisir du public. Toutefois le théâtre s'oriente vers un renouvellement de la scène et vers des tendances humanistes et philosophiques.

Le renouvellement du théâtre de boulevard

☐ Le Théâtre de boulevard voit le triomphe des situations conventionnelles et des mots d'auteur. Sacha Guitry (1885-1957), auteur de plus de cent comédies sur le seul sujet de l'adultère, cultive la misogynie et l'insolence dramatique sans jamais lasser le public.

☐ À côté de ce théâtre superficiel mais brillant se développe un théâtre de boulevard sentimental avec Marcel Achard (1899-1974), qui crée des personnages ridicules mais touchants (*Jean de la Lune*, 1929). Jules Romains (1885-1972) retrouve le goût de la farce à la manière de Molière avec *Knock* (1923). Marcel Pagnol (1895-1974) dans la trilogie de *Marius, Fanny* et *César* adopte une écriture pittoresque. Tous ces auteurs se montrent plus incisifs dans la satire et plus inventifs dans la langue que leurs prédécesseurs.

Les drames de l'inquiétude

☐ Dans ses comédies, Armand Salacrou (1899-1989) dégage des intentions nouvelles : *L'Inconnue d'Arras* (1935) fait éclater le temps et l'espace scéniques : le héros, hanté par l'irréversibilité du temps, revit toute son existence entre le moment où il se tire une balle dans le cœur et celui où il expire.

☐ Jean Anouilh se montre original dans le choix des situations : les conflits, portés à l'extrême, font éclater l'opposition entre de jeunes idéalistes et leurs aînés, plus compromis. Il se livre à une satire acerbe de la bourgeoisie dans un climat de fantaisie poétique et se montre fondamentalement pessimiste : toute son œuvre (et, en particulier, *L'Hermine* en 1932, *La Sauvage* en 1934, *Antigone* en 1944) condamne ce qui porte atteinte à la pureté originelle des êtres.

L'humanisme de Giraudoux

☐ Dans toutes ses pièces, Giraudoux est à la recherche d'un personnage qui soit pleinement humain : *Ondine*, déesse des eaux, choisit la condition humaine pour aimer un homme ; Alcmène, dans *Amphytrion 38* exploite toutes les ressources de la tendresse humaine pour mettre en échec le complot des dieux ; *Électre* va jusqu'au bout de sa vérité.

☐ Giraudoux rompt avec le théâtre d'intrigue et de caractères pour poser des questions tragiques, toujours sous couvert de fantaisie, dans un style élégant et subtil. Pour lui, le théâtre doit susciter l'émerveillement, donner à réfléchir, à rêver et à créer. L'homme est ainsi purgé de son quotidien et « se laisse remettre en jeu dans l'émotion universelle ».

GIRAUDOUX ET ANOUILH :
TRAGIQUE ET FANTAISIE

Jean Giraudoux
Né en 1882 à Bellac
(Haute-Vienne) ; il est
surnommé « l'Apollon
de Bellac »
Mort en 1944 à Paris

Jean Anouilh
Né en 1910
à Bordeaux
Mort en 1987
à Lausanne

Formation : École normale supérieure ;
spécialisé dans les études germaniques.
Carrière : diplomate (jusqu'en 1928),
romancier, dramaturge (à partir de 1928),
commissaire à l'Information avant
la guerre.
Amitié : Louis Jouvet.

Formation : études de droit.
Carrière : travaille dans une maison
de publicité, secrétaire de Louis Jouvet
(qu'il déteste), puis dramaturge.
Amitiés : Barsacq et Pitoëff qui lui
apportent leur expérience de la scène.
Signe particulier : metteur en scène de
certaines de ses pièces.

■ Le théâtre de Giraudoux

Jean Giraudoux crée un nouvel espace
théâtral tragique empreint de fantaisie.
Son dessein est de nous mettre à distance du tragique par le mélange des
tons, la poésie et l'humour.
En une dizaine d'années, Giraudoux écrit
une dizaine de pièces, toutes mises en
scène par Louis Jouvet. Parmi les plus
connues : *Siegfried* (1928), *Amphytrion 38*
(1929), *Intermezzo* (1933), *La Guerre de
Troie n'aura pas lieu* (1935), *Électre*
(1937), *Ondine* (1939).
Il reprend un très grand nombre de
mythes dans son œuvre (*Électre, La
Guerre de Troie, Amphytrion 38*) et les
interprète à sa manière : dans *Amphytrion
38*, il inverse le mythe de la sagesse
divine opposée à la folie humaine en faisant du couple humain un modèle de
vertu. Dans *La Guerre de Troie n'aura
pas lieu*, la guerre de Troie est prétexte à
une réflexion sur l'absurdité de la
guerre... Alors que l'œuvre est publiée
en 1935, Hitler est au pouvoir depuis
deux ans et la question peut se poser
d'un nouveau conflit franco-allemand.

■ Le rose et le noir

Anouilh a lui-même réparti ses pièces par
catégories : les pièces roses (*Le Bal des
voleurs* en 1938, *Le Rendez-vous de Sen-
lis* en 1939, *L'Invitation au château* en
1947, *La Répétition ou l'Amour puni* en
1950...) présentent des situations farfe-
lues dans un monde imaginaire ; les
pièces noires (*Le Voyageur sans bagages*
en 1937, *Antigone* en 1944, *L'Alouette* en
1953...) montrent des personnages qui
ont un destin tragique par refus de se
conformer aux exigences de la vie
sociale.

Évolution de la mise en scène

En 1927, les disciples de Jacques Copeau
(1879-1949), qui ne voulait conserver sur
scène que les éléments symboliques,
constituent le Cartel : Gaston Baty (1885-
1952) développe le machinisme ; Georges
Pitoëff (1884-1939) diffuse le répertoire
étranger en France ; Charles Dullin (1885-
1949) introduit musique et pantomime dans
la mise en scène. Enfin Louis Jouvet
(1887-1951) refuse l'effet spectaculaire
pour servir le texte.

MOYEN ÂGE

XVIe SIÈCLE

XVIIe SIÈCLE

XVIIIe SIÈCLE

XIXe SIÈCLE

XXe SIÈCLE

La littérature engagée

Après la Grande Guerre, un vent d'inquiétude conduit les penseurs à remettre en cause les philosophies idéalistes. La Seconde Guerre mondiale et l'expérience de la Résistance accentuent cette prise de conscience qui se traduit par des œuvres de révolte et par la naissance de philosophies de la condition humaine.

L'écriture de la révolte

☐ Mobilisé pendant la guerre de 14 et affligé par le cataclysme de la Seconde Guerre mondiale, Louis-Ferdinand Céline (1894-1961) en tire un pessimisme radical qui se manifeste par l'obsession de la mort. Sa force réside dans le langage qui tourne en dérision le désespoir. L'utilisation de la langue parlée et de néologismes est propre à accentuer l'émotion et l'indignation.

☐ Bardamu, héros du *Voyage au bout de la nuit* (1932), vit les expériences de Céline : par ses aventures, l'auteur traduit l'absurdité de la vie et sa révolte devant la guerre, le colonialisme et la médiocrité. Ce roman valut à Céline nombre de détracteurs scandalisés par son idéologie et sa langue provocatrice. Sartre fait de son héros de *La Nausée*, Roquentin, un nouveau Bardamu, tout comme Camus avec Meursault dans *L'Étranger*.

Collaboration et résistance littéraires

☐ Sous l'Occupation, la production littéraire est riche mais souvent clandestine en raison de la censure nazie qui interdit les ouvrages d'auteurs juifs ou anti-hitlériens.

☐ Les écrivains collaborationnistes, groupés autour de Pierre Drieu La Rochelle (1893-1945) qui a pris la direction de la *Nouvelle Revue française*, ne manquent pas : Céline, Montherlant, Brasillach…

☐ Dans certaines œuvres, la Résistance est diffuse ou tacite. Dans d'autres, elle est nette et militante : *Le Silence de la mer* (1942) de Vercors (1902-1991) en est la plus célèbre illustration.

☐ La nécessité de l'engagement sous l'Occupation conduit Sartre à réfléchir sur les rapports de l'être avec sa conscience : il en déduit une philosophie fondée sur l'action, l'existentialisme, qui anime ses romans et ses pièces. Sartre part toujours de documents, témoignages ou reportages, pour enraciner ses démonstrations. Grâce à lui la littérature se rapproche de la vie.

Le roman idéologique

☐ Plus radical que le roman de la Résistance, le roman idéologique fait l'apologie du communisme. Louis Aragon, poète populaire de la Résistance, écrit le premier des six volumes prévus du roman *Les Communistes* (1948) pour montrer le rôle que le parti communiste a joué pendant la guerre et doit jouer dans la vie politique de l'après-guerre. À sa suite, Roger Vailland (1907-1965) défend le courage et la ferveur des militants communistes, principaux héros de ses romans.

☐ Parallèlement à cette inspiration idéologique, se développe le roman réaliste de la guerre. Littérature de témoignages, ces romans tentent de donner à l'Occupation une valeur symbolique universelle comme *La Vallée heureuse* (1946) de Claude Roy (1915-1997) ou *Mon Village à l'heure allemande* (1945) de Jean-Louis Bory (1919-1979).

Jean-Paul Sartre
Né en 1905 à Paris
Mort en 1980 à Paris

Famille : petit-neveu d'Albert Schweitzer
Études : École normale supérieure,
agrégation de philosophie.
Amitiés : Raymond Aron, Paul Nizan.
Amour : Simone de Beauvoir, philosophe
et romancière (1908-1986).
Métiers : professeur de philosophie
jusqu'à la Libération, puis se consacre
à la littérature ; fondateur et directeur de
la revue *Les Temps modernes* ; directeur
des journaux *La Cause du peuple*
et *Libération*.
Signe particulier : aveugle à partir
de 1973.

■ L'existentialisme

L'existentialisme, la philosophie de Sartre, découle de la phénoménologie de Husserl. L'homme construit son identité à partir de sa manière d'exister : l'existence précède l'essence. Il devient homme par sa relation à autrui et au monde, par ses choix et la façon dont il use de sa liberté.

La liberté d'autrui est néanmoins un obstacle à un épanouissement totalement personnel de l'homme. En outre, toute décision personnelle a des incidences sur autrui. Tenant compte de ces deux réflexions, Sartre construit avec l'existentialisme une morale fondée sur l'action et la conscience qui engagent l'humanité.

■ Les formes de la pensée

L'œuvre romanesque

La Nausée (1938) : Antoine Roquentin raconte l'histoire de sa conscience où domine l'angoisse d'exister qui provoque sa nausée.

Les Mots (1963) : ouvrage autobiographique qui expose les raisons et les contingences qui ont poussé l'auteur à lire puis à écrire.

L'œuvre dramatique

Les Mouches (1944) reprend le mythe d'Oreste et pose la question de la responsabilité personnelle.

Huis Clos (1944) expose sous forme métaphorique la difficile relation à autrui.

Les Mains sales (1948) montre l'idéologie révolutionnaire en lutte avec la conscience individuelle.

L'œuvre philosophique

L'Être et le Néant (1943), *L'Existentialisme est un humanisme* (1946) et *Critique de la raison dialectique* (1960).

L'œuvre de critique littéraire

Entre 1947 et 1976 : dix volumes appelés *Situations* consacrés à divers écrivains.

L'Idiot de la famille (1971-1973), consacré à Flaubert.

**Jean-Paul Sartre
et Simone de Beauvoir**

Née à Paris en 1908, S. de Beauvoir rencontre J.-P. Sartre en préparant l'agrégation de philosophie à laquelle tous deux sont reçus en 1929. Elle devient sa compagne. Leurs pensées se rejoignent ; les unit aussi une même révolte contre leur milieu bourgeois d'origine.

MOYEN ÂGE

XVIe SIÈCLE

XVIIe SIÈCLE

XVIIIe SIÈCLE

XIXe SIÈCLE

XXe SIÈCLE

Souffles poétiques

Avec la Résistance, le poète était devenu chantre de la liberté. L'après-guerre voit l'éveil d'une sensibilité spirituelle qui continue à dire sa reconnaissance au surréalisme. La disparition des écoles poétiques fait cependant naître une réflexion plus libre sur les rapports du poète au monde et à la poésie.

La poésie de la transcendance

☐ Le désengagement de l'après-guerre pousse les poètes à retrouver la pureté et l'essence du langage poétique. La poésie devient le rêve d'une totalité.

☐ Saint-John Perse invente une nouvelle forme d'épopée par l'exaltation de la beauté du monde et de ses éléments en choisissant le rythme incantatoire et solennel du verset. Il déploie les thèmes de la naissance et de la mort sur le mode de la louange ou sur un ton laconique.

☐ René Char aspire à la communion étroite de l'homme et de la nature par la réconciliation des contraires qu'il illustre au moyen de la figure de style privilégiée de l'aphorisme (formule générale qui cultive des associations sémantiques inédites).

Des poésies mystiques

Des formes de poésie prophétique recherchent l'absolu à travers le lyrisme de la prière. Marie Noël (1883-1967), Patrice de La Tour du Pin (1911-1975) et Pierre Jean Jouve (1887-1976) s'inspirent des thèmes bibliques et évangéliques pour approfondir leur connaissance de Dieu. Pour eux, la poésie est une quête menée par le biais du symbole. Leurs œuvres visent à une réconciliation permanente de la chair et de l'esprit pour atteindre une rédemption totale.

Le parti pris des choses

☐ Les trente-deux poèmes du *Parti pris des choses* (1942) de Francis Ponge (1899-1988) définissent un nouveau type de rapport poétique au monde : découvrir par le jeu du langage les multiples aspects des plus humbles objets quotidiens.

☐ Les choses apparaissent dans leur beauté et non plus dans leur utilité, au point qu'elles ne sont plus que prétexte à une jouissance esthétique. Il s'agit de « céder l'initiative aux choses », de leur donner leur expression pour qu'elles deviennent paroles.

Tragique de l'extrême

☐ Poète, voyageur et peintre, Henri Michaux (1899-1984) crée un nouvel espace poétique « en miettes » : la réalité est sans cesse écartelée, fragmentée, déconstruite. Elle finit par céder la place à l'invention de paysages et de peuples imaginaires (*Mes propriétés* en 1930, *Voyage en Grande Garabagne* en 1936) qui sont des caricatures du monde. « Plume » est le double de Henri Michaux, personnage tragi-comique à la recherche de son unité.

☐ Le réel se tord de plus en plus au fur et à mesure de l'écriture de son œuvre : l'apparition de monstres, de néologismes crus et imagés, l'humour noir (*Vents et Poussières* en 1962, *Poteaux d'angle* en 1981) donnent aux textes chaotiques de Michaux une puissance tragique inouïe, comme un exorcisme.

CHAR ET SAINT-JOHN PERSE : DEUX PUISSANTES PAROLES POÉTIQUES

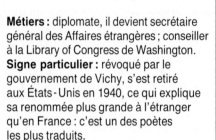

René Char
Né en 1907 à l'Isle-sur-la-Sorgue (Vaucluse)
Mort en 1988 à l'Isle-sur-la-Sorgue

Itinéraire : école de commerce de Marseille qu'il abandonne pour la littérature aux côtés des surréalistes ; mobilisé en 1939, il entre dans la Résistance et devient chef du réseau de Provence.
Amitiés : les poètes Éluard, Aragon, Breton, les peintres Georges Braque et Nicolas de Staël et le musicien Pierre Boulez.

Marie-René Alexis Saint-Léger Léger
Pseudonyme :
Saint-John Perse
Né en 1887 à Pointe-à-Pitre (Guadeloupe)
Mort en 1975 à Giens (Var)

Métiers : diplomate, il devient secrétaire général des Affaires étrangères ; conseiller à la Library of Congress de Washington.
Signe particulier : révoqué par le gouvernement de Vichy, s'est retiré aux États-Unis en 1940, ce qui explique sa renommée plus grande à l'étranger qu'en France : c'est un des poètes les plus traduits.

■ La pulvérisation et la fulgurance

Les titres de trois recueils de René Char évoquent l'éclatement de la parole poétique : *Le Poème pulvérisé* (1947), *La Parole en archipel* (1962) et *Arrière-histoire du poème pulvérisé* (1951). Le thème principal en est la lutte quotidienne du poète parmi les hommes et son rôle philosophique.

Le poète s'écarte du récit poétique pour lui substituer des fragments (versets brefs ou isolés, strophes réduites à un ou deux vers) qui montrent les conflits entre les êtres, entre les choses, et l'absence de continuité de notre perception du temps. Le monde apparaît paradoxal dans toutes ses manifestations.

Char ne s'arrête pas à cette constatation mais vise à chaque instant à recréer, par la langage, l'harmonie qui résulte de l'alliance des contraires : fidèle aux philosophes présocratiques, il fait naître la vérité de cette réconciliation.

René Char sait qu'il n'est pas besoin de décrire pour faire naître une émotion ou inciter à l'action. Il croit que les signes sont liés aux choses, que le langage a la plus noble réalité.

■ Un rythme cosmique

Saint-John Perse trouve sa matière dans la création qu'il loue, sa poésie est liée aux rythmes cosmiques qui reproduisent les mouvements de l'esprit en train de créer : naissance, épanouissement et disparition (*Vents*, 1946, *Amers*, 1957). La langue mêle les termes concrets, souvent recherchés, aux termes abstraits pour traduire l'unité du mouvement créateur. L'œuvre regorge de mythes exotiques, fantastiques et mystiques, qui figurent l'aventure intérieure du poète. Inspirée de l'œuvre claudélienne, la poésie est souvent, ici aussi, témoignage spirituel et sujet même du poème.

L'interférence des arts

La collaboration entre artistes de disciplines différentes est fréquente dans les œuvres de l'après-guerre (Char et Nicolas de Staël, Pierre Boulez et Georges Braque, par exemple). Elle correspond au désir d'atteindre une totalité artistique à travers une recherche esthétique commune.

MOYEN ÂGE

XVIe SIÈCLE

XVIIe SIÈCLE

XVIIIe SIÈCLE

XIXe SIÈCLE

XXe SIÈCLE

Le théâtre de l'absurde

Le théâtre de l'absurde en France a curieusement été inventé par trois auteurs étrangers : le Roumain Ionesco, l'Irlandais Beckett et le Russe Adamov. Leur recul par rapport à la langue française leur a donné une perception aiguë de l'incommunicabilité entre les êtres, qui fait le tragique de la modernité occidentale.

▬▬▬ Dépression et désespoir au quotidien

☐ Les thèmes obsessionnels de ces auteurs sont le vieillissement, la mort, l'enfermement, la peur et l'attente. Dans ce climat, aucune valeur ne résiste : ni l'amour, ni l'honnêteté, ni l'action.

☐ Dans le théâtre de Beckett, les personnages n'ont pas de rôle à jouer. Ils se bornent à attendre, en vain, que quelque chose vienne rompre le cours de leur vie misérable et ils meublent le temps de la représentation par l'évocation précise, dérisoire, absurde, de leurs faits et gestes quotidiens. Ce théâtre tient pourtant en haleine car les dialogues sont pleins de jeux de mots, les situations souvent farcesques, et les accessoires volontiers grotesques, comme pour mieux relever l'insignifiance de la condition humaine.

☐ Dans les pièces d'Adamov (1908-1970), les personnages se persécutent dans un climat onirique, autour d'un billard électrique, dans *Le Ping-pong* (1955), qui cristallise les contradictions de la modernité.

▬▬▬ Un anti-théâtre

Les pièces de Beckett et de Ionesco se caractérisent d'abord par une absence d'intrigue et de ressort dramatique. L'évolution d'une scène à l'autre ne résulte jamais d'une action mais du hasard de l'évolution du langage. Tout réalisme est évacué et aucune analyse du comportement n'est possible. Ce sont les raisons fondamentales qui ont conduit Ionesco à baptiser sa première pièce, *La Cantatrice chauve* « antipièce », et tout le théâtre ultérieur de cette veine « anti-théâtre ».

▬▬▬ La crise du langage

☐ Ionesco détruit le langage théâtral dans tout ce qu'il peut avoir de rhétorique. Le langage se réduit à des bribes de conversation, du rabâchage, des onomatopées. Il sert à tout, sauf à communiquer.

☐ Dans le théâtre de Beckett, les répliques sont courtes, entrecoupées de silences et de gestes. Mais, là encore, le dialogue est vain car les personnages n'ont pas de mémoire. Aucun échange ne peut s'instaurer.

▬▬▬ Le retour du tragique

☐ Cette dérision marque et révèle en même temps une angoisse existentielle profonde. Une menace semble peser sur les personnages, et jamais l'attention du public n'est détournée du spectacle de la scène, où pourtant il ne se passe rien. Le plus pur tragique est ici l'impuissance humaine.

☐ Malgré leur étrangeté, le tragique de ces situations nous semble familier : l'identification avec les personnages se fonde sur le tragique de la condition humaine, ressenti souvent douloureusement par les spectateurs.

IONESCO ET BECKETT :
PROLIFÉRATION ET DÉPOUILLEMENT

Eugène Ionesco
Né en 1912 à Slatina en Roumanie d'un père roumain et d'une mère française
Mort en 1994 à Paris

Itinéraire : passe son enfance à Paris, poursuit des études de littérature française à Bucarest, y enseigne le français, puis revient en France.
Signe particulier : son œuvre connaît un succès ininterrompu depuis 1950 : *La Cantatrice chauve* et *La Leçon* ont été jouées sans interruption pendant trente ans.

Samuel Beckett
Né en 1906 à Foxrock près de Dublin
Mort en 1989 à Paris

Études : après des études secondaires en Irlande, lectorat d'anglais à l'École normale supérieure à Paris.
Amitiés : James Joyce, Ezra Pound.
Signe particulier : résistant, ouvrier agricole pendant la guerre. Prix Nobel en 1969.

■ Ionesco, tragédies du comique

La Cantatrice chauve (1950) : dans un salon anglais des personnages devisent ; mais leur conversation dégénère et, peu à peu, les jeux du langage la rendent incohérente.
La Leçon (1951) : un professeur terrorise progressivement son élève avec l'arithmétique puis les langues « néo-espagnoles » avant de la tuer dans un accès de folie.
Les Chaises (1952) : un vieux couple parle devant un parterre qui peu à peu se remplit de chaises vides.
Rhinocéros (1960) : dans une petite ville, chacun se métamorphose en rhinocéros, symbole de la montée du fascisme. Béranger, qui résiste au mouvement commun, se retrouve complètement isolé.
Le roi se meurt (1962) : dans un royaume aux dimensions cosmiques, le roi Béranger se rend compte qu'il va mourir ; plus sa mort approche, plus son royaume se dégrade et se rétrécit ; à la fois puéril et émouvant, Béranger se révolte, se désespère et finit par se résigner.

Oh ! les beaux jours de Samuel Beckett, avec Nathalie Parry et François Berte en 1996.

■ Beckett ou l'insoutenable attente

En attendant Godot (1953) : dans un décor presque vide, sur un banc, deux clochards discutent de tout et de rien en attendant Godot. Lucky, une sorte de clown sadique, et son esclave Pozzo viennent un temps faire diversion. Puis les deux clochards reprennent leur conversation tout en attendant Godot qui ne viendra jamais.
Fin de partie (1957) : un vieillard mourant, son serviteur et les très vieux parents du vieillard – qui émergent de temps en temps d'une poubelle pour réclamer leur bouillie – attendent la mort.
Oh ! les beaux jours (1963) : une vieille femme enterrée jusqu'à la taille chante la vie en s'accrochant à son quotidien.

MOYEN ÂGE

XVIe SIÈCLE

XVIIe SIÈCLE

XVIIIe SIÈCLE

XIXe SIÈCLE

XXe SIÈCLE

Le Nouveau Roman

Né dans les années 1950, le Nouveau Roman marque une volonté de recherche toujours renouvelée, en réaction contre les composantes du roman traditionnel. Prenant Balzac pour cible, les nouveaux romanciers remettent en question le statut du personnage, de la description, et la fonction même du roman.

Crise du personnage romanesque

□ Dans le Nouveau Roman, le personnage romanesque se réduit au degré zéro : souvent il n'a pas de nom (il est soit un « je » anonyme, soit une initiale), pas de passé, pas de famille ; il est sans identité, sans référence historique ni géographique, sans réalité. Sa présence se justifie par la seule nécessité du langage.

□ Chez Nathalie Sarraute (née en 1900), dont l'œuvre marque la première crise du personnage romanesque, il disparaît au profit de la reproduction de ses mouvements psychologiques et préconscients dans un monologue intérieur : c'est le procédé de la « sous-conversation ». Elle reproduit le plus souvent un conflit de générations qui se cristallise autour d'un événement ou d'un objet insignifiant, une anecdote qui permet de centrer tous les mouvements psychologiques des personnages.

Une littérature objective

□ Il ne s'agit plus de représenter la réalité ou de la copier mais au contraire de créer un univers neuf qui n'ait de cohérence que dans son propre système. Comme dans la peinture abstraite, où les formes ne renvoient plus à des objets, les mots des nouveaux romans ne renvoient à rien si ce n'est au discours interne du roman.

□ Le fil du roman est le mouvement même de l'écriture. Le texte se trame autour de plusieurs thèmes qui évoluent simultanément et s'entrecroisent. Le roman devient alors le roman du roman et le roman du langage. Il n'est plus, selon la célèbre formule de Jean Ricardou (né en 1932), « l'écriture d'une aventure » mais « l'aventure d'une écriture ».

□ Les Nouveaux Romans sont caractérisés par une fascination pour les objets qui sont décrits avec une minutie telle que la description ne correspond plus à aucune réalité perceptible : Alain Robbe-Grillet (né en 1922) adopte une précision de géomètre qui condamne à elle seule le réalisme descriptif. La page de la description de la tomate dans *Les Gommes* (1953) a fait parler de « littérature objective ».

La fonction des répétitions

□ La répétition est souvent le principe du Nouveau Roman. Le procédé de la série, reprise constante de thèmes avec de légères variations, comme des mouvements musicaux, constitue l'organisation du récit. L'œuvre perd sa linéarité pour ne plus constituer qu'un ensemble.

□ La narration ne suit pas d'ordre chronologique ; elle est guidée par une conception cyclique du temps. Aussi les Nouveaux Romanciers usent-ils de tous les temps verbaux sans qu'il soit souvent possible de restituer un ordre temporel. Leurs œuvres sont avant tout des métaphores de la discontinuité du monde.

LES NOUVEAUX ROMANCIERS

■ Au-delà des conventions

Comme pour nombre de mouvements littéraires, les théories du Nouveau Roman
ne font que ratifier une pratique diffuse
chez nombre d'écrivains variés.

Les Nouveaux Romanciers, bien que très
différents par leur style et leurs conceptions, revendiquent leur appartenance à
une lignée d'écrivains qui, d'une manière
ou d'une autre, ont fait fi des conventions
romanesques traditionnelles : Flaubert et
son ironie descriptive, James Joyce et sa
conception cyclique du roman, Proust et
sa volonté de reproduire les mouvements
de la conscience...

Le terme de « Nouveau Roman » est
apparu pour la première fois sous la
plume du critique Émile Henriot pour
qualifier *La Jalousie* de Robbe-Grillet et
une réédition des *Tropismes* de Nathalie
Sarraute qui rejetaient l'intrigue pour se
borner à la description des objets ou à la
vie intime de la conscience.

India Song, film de Marguerite Duras
tourné en 1974 inspiré de son roman,
Le Vice-Consul.

■ Les différents types de Nouveaux Romans

Le premier Nouveau Roman : c'est le
roman des années 50, marqué par l'esprit
contestataire qui récuse les conventions
romanesques et tente de nouveaux types
d'écriture : la sous-conversation pour
Nathalie Sarraute, l'enlisement dans la
description pour Robbe-Grillet, la
reconstitution d'une temporalité propre
au récit pour Michel Butor (né en 1926).
Les écrits théoriques de ce type de roman
sont : *L'Ère du soupçon* de Nathalie Sarraute (1956), *Pour un nouveau roman* de
Robbe-Grillet (1963), et *Essais sur le
roman* de Michel Butor (1964).

Le « nouveau Nouveau Roman » : ce
type de roman s'attache davantage à la
manifestation d'une aventure de l'écriture et aux jeux textuels. Il est représenté
en particulier par Philippe Sollers (né en
1936) avec *Drame* (1965) et *Nombres*
(1968), et par Robbe-Grillet avec *La Maison du rendez-vous* (1965).

**Les Nouveaux Romans
les plus célèbres**

Nathalie Sarraute : *Tropismes* (1939),
Portrait d'un inconnu (1949), *Martereau*
(1953), *Le Planétarium* (1959).
Alain Robbe-Grillet : *Les Gommes*
(1953), *La Jalousie* (1957).
Michel Butor : *L'Emploi du temps* (1956),
La Modification (1957).
Claude Simon : *La Route des Flandres*
(1960), *Les Géorgiques* (1981).
Marguerite Duras : *Moderato Cantabile*
(1958) ; *Le Vice-Consul* (1966).

MOYEN ÂGE

XVIᵉ SIÈCLE

XVIIᵉ SIÈCLE

XVIIIᵉ SIÈCLE

XIXᵉ SIÈCLE

XXᵉ SIÈCLE

Les théories critiques

Trois tendances intellectuelles marquent profondément la critique au XXᵉ siècle : la psychanalyse, le marxisme et le structuralisme. La critique n'est plus la réflexion subjective d'un homme sur une œuvre mais devient une méthode théorique élaborée à partir des découvertes des sciences humaines.

Crise de la critique

□ La critique des années 60 se caractérise par la disparition du jugement et correspond à l'émergence du Nouveau Roman. Celui-ci cristallise la crise de la littérature qui perd sa subjectivité : la notion d'œuvre disparaît au profit de celle de texte.
□ Les textes de cette époque supposent une connaissance critique pour être compris, les critiques étant souvent écrivains et vice versa.

Conscience et inconscient

□ Les critiques littéraires contemporains proposent des lectures nouvelles d'œuvres classiques à partir de schémas d'analyse définis d'avance.
□ Tout au long du siècle, une lignée de critiques reste fidèle à Freud et à Lacan. Leur idée principale est que le texte est un discours inconscient que seule la méthode analytique permet d'explorer. Jean Bellemin-Noël invente la notion de « textanalyse » qui consiste à analyser les fantasmes récurrents d'un texte.
□ Bien souvent, l'étude psychanalytique vient compléter l'analyse linguistique. Des critiques comme Jean Starobinski (né en 1920) choisissent, dans une œuvre, un texte emblématique qui rend compte à la fois de l'écriture du livre et de l'inconscient de son auteur.

Le structuralisme

□ Le structuralisme ne cherche plus à dégager des significations du texte, mais à examiner comment celles-ci sont produites à travers les constructions et les récurrences. Les structuralistes considèrent le discours comme un tout qui ne renvoie qu'à lui-même ; le langage dans le texte est autonome.
□ Pour Roland Barthes (1915-1980), il s'agit d'interpréter tous les écarts par rapport aux normes du langage, signifiant de base qu'il nomme « degré zéro ». La sémiologie cherche dans l'univers des signes et des figures de la langue ce qui « fait sens ».
□ Lévi-Strauss (né en 1908) invente un structuralisme anthropologique qui interprète les contenus symboliques des faits de langue.

L'exploration de l'imaginaire

□ Certains critiques choisissent une perception particulière pour interpréter l'œuvre dans son intégralité. Georges Poulet (1902-1991) s'intéresse à la complexité des variations du temps et de l'espace, reflets de l'imaginaire du narrateur. Jean Starobinski est sensible à l'étude du regard sous toutes ses formes dans l'œuvre.
□ S'inspirant des travaux de Bachelard sur l'imaginaire, Jean-Pierre Richard (né en 1922) focalise son attention sur les sensations et les obsessions récurrentes dans les œuvres, en s'appuyant sur la linguistique et la psychanalyse.

LECTURES DIVERSES

■ La lecture structuraliste

Algirdas Julien Greimas étudie l'œuvre de Maupassant en analysant les fonctions de la narration selon vingt notions qui s'attirent ou se repoussent : interdit/transgression, tromperie/complicité, etc.

Gérard Genette part de l'étude du temps, des modes, de la voix, du narrateur et du destinataire pour expliquer le fonctionnement du discours proustien.

Tzvetan Todorov s'applique à définir le genre fantastique d'après un échantillon de textes représentatifs.

Tzvetan Todorov

Philippe Lejeune axe sa recherche sur le texte autobiographique.

■ La lecture socio-critique

Jean-Paul Sartre associe la lecture marxiste et l'approche psychanalytique pour montrer comment l'œuvre de Flaubert progresse par va-et-vient entre la vie de l'auteur et ses aspirations d'écrivain.

Jean Starobinski

Lucien Goldmann rapproche les écrits de Racine et de Pascal pour analyser le phénomène du jansénisme : il vise à démontrer comment évolue une structure littéraire à partir des mutations des groupes sociaux.

Pierre Barbéris consacre ses études à Chateaubriand et Balzac et démontre que leur imaginaire est imprégné d'une dimension historique et idéologique.

■ La lecture psychanalytique

Georges Poulet étudie les variations et modulations de l'espace et du temps, pour rendre compte de la complexité de la conscience du narrateur chez Flaubert.

Jean Starobinski part du principe que la démarche critique fait « rendre sens » à une œuvre par excès de mimétisme ou de distance par rapport au texte. Il élabore sa théorie à partir des œuvres de Rousseau et de Montaigne.

Gilbert Durand dégage un itinéraire archétypique du héros romanesque à partir des aventures de Fabrice del Dongo, dans *La Chartreuse de Parme*.

■ L'analyse du phénomène poétique

Roman Jakobson (dans une célèbre analyse des *Chats* de Baudelaire) désigne la fonction poétique comme « magique » : est qualifié de « poétique » tout message gratuit.

Pierre Barbéris

Les revues de critique littéraire

Critique : Fondée en 1946 par Georges Bataille.
Tel Quel : Fondée en 1960 par Philippe Sollers et Denis Roche.
Communications : Fondée en 1963 par des membres de l'École des hautes études, dont Roland Barthes.

Change : Fondée en 1968 par Jean-Pierre Faye, Jacques Roubaud et Maurice Roche.
Poétique : Fondée en 1970 par Hélène Cixous, Gérard Genette et Tzvetan Todorov.
Littérature : Fondée en 1971 par le département littérature de l'université de Vincennes.

MOYEN ÂGE

XVIe SIÈCLE

XVIIe SIÈCLE

XVIIIe SIÈCLE

XIXe SIÈCLE

XXe SIÈCLE

Littératures francophones

L'émergence d'une littérature francophone est paradoxalement liée à la dénonciation du colonialisme ; de fait l'expression de leur propre culture par l'usage de la langue française est le seul moyen de se faire entendre pour les écrivains du Maghreb, de l'Afrique, des Antilles et du Canada.

La littérature du Maghreb et du Proche-Orient

☐ Depuis les années 50, trois tendances apparaissent dans l'évolution du roman réaliste maghrébin : critique du colonialisme autant que du traditionalisme de l'islam (Mouloud Feraoun, Driss Chraïbi), évocation des problèmes d'adaptation au monde moderne (Rachid Boudjedra) et interrogation sur l'immigration (Tahar Ben Jelloun, Nabile Farrès). Plus largement aujourd'hui, la littérature francophone du Maghreb s'interroge sur le devenir de ses civilisations.

☐ Georges Schéhadé, dramaturge libanais, a donné un souffle moderne à la culture orientale. Aujourd'hui la littérature libanaise célèbre ses martyrs et pleure la ruine de son pays (Andrée Chédid).

La littérature de l'Afrique noire et des Antilles

☐ Léopold Sédar Senghor, Aimé Césaire et Léon-Gontran Damas, tous trois étudiants à Paris avant la guerre, prennent la tête du mouvement de la négritude, qui cherche à défendre les valeurs culturelles du monde nègre. Chacun garde son identité, selon son origine et son tempérament.

☐ La création de la revue *Présence africaine* en 1947 favorise l'édition et la diffusion des œuvres. Certaines, comme *L'Enfant Noir* de Camara Laye (1953), qui développe le thème de l'homme noir déchiré entre deux cultures, connaissent un franc succès.

☐ La littérature africaine d'aujourd'hui s'interroge sur le mode de vie et le malaise social en Afrique en analysant leurs causes avec lucidité. Une grande importance est accordée à la femme africaine, à son émancipation ; elle est salvatrice de la culture.

La littérature de l'océan Indien

Sa place au carrefour de l'Europe, de l'Afrique et de l'Inde, donne à l'île Maurice une extraordinaire vitalité littéraire. Trois poètes se distinguent : Robert Edward Hart, un des premiers à abandonner le vers en poésie, Loys Masson qui célèbre les mythes mauriciens et la culture métissée et Malcolm de Chazal, un des maîtres de l'aphorisme poétique, reconnu par les surréalistes.

Les francophones d'Europe et d'Amérique

☐ Avec Christian Dotremont, inventeur des logogrammes, la poésie belge est à l'avant-garde de la recherche textuelle.

☐ En Suisse, la langue truculente du pays de Vaud a été reconnue par le prix Goncourt en 1973 (*L'Ogre* de Jacques Chessex). La littérature en Suisse est cependant surtout illustrée par des écrivains étrangers : Georges Haldas, Albert Cohen.

☐ Au Canada, Jacques Godboret fonde l'union des écrivains québecois. Souvent, les langues française et anglaise sont mêlées dans leurs romans.

CÉSAIRE ET SENGHOR : ÉCRIVAINS DE LA NÉGRITUDE

Aimé Césaire
Né en 1913
à la Martinique

Léopold Sédar Senghor
Né en 1906 au Sénégal

Itinéraire : lycée de Fort-de-France, École normale supérieure à Paris, professeur de lettres à la Martinique ; maire de Fort-de-France à partir de 1945, député de la Martinique depuis 1946.
Appartenance politique : communiste jusqu'en 1956, année où il rompt avec le Parti en raison de sa position favorable à l'indépendance des colonies africaines.

Itinéraire : petit séminaire au Sénégal, lycée Louis-le-Grand à Paris, puis École normale supérieure ; agrégé de grammaire en 1935 ; professeur ; député au Sénégal en 1945, président de la République du Sénégal de 1960 à 1979.
Signe particulier : premier académicien africain.

■ Cahiers d'un retour au pays natal

Césaire montre dans les *Cahiers d'un retour au pays natal* (1939) comment la négritude a été victime de l'histoire : il donne une image désolée de la Martinique puis évoque les malheurs des hommes en s'identifiant aux cannibales ; selon lui, seul le poète peut conduire sa race vers un relèvement.

Sa poésie litanique, fortement inspirée des images surréalistes, se caractérise par un souffle épique intense donné par l'usage lancinant des répétitions, des évocations réalistes crues et un militantisme puissant.

■ Le primat des sens

Senghor souligne les apports de la culture nègre à l'humanité et prône la valeur du métissage. L'homme noir, plus qu'aucun autre, use de ses sens pour appréhender le monde et autrui. À ce titre, il est doué d'une raison intuitive supérieure. Les poèmes de Senghor regorgent d'images, de rythmes de tam-tam, de lyrisme oral, qui lui donnent un style incantatoire unique.

Dans *Éthiopiques* (1956), Senghor élève un hymne aux Éthiopiens, c'est-à-dire étymologiquement aux hommes noirs. Par ailleurs, une série de textes regroupés sous le titre *Liberté* (1964-1977) forme une démonstration magistrale des apports de la civilisation noire au patrimoine de l'humanité.

L'art africain

Dès le début du siècle, Picasso, Braque et Matisse découvrent le symbolisme puissant de la statuaire et des masques africains. Ils sont à l'origine d'un engouement pour l'art nègre qui se manifeste tout au long du siècle par des expositions fréquentes, le triomphe du jazz et du reggae, et des chrorégraphies inspirées de danses africaines (Maurice Béjart).

Deux masques africains en bois dur

MOYEN ÂGE
XVIᵉ SIÈCLE
XVIIᵉ SIÈCLE
XVIIIᵉ SIÈCLE
XIXᵉ SIÈCLE
XXᵉ SIÈCLE

Les voies diverses de la poésie

Devant la multiplicité et les contradictions de la poésie des vingt-cinq dernières années, il est difficile de dégager une tendance spécifique alors que la production n'a jamais été si dense.

Fantaisie et anarchie en poésie

☐ Anarchiste de tempérament et d'éducation (enfant des rues et de la bohême parisienne), Jacques Prévert est attentif à tout ce qui traduit la liberté de pensée et du langage. Dans son recueil *Paroles* (1946), il attaque la guerre, la misère et le conformisme bourgeois sur le mode fantaisiste : évocation des spectacles de rues, des rêves tendres de l'enfance, de l'amour libre, dans un style simple, parfois argotique, qui a permis son adaptation en chansons.

☐ Dans les cabarets d'avant-guerre, Agnès Capri et Marianne Oswald font connaître Jacques Prévert, Jean Cocteau et Louis Aragon par une série de poèmes mis en chansons. Charles Trenet, dans les années 30, interprète des chansons qui contribuent à vulgariser la poésie avec des titres comme *Y a d'la joie* ou *La Mer*.

La quête impossible

☐ Les *Cahiers du Sud*, revue fondée en 1923 par Jean Ballard, s'ouvre aux courants majeurs de la poésie du XXᵉ siècle et fait connaître les poètes Joe Bousquet, Jacques Rida, André Frénaud et Jean Follain.

☐ Parmi eux, Yves Bonnefoy (né en 1923) entretient le silence et le mystère dans une poésie grave chargée de symboles. Agnostique, il cherche néanmoins un lieu sacré, divin, douloureux et inaccessible dans *Du mouvement et de l'immobilité de Douve* (1953).

L'Oulipo

☐ L'*ou*vroir de *li*ttérature *po*tentiel (*oulipo*), groupe de poètes autour de François Le Lionnais, se propose de laisser les mots en liberté à partir de contraintes formelles données d'avance (absence d'un son voyelle ou répétition la plus fréquente possible du son).

☐ Situés dans une perspective à la fois mathématique et humoristique, les poètes proposent une réflexion sur les jeux de l'écriture. Les plus célèbres, Georges Perec et Raymond Queneau, ont créé des chefs-d'œuvre de poésie ludique.

Qu'est-ce que la poésie ?

☐ À la suite de ces recherches, l'interrogation de la poésie sur elle-même se manifeste aujourd'hui par des effusions lyriques, par une réflexion théorique ou par un simple jeu sur les sons : Michel Deguy (né en 1930) s'adonne à l'invention verbale, Denis Roche (né en 1937) réfléchit à une stratégie de la lecture du poème.

☐ Philippe Jaccottet (né en 1925) alterne recueils poétiques et essais critiques si bien qu'il passe sa parole poétique au crible de la réflexion dans de longues promenades textuelles méditatives.

LE NON-CONFORMISME : PRÉVERT ET QUENEAU

Jacques Prévert
Né en 1900 à Neuilly
Mort en 1977 à
Omonville-la-Petite
(Manche)

Carrière : poète,
dramaturge (sketches), scénariste,
dialoguiste, parolier.
Amitiés : Yves Montand, Serge Reggiani.
Signe particulier : en 1946, ses amis
publient ses poésies qui circulaient en
feuilles ronéotypées depuis 1931.

Raymond Queneau
Né au Havre en 1903
Mort en 1976 à Paris

Études : licence de
philosophie.
Amitiés : André Breton, Jacques Prévert,
Michel Leiris.
Passion : la psychanalyse.
Signes particuliers : fonde et dirige
l'*Encyclopédie de la Pléiade*, élu à l'Aca-
démie Goncourt en 1951.

■ La poésie au quotidien

La poésie de Jacques Prévert naît du
quotidien le plus banal, comme l'indique
la simplicité du titre de ses premiers
recueils, *Paroles* (1946) et *Histoires*, la
même année. Il est sensible à tout ce qui
peut manifester la liberté des êtres ou des
objets les plus simples. Tout parle au
poète souvent tendre, parfois cruel, qui
joue sur les mots et les sons. Il affectionne
le principe des inventaires à l'image du
genre surréaliste du collage.
Il se montre corrosif en soulignant le
caractère dérisoire du discours bourgeois.
Doté d'un grand humour et d'une grande
sensibilité à l'étrange et au merveilleux,
il séduit enfants et parents et ses poèmes
ont peu à peu remplacé les fables de La
Fontaine à l'école.
L'association de Prévert avec le musicien
Kosma produit *Les Feuilles mortes, Inventaire, Je suis comme je suis*, titres chan-
tés et repris de génération en génération.
Prévert est aussi scénariste et dialoguiste
des films de Marcel Carmé : *Drôle de
drame* (1937), *Quai des brumes* (1938),
Les visiteurs du soir (1942) et *Les enfants
du Paradis* (1945). Il obtient le grand prix
national du cinéma en 1945.

■ Une œuvre bigarrée

Raymond Queneau est d'abord romancier : *Le Chiendent* (1932), *Loin de Rueil*
(1944)... Il écrit également des romans
poétiques, un roman en vers, *Chêne et
Chien* (1937), un roman au langage très
poétique : *Zazie dans le métro* (1959),
histoire d'une provinciale égarée dans les
couloirs du métropolitain.
Ses *Exercices de style* (1947), récits
d'une même histoire dans des styles différents, montre son goût profond pour le
seul langage. Dans *Cent mille milliards de
poèmes* (1961), il se révèle déconstruc-
teur du style et de l'orthographe.
Trois exigences semblent traverser
l'œuvre de Raymond Queneau : ouvrir la
littérature sur l'imaginaire, puiser dans
l'inspiration traditionnelle et utiliser le
style le plus proche du quotidien de la vie.
La poésie peut devenir gouaille, humour,
invention linguistique. Certains exercices
de style sont mis en scène par Yves
Robert en 1949. L'auteur lui-même écrit,
réalise et interprète un film *Le Lendemain*
(1950). Ces prolongements de l'œuvre
dans différents autres domaines font de
Raymond Queneau un des auteurs les
plus populaires des années 50 et 60.

MOYEN ÂGE

XVIᵉ SIÈCLE

XVIIᵉ SIÈCLE

XVIIIᵉ SIÈCLE

XIXᵉ SIÈCLE

XXᵉ SIÈCLE

Le théâtre contemporain

Force est de constater un dépérissement du théâtre comme genre littéraire, le metteur en scène ayant pris la place du dramaturge. Le théâtre contemporain accouche pourtant douloureusement de formes nouvelles venues de fortes personnalités qui le défendent hardiment.

Théâtre poétique et théâtre de divertissement

☐ Dans la veine du théâtre de Giraudoux, mais moins humaniste, Georges Schéhadé (1910-1989), poète dramaturge libanais de langue française, introduit le rêve et l'enfance dans des pièces où la culture orientale se mêle à la réalité quotidienne. Les pièces de René de Obaldia (né en 1918), au même ressort poétique, sont plus proches de l'absurde : inventions de langage, pastiches et fantaisies. Romain Weingarten (né en 1926), dans l'*Été* (1966), peuple la scène d'animaux et d'enfants dans une atmosphère mystérieuse.

☐ Satire proche du théâtre de boulevard, le théâtre de Jacques Audiberti (1899-1965) et de Marcel Aymé (1902-1967) aborde les thèmes joyeux de la critique sociale qui transfigurent le quotidien. Dans *L'Œuf* (1956), de Félicien Marceau (né en 1913), un petit employé cynique comprend que, pour réussir, tous les moyens sont bons.

☐ Françoise Sagan (née en 1935), quant à elle, a transféré l'atmosphère mélancolique et légère de ses romans dans des pièces à grand succès comme *Un château en Suède* (1960) ou *Le Cheval évanoui* (1966).

Théâtre et Nouveau Roman

☐ Marguerite Duras, Nathalie Sarraute, Claude Mauriac et Robert Pinget ont transposé à la scène leurs univers romanesques. Le langage des personnages ne sert pas à communiquer mais à révéler, par des paroles souvent vaines, leurs obsessions et leur solitude.

☐ Cette angoisse, créée par le langage, adopte des modalités différentes : interrogatoire mi-policier mi-psychiatrique dans *L'Amante anglaise* de Marguerite Duras ; intonation et lapsus révélateur dans *Les Mensonges* de Nathalie Sarraute ; rabâchage de vieillards chez Robert Pinget dans *Ici ou ailleurs*.

Intimisme et angoisse métaphysique

☐ Le théâtre de Loleh Bellon (née en 1925) aborde deux sujets : la représentation théâtrale (vue des coulisses ou des loges dans *Changement à vue*, 1978 ; vue à travers les angoisses de l'auteur dans *L'Éloignement*, 1987) et les relations entre femmes. La conduite d'un dialogue souvent tendre, humoristique et pudique donne à ses pièces tout un charme discret né de leur intimité. Cette même subtilité, reconnue par le public, se retrouve dans *Art*, célèbre pièce de Yasmina Reza.

☐ Bernard-Marie Koltès (1948-1989) crée une atmosphère de roman noir dans des pièces qui mettent en scène des marginaux en des lieux inhospitaliers. *Quai Ouest* (1985) évoque un suicide dans une grande ville, *Dans la solitude des champs de coton* (1986), le dialogue entre un « dealer » et son client. La mise en scène de Patrice Chéreau, inséparable de ces textes, donne toute leur importance aux bruits, aux lumières, à l'espace, qui rendent la pièce séduisante.

LES METTEURS EN SCÈNE

■ La scène moderne

La scène italienne, considérée par les metteurs en scène comme factice et inégalitaire (les riches ayant les meilleures places), est supplantée par des espaces scéniques qui rapprochent et parfois mêlent acteur et public.

■ La prépondérance du metteur en scène

Depuis les années 60, la suprématie des auteurs s'estompe au profit des metteurs en scène qui interprètent d'une façon moderne des auteurs classiques. On peut reconnaître plusieurs raisons à cette prépondérance du metteur en scène : la décentralisation théâtrale qui vise à ouvrir à un public toujours plus vaste le répertoire classique ; l'influence des metteurs en scène étrangers et l'émergence d'un théâtre collectif qui mêle auteur, acteur et metteur en scène.

■ Les personnalités

– Jean-Louis Barrault (1910-1994) et sa femme Madeleine Renaud (1900-1994), se sont constamment renouvelés, en plus de 40 ans de carrière. Élève de Dullin, mime de formation, Jean-Louis Barrault traduit dans ses représentations les dimensions sensuelle et spirituelle du théâtre.

– Patrice Chéreau (né en 1944) crée un nouvel espace scénique fait de hauts murs, éclairés souvent à contre-jour, et use de machineries et de fumées.

– Ariane Mnouchkine (née en 1939) crée le Théâtre du Soleil à la Cartoucherie de Vincennes. En donnant un rôle au public, elle fait du théâtre une fête collective.

– Daniel Mesguisch fait tout un travail de redécouverte des « grands classiques ».

– Roger Planchon (né en 1931), directeur du théâtre de Villeurbanne, cherche à dégager l'idéologie qui sous-tend les œuvres. Il la traduit dans une mise en scène baroque.

– Antoine Vitez (1930-1990) met au premier plan le travail de l'acteur (diction et gestuelle).

Célèbres mises en scène contemporaines

Le Soulier de satin de Claudel par Jean-Louis Barrault.
La Dispute de Marivaux par Patrice Chéreau.
Peer Gynt de Ibsen par Patrice Chéreau.
Norodom Sihanouk de Hélène Cixous par Ariane Mnouchkine.
Tartuffe de Molière par Roger Planchon.
Don Juan de Molière par Antoine Vitez.

Tartuffe mis en scène par Ariane Mnouchkine en juillet 1995.

MOYEN ÂGE

XVIe SIÈCLE

XVIIe SIÈCLE

XVIIIe SIÈCLE

XIXe SIÈCLE

XXe SIÈCLE

Les formes de l'écriture

En littérature aujourd'hui, le mot « nouveau » signifie souvent « hermétique », difficile. En fait, les formes d'écriture contemporaine tâtonnent à la recherche de sens et d'une nouvelle vision de l'homme et du cosmos. Là est leur charme et leur originalité.

Les nouveaux classiques

☐ Quelques écrivains se distinguent nettement par l'élégance de leur style, classique et narratif, qui laisse une large part aux descriptions et à la transcription d'atmosphères. Ils ont en commun le désir de donner une valeur symbolique moderne à leur écriture, insolite et mystérieuse.

☐ Julien Gracq (né en 1910), admirateur des romantiques, a le regard du voyageur qui s'attarde dans la contemplation et l'attente. Ses longues descriptions sont le reflet du paysage intérieur de ses personnages, de leurs passions et de leurs rêves.

☐ Marguerite Yourcenar, imprégnée d'une très large culture, choisit des formes variées (romans historiques, autobiographies, traductions libres, contes) dans un esprit humaniste. Elle invente un humanisme moderne, dans une écriture qui allie érudition et méditation philosophique.

☐ Pour Michel Tournier (né en 1924), les mythes (Castor et Pollux, Caïn et Abel…) fournissent la matière à partir de laquelle le romancier élabore une « alchimie personnelle » et inscrit un commentaire philosophique. Son écriture oscille entre le symbolique et le parodique, le trivial et le lyrique, en quête d'un langage absolu.

Le goût du fragment

☐ La pratique du fragment relève du désir de rompre avec la linéarité du discours, à la recherche d'une nouvelle esthétique. Pour Roland Barthes, le fragment est le moment particulier d'un texte plus vaste, idéal, auquel aspire tout écrivain. C'est aussi le lieu où l'essentiel se dit, à la manière de la forme poétique japonaise du *haï ku*.

☐ André Pieyre de Mandiargues (1909-1991) et Julien Gracq abandonnent le roman pour la nouvelle. La forme narrative de la nouvelle est plus ouverte à toutes les recherches. De par sa sobriété, celle-ci permet des jeux de langue plus variés qui ne risquent pas de lasser le lecteur et surtout concentrent son attention.

☐ L'énorme succès de *La première gorgée de bière* de Philippe Delerm (né en 1950) confirme le goût pour la description précise, quasiment proustienne, d'un moment chargé d'émotion.

L'écriture minimale

On appelle « écriture minimale » l'écriture qui se concentre sur un aspect de la vie quotidienne. Les personnages sont en retrait, les objets omniprésents et acteurs. « Il suffit d'un objet pour enclencher une chaîne » écrit Jean Echenoz dans *L'Occupation des sols* (1988). De fait l'écriture démarre, libre, à partir d'un fait secondaire, dans un style moins travaillé et plus oral que le Nouveau Roman. Le récit est comme une vision du paysage intérieur des personnages reportée sur le monde des objets.

Marguerite Yourcenar
Pseudonyme de Marguerite de Crayencour
Née à Bruxelles en 1903
Morte à l'île des Monts-Déserts (État du Maine aux États-Unis) en 1987
Formation : études classiques.
Signe particulier : première femme entrée à l'Académie française (1981).

Jean-Marie Gustave Le Clézio
Né en 1940 à Nice

Métier : professeur de lettres.
Signe particulier : grand voyageur, volontairement isolé de la vie littéraire parisienne.

■ Un humanisme revisité

Dans *Les Mémoires d'Hadrien* (1951), Marguerite Yourcenar évoque un passé légendaire en y mêlant une réflexion sur des aspects de la vie contemporaine et sur le sens de la vie. Dans *Souvenirs pieux* (1974) et *Archives du Nord* (1977), elle dresse son autoportrait avec de nombreuses disgressions, qui lui permettent de peindre l'humanité. Démarche classique par excellence.

M. Yourcenar est aussi traducteur de Virginia Woolf, de poètes grecs dans *La Couronne et la Lyre* (1979).

Toute son œuvre marque le désir de trouver un accord harmonieux entre le bonheur, l'intelligence et la volonté.

■ Méditation sur l'homme dans l'univers

Le Clézio tente de trouver un sens à l'existence humaine dans le monde moderne privé de la nature originelle. L'univers de ses romans est celui de la ville, des grands ensembles, lieux d'absurde et d'angoisse dont les incohérences et les contradictions sont relevées par des symboles.

L'héroïne de *Désert*, la toute jeune Lalla, vit dans un bidonville, mais elle garde la mémoire de ses ancêtres, les hommes bleus du désert saharien. Elle s'échappe de la ville pour les retrouver dans une nature puissante et bouleversante.

Métro
de Jean Buffet.

Sept romans des années 90

1990 : *Voyage de noces* de Patrick Modiano.
1992 : *La pluie d'été* de Marguerite Duras ; *Le Crépuscule des masques* de Michel Tournier.
1993 : *Le Rocher de Tanios* d'Amin Maalouf.
1994 : *Un aller simple* de Didier Van Cauwelaert.
1995 : *La Quarantaine* de J.-M. G. Le Clézio.
1996 : *Mona* de Yann Quéffélec.

MOYEN ÂGE

XVIᵉ SIÈCLE

XVIIᵉ SIÈCLE

XVIIIᵉ SIÈCLE

XIXᵉ SIÈCLE

XXᵉ SIÈCLE

Autobiographie et baroque

Après la découverte des horreurs nazies, donner un sens à l'existence semble impossible. Deux tendances se dessinent : la première, autobiographique, vise à la disparition de la fiction ; l'autre choisit l'imagination baroque pour exprimer la complexité du monde sans en résoudre les contradictions.

▦ Nouvelles approches du moi

☐ Le refus d'une cohérence artificielle provoque une décomposition des récits. Nathalie Sarraute se dédouble pour raconter son enfance, mêlant la voix du récit à celle des critiques ; son texte se morcelle en de brèves séquences où domine la description des sensations premières. D'autres (Claude Simon, Pierre Bergounioux) abandonnent l'ordre chronologique. Georges Perec (1936-1982) atteint un point extrême puisqu'il refuse tout récit ; son autobiographie interroge les traces du passé (photos, lieux, interviews).

☐ Mais en même temps le regard s'élargit. L'abandon de la chronologie et les enquêtes sur le passé permettent de rapprocher des personnages ou des circonstances séparés par le temps mais en fait indissociables. L'écrivain ne trouve plus la genèse de son être et de son œuvre en lui, mais dans l'histoire.

▦ L'autobiographie entre documentaire et autofiction

☐ Beaucoup d'écrivains négligent aujourd'hui d'établir le pacte de transparence qui définit l'autobiographie, et laissent le lecteur dans l'incertitude quant au statut du texte. Certains soulignent ainsi la distance que crée forcément l'écriture mais restent adeptes du récit brut, se rapprochant même du documentaire : Annie Ernaux (née en 1940) explique à la manière d'un sociologue comment sa culture l'a séparée de son milieu d'origine (*La Place*, 1983).

☐ Pour d'autres (Patrick Modiano, Jean Rouaud), ce silence tient à un statut intermédiaire de l'œuvre, appelé autofiction ; le romancier rédige des fragments sur sa propre vie mais laisse ensuite le texte s'éloigner de lui lors de sa mise en forme. Ce procédé, très répandu, conduit certains critiques à ne voir qu'autofiction dans les ouvrages récents et à craindre un appauvrissement du roman français.

▦ Les mouvements baroques au XXᵉ siècle

☐ Le baroque est né du vertige provoqué par la rencontre de cultures, de langues et de styles. Chez des étrangers qui écrivent en français (Rachid Boudjedra, Rachid Mimouni, Patrick Chamoiseau) comme pour des Français qui vivent à l'étranger (Bertrand Visage), la diversité culturelle est source d'effets littéraires originaux.

☐ Par suite, le baroque sert à exprimer les mouvements de la nature et de l'histoire qui se jouent de l'homme (Claude Simon) ; il fait hésiter les apparences entre le mythe et l'histoire (J.-M.G. Le Clézio) ; il juxtapose plusieurs types de cohérences, globale, spirituelle, intérieure (Sylvie Germain). L'écriture se fait flamboyante, regorge d'images et de sons qui parlent à l'imagination (Patrick Grainville) ; à moins que la phrase ne cherche dans la mouvance de son déploiement la souplesse du discours oral (Claude Simon). Le récit aime mélanger les genres.

TROIS AUTOBIOGRAPHIES ORIGINALES EN QUÊTE DES ORIGINES

■ *W ou le Souvenir d'enfance*, 1975

Ce récit autobiographique de Georges Perec plonge le lecteur dans la violence subie par un enfant, violence qu'il n'a pas connue lui-même (son père meurt à la guerre en 1940 et sa mère, déportée à Auschwitz, meurt en 1943), mais qui détermine son enfance. Le malaise est exprimé par la fragile intersection de deux textes alternés, l'un réel, l'autre fictif, apparemment étrangers mais en fait inextricablement enchevêtrés.

Le moteur de l'écriture est le témoignage non de l'absence des parents, indicible, mais de « la marque indélébile qu'ils ont imprimée sur l'écrivain et dont la trace est l'écriture ». C'est pourquoi dans le récit de l'enfance, lacunaire et réduit à quelques traces, la disparition des parents ne marque qu'une étape ; la cassure et l'absence sont exprimées par les points de suspension et par une rupture radicale dans le récit fictif.

■ *Acacia*, 1989

Sorte d'autobiographie familiale de Claude Simon, qui recherche l'origine de l'œuvre, la force initiale qui se propage d'un livre à l'autre. C'est aussi un roman de l'apprentissage de l'écrivain.

Il prend la forme de fragments qui présentent l'écrivain et les membres de sa famille à des dates marquantes (17 mai 40, 27 août 14, de 1880 à 1914). Pas de progression chronologique mais un enchaînement dicté par les associations ou les oppositions de l'esprit. Comme dans la subjectivité, les images se succèdent dans un brouillard d'impressions ; tout se mêle dans une syntaxe d'où sont bannis les points et les liens logiques. Les personnages, jamais nommés, gardent des allures de fantômes ; ils sont ballotés dans un monde en plein chaos.

■ *Miette*, 1995

L'auteur (Pierre Bergounioux, né en 1949) part d'éléments autobiographiques : la rencontre avec les membres de sa belle-famille ; puis, à partir de l'expérience des lieux, des paroles échangées, des photographies retrouvées, il reconstitue la vie familiale. Pas de progression chronologique rigoureuse ; l'attention se porte successivement sur chacun des personnages mais certains moments décisifs, certaines photographies reparaissent à plusieurs reprises, comme des motifs clés.

Plus qu'une autobiographie, ce roman est une méditation sur le temps et sur l'histoire familiale qui regroupe ceux d'une génération, c'est-à-dire tous ceux sur lesquels se fait sentir le poids des mêmes morts. On sent aussi la fascination pour une société rurale immobile, en un lieu clos, qui manifeste une sorte de plénitude millénaire mais qui se trouve ébranlée par la mutation radicale des années 60.

Principaux prix littéraires

– *Le prix Goncourt*, créé en 1903, honore, en principe, un jeune auteur.

– *Le prix Femina*, créé en 1904 contre le machisme du Goncourt, « encourage les lettres et rend plus étroites les relations de confraternité entre les femmes et les lettres ».

– *Le prix Renaudot* a pour seul critère le talent et, éventuellement, l'originalité. Il fut créé en 1925 avec l'arrière-pensée de rectifier éventuellement les choix du Goncourt. Il récompense souvent des auteurs jeunes ou méconnus.

– *Le prix Interallié* fut créé en 1930 par réaction contre le choix du Fémina. Le prix récompense, en principe, l'œuvre d'un journaliste.

– *Le prix Médicis* honore un ton ou un style nouveau. Il est remis le même jour que le Femina mais il est bien plus jeune que lui puisqu'il remonte à 1958.

MOYEN ÂGE

Règnes	Vie politique	Littérature française	Les arts en France
Xe siècle Hugues Capet (987-996)	843 : partage de l'Empire carolingien	880 : *Cantilène de sainte Eulalie*	IXe s. : chant grégorien fin Xe s. : premier art roman
XIe siècle	1096 : Première croisade (prise de Jérusalem)	1040 : *Vie de saint Alexis* ~ 1080 : *Chanson de Roland*	Apogée de l'art roman : Vézelay 1099 : tapisserie de Bayeux
XIIe siècle Louis VII (1137-1180) Philippe Auguste (1180-1223)	1152 : Aliénor d'Aquitaine, répudiée par Louis VII, épouse Henri II d'Angleterre	1165-1191 : romans de Chrétien de Troyes ~ 1170 : *Tristan et Iseult* 1175-1250 : *Roman de Renart*	Développement du chant polyphonique Milieu XIIe s : style gothique 1194 : cathédrale de Chartres
XIIIe siècle Louis IX dit saint Louis (1226-1270) Philippe le Bel (1285-1314)	1204 : IVe croisade (prise de Constantinople) 1209 : croisade des Albigeois 1291 : VIIIe et dernière croisade	1208 : Villehardouin, *La Conquête de Constantinople* ~ 1229 : G. de Louis, *le Roman de la Rose* (1) ~ 1260 : Rutebeuf, *le Miracle de saint Théophile* ~ 1275 : Adam de la Halle, théâtre profane ~ 1275 : Jean de Meung, *le Roman de la Rose* (2)	1202 : cathédrale de Rouen 1220 : cathédrale d'Amiens 1280 : cathédrale d'Albi
XIVe siècle Charles IV (1322-1328) Charles VI le Fou (1380-1422)	1337 : début de la guerre de Cent Ans 1346 : Crécy	1309 : Joinville, *Histoire de saint Louis* 1370-1400 : Froissart, *Chroniques*	Gothique rayonnant 1334 : palais des Papes en Avignon 1364 : G. de Machaut, *Messe à quatre voix*
XVe siècle Charles VII (1422-1461) Louis XI (1461-1483) Charles VIII (1483-1498)	1415 : défaite d'Azincourt 1429 : intervention de Jeanne d'Arc 1453 : fin de la guerre de Cent Ans : prise de Constantinople par les Turcs. 1494 : début des campagnes d'Italie	1442 : poésies de Charles d'Orléans 1450 : Arnoul Gréban, *Mystère de la Passion* 1461 : François Villon, *le Grand Testament* 1489-1498 : Philippe de Commynes, *Mémoires*	Gothique flamboyant

XVIᵉ SIÈCLE

Règnes	Vie politique	Littérature française	Les arts en France
Louis XII 1498-1515			1495 : château d'Amboise
François Iᵉʳ 1515-1547	1515 : Marignan 1525 : défaite de Pavie 1529 : fondation du Collège de France 1534 : persécution des protestants 1539 : ordonnance de Villers-Cotterêts 1543 : système de Copernic	1516 : *Le Roland furieux,* L'Arioste 1518-1542 : Marot, poète officiel 1532 : Rabelais, *Pantagruel* 1534 : Rabelais, *Gargantua* 1541 : Calvin, *Institution chrétienne* 1546 : Rabelais, *Tiers Livre* ; M. de Navarre, *L'Heptaméron*	1516-1519 : Léonard de Vinci à la cour de France 1513-1521 : château de Chenonceaux 1515-1523 : château de Blois (aile François Iᵉʳ) 1519 : début du château de Chambord 1528 : château d'Azay-le-Rideau 1541 : le Louvre de Lescot
Henri II 1547-1559	1559 : fin des guerres d'Italie	1549 : Du Bellay, *Défense et Illustration de la langue française* 1552 : Ronsard, *Amours* 1558 : Du Bellay, *Regrets*	1550 : sculptures de Goujon
François II 1559-1560			
Charles IX 1560-1574	1560 : conjuration d'Amboise 1562 : début des guerres de religion 1572 : massacre de la Saint-Barthélemy	1564 : Rabelais, *Cinquième Livre*	1560 : musique de Josquin des Prés 1560-1580 : les émaux de Palissy 1564-1567 : les Tuileries de Delorme
Henri III 1574-1589	1576 : alliance entre l'Espagne, la Ligue et le duc de Guise	1577 : d'Aubigné, *les Tragiques* 1580 : Montaigne, *les Essais, I, II, III*	
Henri IV 1589-1610	1593 : entrée d'Henri IV à Paris 1598 : édit de Nantes	1594 : *Satire Ménippée* 1597 : Sponde, *Sonnets sur la mort*	

XVIIᵉ SIÈCLE

Règnes	Vie politique	Littérature française	Les arts en France
Henri IV 1589-1610	1610 : assassinat d'Henri IV	1600 : Malherbe, *Ode à Marie de Médicis* 1607 : Honoré d'Urfé, *L'Astrée (I à III)* 1621 : poésies de Théophile de Viau,	1612 : place Royale 1621 : le Luxembourg
Régence de Marie de Médicis 1610-1614			
Louis XIII 1610-1643	1624 : Richelieu, Premier ministre 1630 : journée des Dupes 1635 : fondation de l'Académie française	1636 : Corneille, *Le Cid* 1637 : Descartes, *Discours de la Méthode* 1640 : Corneille, *Horace*	1630 : Jacques Callot, *Les Misères de la guerre* 1631 : premier Versailles 1635 : Philippe de Champagne, *Portrait de Richelieu* 1637 : Poussin, *Enlèvement des Sabines* 1640 : G. de la Tour, *Le Tricheur à l'as de carreau*
	1642 : mort de Richelieu	1642 : Corneille, *Polyeucte*	1642 : Le Nain, *Famille de paysans*
Régence d'Anne d'Autriche 1643-1661 **Louis XIV** 1643-1715	1643 : Mazarin, Premier ministre 1648 : traité de Westphalie : la France gagne l'Alsace 1649 : France parlementaire 1650 : France des Princes 1664 : arrestation de Fouquet	1659 : Molière, *Les Précieuses ridicules* 1662 : Molière, *L'École des femmes* 1664 : La Rochefoucauld, *Maximes* 1666 : Molière, *Le Misanthrope* 1667 : Racine, *Andromaque* 1668 : Pascal, *Pensées* ; La Fontaine, *Fables* (I à VI) 1670 : Bossuet, *Oraison funèbre de Madame* ; Racine, *Bérénice* ; Corneille, *Tite et Bérénice*	1660 : Le Vau, Vaux-le-Vicomte 1662 : Lulli, maître de la musique royale 1663 : Le Nôtre dessine le parc de Versailles 1670 : début de la construction des Invalides 1671 : Lebrun décore Versailles
	1678 : traité de Nimègue ; acquisition de la Franche-Comté 1685 : révocation de l'édit de Nantes 1688 : guerre d'Augsbourg	1673 : Molière, *Le Malade imaginaire* 1677 : Racine, *Phèdre* 1678 : Mme de la Fayette, *La Princesse de Clèves* 1688 : La Bruyère, *Caractères* 1691 : Racine, *Athalie* 1695 : Fénelon, *Télémaque*	1673 : Girardon, *Apollon servi par les nymphes* 1680 : constitution de la Comédie-Française

XVIIIe SIÈCLE

Règnes	Vie politique	Littérature française	Les arts en France
Régence de Philippe d'Orléans 1715-1723	1701 : guerre de Succession d'Espagne 1702 : révolte des Carmisards 1716 : système de Law 1721 : peste à Marseille	1721 : Montesquieu, *Lettres persanes* 1722 : Marivaux, *La Surprise de l'Amour*	1720 : Watteau, *L'Enseigne de Gersaint*
Louis XV 1715-1774	1733-35 : guerre de succession de Pologne Paix de Vienne 1740-86 : Frédéric II, roi de Prusse 1741-48 : guerre de succession d'Autriche 1755 : désastre de Lisbonne 1756-1763 : guerre de Sept Ans 1763 : condamnation des francs-maçons ; expulsion des Jésuites	1730 : Marivaux, *Le Jeu de l'Amour et du hasard* 1731 : abbé Prévost, *Manon Lescaut* 1734 : Voltaire, *Lettres philosophiques* 1739-1749 : Saint-Simon, *Mémoires* 1748 : Montesquieu, *L'Esprit des lois* 1748 : Voltaire, *Zadig* 1750-1772 : *Encyclopédie* 1759 : Voltaire, *Candide* 1761 : Rousseau, *La Nouvelle Héloïse* 1762 : Rousseau, *Du Contrat social*	1733-49 : opéras de Rameau 1735 : Lancret, *Le Déjeuner* 1740 : Bowcher, *Le Triomple de Vénus ;* Chardin, *Le Benedicité* 1742 : Portraits de *La Tour* 1755 : *Les Fables* de La Fontaine illustrées par Oudry 1761 : Greuze, *L'Accordée de village* 1762-70 : construction de la Place royale (Concorde) par Gabriel 1764 : église Sainte-Geneviève (le Panthéon) par Soufflot ~ 1765 : sculptures de Falconet et Lemoyne
Louis XVI 1774-1791	1776 : indépendance des États-Unis 1783 : traité de Versailles 1788 : états généraux 1789 : Révolution 1790 : création des 83 départements 1792 : calendrier républicain	1762-1777 : Diderot, *Le Neveu de Rameau* 1775 : Beaumarchais, *Le Barbier de Séville* 1782 : Laclos, *Les Liaisons dangereuses* 1782-1789 : Rousseau, *Les Confessions* 1784 : Beaumarchais, *Le Mariage de Figaro* 1788 : Bernardin de Saint-Pierre, *Paul et Virginie*	1775 : Fragonard, *La Fête à Saint-Cloud* 1779 : Houdon, *Rousseau* 1786 : David, *Le Serment des Horaces* 1787 : Vigée-Lebrun, *La Reine et ses enfants*
Directoire 1795-1799	1799 : coup d'État du 18 brumaire	1797 : Chateaubriand, *Essai sur les révolutions*	

XIXᵉ SIÈCLE

Règnes	Vie politique	Littérature française	Les arts en France
Empire 1804-1814	1799 : Consulat 1802 : Bonaparte, consul à vie 1804 : Napoléon Iᵉʳ, empereur	1802 : Chateaubriand, *Le Génie du christianisme* 1810 : Mme de Staël, *De l'Allemagne*	1807 : David, *Le Sacre* 1814 : Ingres, *La Grande Odalisque*
Restauration Louis XVIII 1814-1824	1815 : les Cent jours – Waterloo	1820 : Lamartine, *Méditations poétiques* 1826 : Vigny, *Poèmes antiques et modernes*	1819 : Géricault, *Le Radeau de la Méduse*
Charles X 1824-1830		1829-1848 : Balzac, *La Comédie humaine*	1828 : Delacroix, *La Barque de Dante*
Monarchie de Juillet Louis Philippe 1830-1848	1830 : révolution, les Trois glorieuses	1830 : Hugo, *Hernani* ; Stendhal, *Le Rouge et le Noir* 1834 : Musset, *Lorenzaccio* 1844 : Dumas, *Les Trois Mousquetaires*	1835 : Corot, *Vue de Florence* 1844 : lithographies de Gavarni ; caricatures de Daumier 1846 : Berlioz, *La Damnation de Faust*
Deuxième République 1848-1852	fév-juin 1848 : révolutions 1848 : Louis-Napoléon élu président 2 déc.1851 : coup d'État de Louis-Napoléon	1848 : Chateaubriand, *Les Mémoires d'outre-Tombe*	1859 : Millet, *L'Angélus* 1861-1875 : construction de l'opéra de Paris par Garnier
Second Empire 1852-1870		1855 : Nerval, *Aurélien* 1856 : Hugo, *Les Contemplations* 1857 : Flaubert, *Mme Bovary* ; Baudelaire, *Les Fleurs du Mal* 1869 : Flaubert, *L'Éducation sentimentale*	1862 : Manet, *Le Déjeuner sur l'herbe* 1866 : Offenbach, *La Vie parisienne* 1870 : Cézanne, *Déjeuner sur l'herbe* 1875 : Bizet, *Carmen* 1877 : Pissaro, *Les Toits rouges*
Troisième République 1870-1940	1870-1871 : Guerre franco-prussienne 1871 : Commune de Paris 1875 : Constitution républicaine 1896-1899 : affaire Dreyfus	1871-1893 : Zola, *Les Rougon-Macquart* 1873 : Rimbaud, *Une saison en enfer* 1874 : Verlaine, *Romances sans paroles* 1883 : Maupassant, *Une vie* ; Hugo, *La Légende des siècles* ; Villiers de l'Isle-Adam, *Contes cruels* 1897 : Mallarmé, *Poésies*	1880 : Rodin, *Le Penseur* 1887 : Renoir, *Jeunes filles au piano* 1890 : Van Gogh, *Le Champ de blé aux corbeaux* 1894 : Debussy, *Prélude à l'après-midi d'un faune* ; Toulouse-Lautrec, *Yvette Guilbert* 1898 : Gauguin, *Le Cheval Blanc*

XXᵉ SIÈCLE

Gouver–nements	Vie politique	Littérature française	Les arts en France
1913-1920 : Raymond Poincaré, président de la République	1901 : fondation du parti radical 1906 : réhabilitation de Dreyfus 1914 : 1ʳᵉ Guerre mondiale 1616 : Verdun 1917 : révolution russe 1918 : armistice 1929 : krach à Wall Street	1900 : Colette, les *Claudine* 1902 : Gide, *L'Immoraliste* 1906 : Claudel, *Partage de midi* 1912 : Péguy, *Tapisseries* 1913 : Alain Fournier, *Le Grand Meaulnes* 1913-1927 : Proust, *À la recherche du temps perdu* 1924 : Breton, *Manifeste du surréalisme* 1927 : Mauriac, *Thérèse Desqueyroux* 1928 : Giono, *Colline*	1900 : exposition universelle à Paris 1904 : fondation de *l'Humanité* par Jaurès 1925 : exposition des Arts décoratifs à Paris
1940-1944 : Gouvernement de Vichy	1933 : Hitler, chancelier 1936 : guerre d'Espagne 1939 : Seconde Guerre mondiale 1944 : Débarquement en Normandie 1945 : Yalta, capitulation allemande	1932 : Céline, *Voyage au bout de la nuit* 1937 : Malraux, *L'Espoir* 1942 : Camus, *L'Étranger* 1944 : Sartre, *Huis-clos* 1946 : Prévert, *Paroles* 1949 : Simone de Beauvoir, *Le Deuxième sexe*	1945 : Carné, *Les Enfants du Paradis* 1946 : ouverture du festival de Cannes
IVᵉ République 1946-1958	1946-1954 : guerre d'Indochine 1948 : Création d'Israël	1953 : Beckett, *En attendant Godot* 1957 : Butor, *La Modification* 1958 : Duras, *Moderato Cantabile*	1952 : Braque peint le plafond du Louvre
1951-1958 : René Coty, président	1957 : CEE		
Vᵉ République 1958-1969 : De Gaulle, président 1969-1974 : Pompidou, président	1962 : indépendance de l'Algérie 1963 : assassinat de Kennedy 1964-1973 : guerre du Viêtnam 1968 : mai 68	1960 : Ionesco, *Rhinocéros* 1968 : Cohen, *Belle du Seigneur* 1975 : Gary, *La Vie devant soi*	
1974-1981 : Giscard d'Estaing, président	1979 : révolution en Iran	1981 : Duras, *L'Amant*	1977 : inauguration de Beaubourg
1981-1995 : Mitterrand, président 1995- : Chirac, président	1989 : chute du mur de Berlin 1991 : guerre du Golfe 1997 : gouvernement socialiste avec Lionel Jospin	1995 : A. Makine, *Le Testament français* (prix Goncourt et prix Médicis)	1989 : festivités du bicentenaire de la Révolution 1993 : inauguration du Grand Louvre

INDEX

Crédits photographiques

Édition/Maquette : Annie Herschlikowitz
Iconographie : Gaelle Mary
Maquette de couverture : Favre-Lhaïk
Illustration de couverture : G. de Montrond – A. Vuarnesson
Fabrication : Pierre David
Composition et photogravure : Compo 2000 – 50180 Agneaux

N° d'éditeur : 10083896 - (V) - 22 - CABF - 80° - Février 2001
Imprimé en France par CLERC S.A. - 18200 Saint-Amand-Montrond - N° 7498